ADVANCED
MACROECONOMICS
TEN LECTURES

作者简介

李泳

　　现任中国政法大学商学院资本金融系教授，博士生导师。现已在《管理世界》《财政研究》《南开经济研究》等学术期刊发表论文 50 余篇，出版专著 2 部，研究报告被教育部社科司《成果要报》采纳。主持国家社科基金 1 项、教育部人文社科基金 1 项、中国政法大学校级人文社科项目 2 项、校级教改项目 3 项，主持校级精品课程 1 项，参与国家及省部级课题多项，获得省部级科研奖励 2 项。主要研究方向：国际金融与投资、宏观经济政策。

高级宏观经济学
十讲

李　泳

| 编著 |

中国政法大学出版社

2018 · 北京

前言

　　宏观经济学所研究的核心问题是经济波动和经济增长，IS -
LM 模型、古典及内生经济增长模型、实际经济周期模型、动态
随机一般均衡模型、失业理论、通货膨胀理论等都是这一框架
中围绕核心问题的组成部分。《高级宏观经济学十讲》从理论层
面对这些组成内容的前沿发展进行了系统阐述，从实践层面运
用实际数据对宏观经济运行态势做了全面分析，本书主要具有
以下几个方面的创新和特色：

　　一、构造和现有理论体系不同的结构。在内容编排上，本
书改变了单一以知识点为体系的框架，突出以实验能力为主线
组织编排。在结构安排上，突出对西方各国政府经济政策影响
较大的流派的经济思想、理论模型及其经济政策的评述，不仅
突出了时代背景，而且阐明了宏观经济学产生的思想渊源、演
进过程及趋势，便于读者把握其全貌。

二、注意吸收经济理论研究的新成果，不回避争论问题。比如对 IS - LM 模型的新发展、经济增长理论研究的新进展等在吸收研究新成果的基础上进行清晰地论述和深入探讨。对贝弗里奇曲线、职业搜寻理论、效率工资理论等不仅从正面做了清楚的阐述，而且给出争论观点，有利于引导读者联系实际学习理论、独立思考、钻研问题。

三、重视深入浅出地表达复杂的宏观经济关系，并借助 EViews 软件通俗易懂地给出各类宏观经济模型的求解。比如经济增长理论及其发展一讲中，在介绍新古典模型的基础上，进一步介绍新古典经济增长模型的扩展，以及内生增长理论诸模型，不仅介绍了这些模型的思想，而且介绍了模型的推导过程，便于读者循序渐进地学习。应用 EViews 软件求解宏观经济模型是这本书别树一帜的独创。通过使用软件计算，不仅使读者可以掌握宏观经济学的定量分析，更为重要的是进一步加深对重要经济范畴的准确理解和基本理论的综合运用。

四、以中国的事实为案例，形成基于中国事实的理论。比如在第九讲财政与货币政策的传导机制及效应中，依据中国数据来说明财政政策和货币政策的运行机理和实施效果，在宏观经济基本面研判一讲中，应用中国数据实证展示各个宏观经济指标之间的逻辑关系、研判宏观经济形势的推理方法，它们是我们身边发生或正在发生的经济事件或要解决的问题，从而增加了教材的亲和力，能够极大地激发读者的学习兴趣。

研习宏观经济学理论的必要性可以体现在：其一，应用宏观经济理论解释现实中的经济现象和经济行为；其二，许多理论上证明不能成立的结果在现实中也一定不可能成立，可以用来避免不可行的目标和项目实施造成的损失；其三，根据内在的逻辑性得出科学的结论，并据此作出科学、正确的预测和推断，指导解决现实经济问题。

因此，要理解和正确运用现代宏观经济学，特别是掌握宏观经济理论的内在逻辑性，就需要对现代宏观经济学的基本思想和研究方法有一个完整的了解。本书汇总了现代宏观经济学中一些最重要的理论思想及其发展：IS－MP－PC模型、内生增长模型、动态随机一般均衡模型、效率工资理论等。基本的研究方法包括建立参照系，提供研究平台及分析工具等。掌握了这些理论思想和研究方法，不仅有利于从事宏观经济学的学习与研究，而且对于更好地处理日常事务及经济管理也是有帮助的。

宏观经济学中的结构宏观经济模型其实质就是社会再生产模型，它能系统地反映国民经济运行状况以及国民经济各部门之间的内在联系。实际经济周期模型、可计算一般均衡模型、动态随机一般均衡模型等都是以一般均衡理论作为参照系，来研究宏观经济变量的相互作用关系和变化规律。讨论和辩论这些宏观经济理论和模型的优劣，评价所给出的经济政策的有效性，有助于改进理论和优化模型，给出更有效的经济政策建议，甚至发展出新的理论学派。

该书可以作为经济学和管理学专业硕士和博士研究生的《宏观经济学》教材，也可以作为相关专业人士的研究参考书。

CONTENTS

目录

第一讲 | 宏观经济学思想的演进

宏观经济学试图解决两大问题：一是经济是如何运行的或经济波动是如何产生的；二是公共政策如何控制或改进经济运行绩效。一般认为，"宏观经济学"（Macroeconomics）一词最早是由挪威经济学家、第一届诺贝尔经济学奖获得者之一的拉格纳·弗里希[1]在1933年提出来的。它首次出现在学术文献中是劳伦斯·罗伯特·克莱因[2]在1946年出版的《宏观经济学与合理行为理论》。但对通货膨胀、失业、经济增长、经济周期等总量经济现象及财政、货币政策的研究可以追溯到18世纪。1752年大卫·休谟[3]在《论

---

〔1〕 拉格纳·弗里希（Ragnar Frish，1895.3.3－1973.1.31），挪威经济学家，是数理经济学和计量经济学研究领域的先驱者。因其在建立动态模型分析经济过程方面的贡献，在1969年他和简·丁伯根（Jan Tinbergen）一起获得第一届诺贝尔经济学奖。他创造了现代经济学世界的许多术语，比如"计量经济学""流量输入""点产出"等。

〔2〕 劳伦斯·罗伯特·克莱因（Lawrence Robert Klein，1920.9.14－2013.10.31），出生于美国内布拉斯加州的奥马哈城，计量经济模型的创建人，因其在创造计量经济学模型并将该模型用于经济波动分析和经济政策方面的贡献获得1980年的诺贝尔经济学奖，被称为"计量经济学之父"。

〔3〕 大卫·休谟（David Hume，1711.4.26－1776.8.25），苏格兰哲学家，出生于爱丁堡，与约翰·洛克（John Locke）及乔治·贝克莱（George Berkeley）并称三大英国经验主义者。他被视为是苏格兰启蒙运动以及西方哲学历史中最重要的人物之一。

货币》与《论利率》两文中最早系统研究了货币与经济的关系，他认为持续的货币增加和行动迟缓的价格调整使价格滞后货币变动（后来被凯恩斯主义称之为价格刚性），货币数量的增加具有真实效应，能够引起产出与就业的增加。1758 年弗朗斯瓦·魁奈[1]在《经济表》中提出社会资本的再生产学说，总结说明了一国每年的全部产品怎样在各个阶层之间流通，怎样使每年的简单再生产能够周而复始地进行。1890 年英国著名经济学家、新古典学派的创始人阿尔弗雷德·马歇尔[2]在出版的《经济学原理》中提出均衡价格论，他认为市场价格决定于供需双方的力量均衡，犹如剪刀的两翼，是同时起作用的。英国著名经济学家、剑桥学派的主要代表之一亚瑟·赛斯尔·庇古[3]的一系列著作《福利经济学》（1920）、《产业波动》（1926）、《失业论》（1933）、《就业与均衡》（1941）等，对国民收入、失业、经济周期等问题给出了解释。尽管如此，宏观经济学理论体系的确立却是以 1936 年约翰·梅纳德·凯恩斯[4]《就业、利息和货币通论》（以下简称《通论》）一书的出版为标志的。

---

[1] 弗朗斯瓦·魁奈（Francois Quesnay，1694.6.4－1774.12.16）是古典政治经济学奠基人之一，法国重农学派的创始人和重要代表。

[2] 阿尔弗雷德·马歇尔（Alfred Marshall，1842.7.26－1924.7.13），英国经济学家，新古典学派的创始人。在马歇尔的努力下，经济学从仅仅是人文科学和历史学科的一门必修课发展成为一门独立的学科，具有与物理学相似的科学性。剑桥大学在他的影响下建立了世界上第一个经济学系。

[3] 亚瑟·塞斯尔·庇古（Arthur Cecil Pigou，1877.11.18－1959.3.7），英国经济学家，剑桥学派开创者马歇尔的学生，被视为剑桥学派正统人物及主要代表人物。

[4] 约翰·梅纳德·凯恩斯（John Maynard Keynes，1883.6.5－1946.4.21），英国经济学家，现代经济学最有影响的经济学家之一。1936 年，其代表作《就业、利息和货币通论》（*The General Theory of Employment, Interest and Money*）出版，凯恩斯另外两部重要的经济理论著作是《论货币改革》（*A Tract on Monetary Reform*，1923）和《货币论》（*A Treatise on Money*，1930）。

一、凯恩斯主义

1936 年凯恩斯发表《通论》，标志着以国家干预理论为其灵魂的宏观经济学的创立。第二次世界大战后，宏观经济学得到了广泛的传播，并一跃升为主流经济学[1]。不同于古典经济学以价格分析作为理论基础[2]，凯恩斯主义经济学的理论核心是有效需求理论。有效需求是商品的总供给价格和总需求价格平衡时的总需求。这种总需求包括消费需求和投资需求，它们由三大基本心理规律所决定。这三大基本心理规律是决定消费的边际消费倾向递减规律、决定投资的资本边际效率递减规律与心理上的流动偏好规律[3]。

（一）凯恩斯主义经济学对经济波动产生原因的解释

凯恩斯主义认为市场调节的不完善性造成经济波动。由于

---

〔1〕 约翰·梅纳德·凯恩斯创立的宏观经济学与西格蒙德·弗洛伊德（Sigmund Freud）所创的精神分析法、阿尔伯特·爱因斯坦（Albert Einstein）发现的相对论一起并称为 20 世纪人类知识界的三大革命。

〔2〕 古典经济学的理论基础是价格分析，它认为在一个经济体系中达到充分就业的关键有两点：一是供给和需求的相互作用决定商品的价格，价格的不断变动反过来导致供给和需求的平衡。二是这个系统创造的新的财富可能会被保存起来用于将来消费或者用于投资将来的生产，同样有一个供求机制决定着这个选择。存款的利息率遵循同价格一样的机制，即它是货币的价格。

〔3〕 边际消费倾向递减规律是说，随着收入的增加，居民消费也会相应增加，但在增加的收入中，用来消费的部分所占的比例越来越小，用来储蓄的部分所占的比例越来越大。这样在收入和消费之间就出现了一个越来越大的缺口，有效需求量降低，造成生产过剩和失业增加。资本边际效率递减规律是说资本边际效率递减，资本家害怕投资越多利润就越低，因此对投资的兴趣降低，导致国民收入水平下降和对原料、消费品的需求下降。流动偏好规律认为货币是流动性最大的资产，同其他资产比较，具有使用上的灵活性，因而人们都喜欢保持一定数量的货币在手边，出于投机目的，货币持有者在银行利率降低到一定水平时，就会更多地保存这些货币，造成消费不足。

边际消费倾向递减、资本边际效率递减和流动偏好这些规律的存在，随着社会的发展必然出现有效需求不足的问题。有效需求不足使企业生产出来的东西卖不出去，企业停产乃至破产，最终导致经济危机的爆发，造成工人失业。作为对凯恩斯主义的短期静态和比较静态分析的补充与扩展，1939 年美国经济学家保罗·萨缪尔森[1]在论文《乘数分析和加速原理的相互作用》中，提出把乘数原理同加速原理结合起来，解释经济周期。

按照乘数–加速数模型，在乘数作用下，投资变动会导致收入多倍的变动，假定边际消费倾向不变，当收入增加时，人们会购买更多的物品，从而使整个社会的物品销售增加；而在加速数作用下，销售量的增加会促进投资以更快的速度增长，投资的增长又使国民收入增长，收入的变动又会引起投资的多倍变动，销售量再次上升。如此循环往复，国民收入不断增大，于是整个社会处于经济周期的扩张阶段。然而，社会资源是有限的，收入的增长会遇到资源的限制。此时，经济达到峰顶，收入不再增加，销售不再增加。根据加速数原理，这意味着净投资下降为零。由于投资的下降导致收入减少，收入减少从而使销售量也减少。又根据加速数原理，这使得投资进一步减少，而投资的减少又使国民收入进一步减少。如此循环往复，国民收入会持续下降。这样，社会便处于经济周期的衰退阶段。收入的持续下降使社会达到经济周期的谷底。新的投资机会使部分企业感到有必要更新设备，进行重置投资。这样，随着投资

---

[1]　罗伯特·萨缪尔森（Paul Samuelson，1915.5.15－2009.12.13），美国经济学家，他的研究涉及经济学的全部领域，他于 1947 年成为约翰·贝茨·克拉克奖的首位获得者，由于他对数理和动态经济理论的发展，于 1970 年获得诺贝尔经济学奖。

的增加，收入又开始上升。于是，一轮新的经济周期又开始了。这就是说，在短期中如果仅仅依靠市场调节，出现周期性波动就是必然的。因此，经济周期是市场经济本身所固有的，依靠市场机制不可能消除或减缓。或者说，经济周期源于市场机制的不完善性。

（二）凯恩斯主义经济学的政策主张

在凯恩斯主义体系中，产品市场和劳动力市场均表现出过度供给。劳动需求太低是造成失业率增加的原因。劳动需求之所以低，是因为企业不能在现行价格下卖出它们所希望的销售量；对企业产品的需求之所以不足，则是因为许多消费者处于失业状态。经济衰退和经济萧条，源于需求不足的恶性循环，而刺激需求可以产生乘数效应。国家应该采用扩张性的经济政策，通过增加需求促进经济增长，即通过扩大政府开支，实行财政赤字，弥补私人市场的有效需求不足，刺激经济，维持繁荣。

（三）凯恩斯主义宏观经济模型

《通论》的分析是广博的，但普通学者难以驾驭其在逻辑上的完整性。于是，在凯恩斯发表《通论》后不久，许多学者致力于将他宏大的理论转换成更为简单、更为具体的模型。其中，最早也是影响最大的尝试是约翰·理查德·希克斯[1]在1937年提出的IS-LM模型。在1944年，弗兰科·莫迪利亚尼[2]发表

---

[1] 约翰·理查德·希克斯（John Richard Hicks，1904.4.8-1989.5.20），英国著名经济学家，1972年诺贝尔经济学奖获得者，一般均衡理论模式的创建者。

[2] 弗兰科·莫迪利亚尼（Franco Modigliani，1918.6.18-2003.9.25），意大利裔美籍经济学家、卡内基梅隆大学和麻省理工学院的教授，因其提出家庭储蓄的"生命周期"理论和决定公司及资本成本的市场价值的MM定理于1985年获得诺贝尔经济学奖。

了《流动偏好和利息与货币理论》，拓展并更为充分地解释了模型。在该文中，他对凯恩斯理论和"古典"派的理论进行了比较和综合，把工资、价格因素列入凯恩斯模型中，以工资刚性解释低于充分就业的均衡，并强调了货币在决定产量和物价中的作用。至今，对凯恩斯理论的解释中，IS - LM 模型仍是在中级水平的宏观经济教科书中最广泛使用的模型[1]。

当希克斯和莫迪利亚尼等理论家对凯恩斯主义模型进行发展，以适于课堂教学时，克莱因等计量经济学家则致力于更具应用性的模型，使之能够分析数据和用于预测及政策评价。到1960 年代，已经有了许多竞争性的模型，比如克莱因参与研发的沃顿模型（Wharton Model）、奥托·埃克斯坦[2] 参与研发的DRI 模型（Data Resource，Inc.）、艾伯特·安多[3]和莫迪利亚尼参与研发的 MPS 模型（MIT - Penn - Social Science Research Council）等。MPS 模型多年来由美联储维护，并成为 FRB/US 模型的前身，后者至今仍被美联储的员工维护和使用。尽管这

---

〔1〕 批评 IS - LM 模型的一些凯恩斯主义者认为，该模型过度简化了凯恩斯在《通论》中的经济观点。在某种程度上，这种批评是对的。不过，简化和过度简化之间的界限通常是不明确的。

〔2〕 奥托·埃克斯坦（Otto Eckstein，1927.8.1 - 1984.3.22）是一位德裔美国经济学家。他是核心通货膨胀理论（1981）的主要提出人之一，该理论认为，在确定长期通胀的准确指标时，国内想控制物价控制不了的商品（如食品和能源）的短期价格变动应被排除在计算之外。因为国内的宏观调控特别是财政政策、货币政策对于抑制能源价格、粮食价格上涨无能为力。去掉能源跟粮食价格以外国内真正经历的通货膨胀叫核心通货膨胀。

〔3〕 艾伯特·安多（Albert Ando，1929.11.15 - 2002.9.19）是一位日裔经济学家，宾夕法尼亚大学经济学和金融学终身教授。1959 年获得卡内基理工学院数学经济学博士学位。在卡内基梅隆大学，他与赫伯特·亚历山大·西蒙（Herbert Alexander Simon）合作，讨论了经济系统的聚合和因果关系，以及与弗兰科·莫迪利亚尼一起进行了关于储蓄、支出和收入的生命周期分析。

些模型的细节不同，但它们从根本上都拥有凯恩斯主义结构：将金融/货币条件和财政政策同 GDP 的各组成成分联系在一起的 IS 曲线，决定利率（作为令货币供给与货币需求均衡的价格）的 LM 曲线，以及描述经济中的价格水平如何随着时间而变动的某种形式的菲利普斯曲线。凯恩斯学派的宏观计量经济模型是一个联立方程系统，由内生变量、外生变量和随机冲击项构成，其基本操作理念是，运用历史数据估计得出模型，然后再运用它预测各种政策效应。

二、新古典主义

到 1960 年代末，凯恩斯主义共识开始出现裂缝。特别是 1970 年代石油危机造成滞胀的出现，凯恩斯的需求管理理论失效，导致宏观经济学共识的瓦解。一些古典的观点卷土重来。新古典主义经济学继承了古典经济学的立场，其主张是支持自由市场经济，个人理性选择，反对政府过度干预，反对凯恩斯主义经济学。

（一）新古典经济学的第一波是货币主义

货币主义学派的代表人物是米尔顿·弗里德曼，[1]弗里德曼在 1957 年提出持久收入假说，[2]他对货币需求量分析所遵循

---

〔1〕 米尔顿·弗里德曼（Milton Friedman，1912.7.31－2006.11.16），美国当代经济学家、芝加哥经济学派代表人物之一，以其在消费分析、货币供应理论及历史和稳定政策复杂性等范畴的贡献荣获 1976 年获诺贝尔经济学奖。

〔2〕 弗里德曼认为，要正确分析人们的消费行为对社会经济生活的影响，就必须严格区分两种收入：一种是暂时性收入，另一种是持久性收入。与之相适应，消费也应该区分为暂时性消费和持久性消费。暂时性收入是指瞬间的、非连续性的、带有偶然性质的现期收入，如工资、奖金、遗产、馈赠、意外所得等；而持久性收入是与暂时的或现期的收入相对应的、消费者可以预期到的长期性收入，它实际上是每个家庭或个人长期收入的一个平均值，是消费者使其消费行为与之相一致的稳定性收入。至于这个持久期限究竟长何种程度，弗里德曼认为最少应该是 3 年。

的逻辑是：货币需求主要取决于总财富，但总财富无法测量，只能用收入来代表。然而现期收入很不稳定，它不能确切地代表财富，如果采用"持久收入"来代表总财富，则基本上可以反映总财富状况。由于从长期趋势来看，持久性收入是稳定增长的，因而人们对货币的需求也就会是稳定增加的。正因为如此，在货币供应量一定的条件下，货币的流通速度就会在长期中呈现出递减的趋势。他认为凯恩斯主义仅仅以收入来解释消费的消费函数过于简单粗略。由于凯恩斯的绝对收入假说是财政政策乘数的基础，它是凯恩斯主义理论和政策处方的关键所在。若如弗里德曼的理论所表明的那样，暂时性收入的边际消费倾向很小，那么财政政策对均衡收入的影响，将比许多凯恩斯主义者相信的那样小得多。

1. 货币主义对经济波动产生原因的解释

弗里德曼和安娜·雅各布森·施瓦茨（Anna Jacobson Schwartz）在 1963 年出版的《美国货币史》认为，经济不稳定性不应该归结为私人部门的行为，而应该归结为货币政策的无能。经济波动主要是因为公众未预期到的货币供给变化导致的总需求波动，由于预期的适应性，总需求的变化会对产出和失业产生实际影响。具体来说，当货币供给发生变化时，由于短期内货币需求不变，会导致资产价格或一般商品的相对价格发生变化，并且经济主体的预期是适应性的，他们会针对这些价格变化对其资源配置进行针对性调整，资源配置的变化进一步导致了实体经济的波动，如果他们随后意识到这仅仅是名义量的变动而非实体经济波动，就会修正之前的调整，因而经济将会重新恢复到正常水平。政府的货币干预通常不是稳定经济波动而是使其更加剧烈，因而政府应该遵循简单的货币供给规则。相应地，货币主义学派把经济周期变动的成因归之于外生的政策冲击，并将货币存量的变化作为主要的、自发性的、独立性的外生变量，强调货币存量的变化对于经济活动具有重大影响，而经济活动对货币的影响只是第二位的反馈效应。货币的支出量增加有两种效应：一是直接效应，即直接导致人们对非货币资产的购买。二是间接效应，即货币量的增加引起利率下降，刺激人们对耐用消费品的购买，刺激投资者增加资本设备的购买。所以无论是间接效应还是直接效应，货币量的增加都会引起对非货币资产支出的增加，进而导致总需求、价格水平及总产量的增加，经济便进入了繁荣时期。反之，货币量的减少会引起经济萧条。货币主义认为，经济中的周期性变动是由于货币量变动所引起的，而货币量主要由中央银行控制，因此，中央银行对货币量的扩张或收缩引起了经济的周期变动。

2. 货币主义的政策主张

为了保证货币流通的正常速度，以满足人们对货币需求逐步稳定增长的需要以及经济和收入增长的需要，有必要实行一种与经济增长速度相配合的、稳定增长货币供应量的货币政策，即所谓"单一规则"的货币政策。弗里德曼建议的关于货币总量稳定增长的规则，正是目前世界上许多央行为之努力的通货膨胀目标制[1]的前驱。

---

〔1〕 通货膨胀目标制是中央银行直接以通货膨胀为目标并对外公布该目标的货币政策制度。首先通过一定的预测方法得到目标期通货膨胀率的预测值，然后根据预测结果和目标通货膨胀率之间的差距来决定货币政策的调整和操作。如果预测结果高于目标通货膨胀率，则采取紧缩性货币政策；如果预测结果低于目标通货膨胀率，则采取扩张性货币政策；如果预测结果接近于目标通货膨胀率，则保持货币政策不变。

3. 货币主义的宏观经济模型

货币主义对宏观经济模型的贡献体现在对凯恩斯主义宏观经济模型的批判上。货币主义的代表弗里德曼先是对经验模型形式的多样性提出质疑，由于不同样本数据得到不同的模型参数，那么模型结构不具有一致性，难以从样本数据中寻找经济行为规律。弗里德曼继而对模型中的消费函数提出批评，认为模型中按传统的凯恩斯主义理论以收入来解释消费是不正确的，收入是消费和投资之和，但如果用同期投资解释消费会得出其与前者完全不相关的预测结果。因此他认为消费应仅由其自身的长期趋势决定，否则将存在"统计幻觉"。弗里德曼的这些批评，对于完善和健全宏观经济模型是十分重要的。

（二）新古典经济学的第二波是"理性预期革命"

它以动态分析及理性预期假说为主要特征。1972 年美国经济学家罗伯特·卢卡斯（Robert E. Lucas）发表了《预期与货币中性》一文，首次将理性预期假说引入宏观经济问题分析。之后，理性预期概念被广泛运用到各种经济问题分析中。卢卡斯、托马斯·萨金特（Thomas Sargent）、尼尔·华莱士（Neil Wallace）、罗伯特·巴罗（Robert J. Barro）等人发表了一系列论文，他们以理性预期和市场出清为假设，从微观个体最优化行为出发，试图建立与微观经济学相一致的宏观经济学。卢卡斯及其追随者也因此被称为理性预期学派。

1. 理性预期学派对经济波动产生原因的解释

理性预期学派认为，货币因素是经济波动的初始根源。他们将货币冲击分为预期到的和未预期到的，认为是未预期到的货币供给的冲击引起了经济波动。一方面，当中央银行出乎公众意料地增加货币供给时，由于公众对此没有察觉，所以厂商和工人很有可能认为这种价格变化是个别市场的需求提高引起的。于是，厂商会提高产量，工人有可能提高工作量。相反地，如果货币供给减少使得价格下降时，厂商会误以为对他们的产品需求下降，因而减产，工人们也会自愿地减少劳动供给。这就暗示了萧条时期的失业是人们权衡得失后的选择，是自愿的。当所有市场的厂商和工人都这样行动时，实际产量就会偏出正常水平，在短期内引起经济波动。另一方面，如果货币冲击是意料之内的，则不会产生任何影响，因为经济当事人这时不会产生任何错觉。

卢卡斯在 1977 年《对经济周期的理解》与 1978 年《失业政策》等学术著作中提出了一种基于不完全信息、理性预期和市场出清假设的均衡周期理论。该理论所阐述的经济周期波动的传导过程是这样的：假设个人和厂商观察到了他们产品的价格上涨了，他们就需要搞清楚这一现象究竟是反映了总需求的增长，还是反映了对他们个别产品的需求有所增加。若是前者，从实际量的角度来说什么也没变，厂商和工人也都会保持原来的状态，全社会的经济继续按自然率水平增长；若是后者，个别产品的相对价格上升了，工人会增加工作量，厂商会提高产量，双方都有动力增加供给，此时经济中将出现向上倾斜的短期总供给曲线。信息障碍使理性预期产生错误，使经济当事人不能准确判断价格变化的实际情况，有可能将总需求增长带来的一般价格水平的上升当作是个别产品的相对价格的上升，从而导致了短期内产量的波动。当然，这也只是暂时现象，由于公众是理性预期者，他们将很快调整错误的预期，使产量最终恢复到长期增长水平，即自然率水平。

2. 理性预期学派的政策主张

由于公众的决策具备某种前瞻性，在估计或预测某项决策所具功效时，政策制定者必须考虑到政策本身对于公众预期可能产生的影响。巴罗在 1976 年发表的《理性预期和货币政策的作用》一文，利用理性预期和市场出清假说指出只有在令人们预料不到并引起他们混淆相对价格的条件下，货币政策才起作用。萨金特和华莱士在他们 1975 年发表的极有影响的论文《理性预期、最优货币工具和最优货币供应规则》[1] 中提出了其关键的政策含义：旨在把失业率降低到自然失业率以下的需求管理政策，只要是有规则的、系统的，因而也是可以为人们所预料的，都是无效的。由于不可能系统地出乎理性的人们的意料之外，故旨在稳定经济系统的货币政策注定会失败。在失业—通胀的取舍问题上，由于各种冲击将会持续地改变经济结构，政策制定者不应简单地依赖于根据以往数据所绘制的短期菲利普斯曲线，还应充分地考虑具备理性预期的公众会对预期到的央行的行为方式采取相应对策这一行为。因此，如果央行能够做出获信于公众的政策承诺，就可降低通胀预期，从而得到与自然失业率相一致的更低的失业率。

3. 理性预期学派的宏观经济模型

理性预期学派认为，在现实中，公众的行为取决于对价格、利率和收入等变量未来变化的预期，而政策的实施过程将会改变宏观经济中各种"结构"关系。然而，常规的计量模型没能

---

[1] Thomas Sargent and Neil Wallace, "'Rational' Expectations, the Optimal Monetary Instrument, and the Optimal Money Supply Rule", *Journal of Political Economy*, 1975, vol. 83, issue 2: 241 –54.

把握这一点，而是试图凭借历史数据所蕴含的所谓"固定的结构关系式"去预测未来。这就要求各种参数本身不能随着政策的变动而变动。然而，在现实中，随着所观察到的政策变量发生变化，公众形成预期的方式以及体现各变量关系的"结构性参数"必定会发生变化。因此，常规计量模型根本就无法预测未来，也无法为政策制定提供多少帮助。理性预期学派经济学家逐渐提出一些新的研究方法。代表性的方法包括：

（1）时间序列方法。时间序列方法一般假定变量遵循系数不变的线性随机过程，这使得宏观经济理论与计量统计可以更好地结合起来。具有代表性的是博克思和詹金斯（1970）[1]创立的 ARIAM 模型。UC（Unobserved Component）方法和贝弗里奇－尼尔森（Beveridge－Nelson）分解常被用于将包含单位根的过程进一步分解为非平稳的趋势项和平稳的周期项。UC 方法假设趋势项和周期项不相关，贝弗里奇－尼尔森分解则假设二者负相关。对于经济波动的这种分解有助于将经济的周期性波动与趋势变动区分开来，研究二者的相对重要性，辨别冲击来自于需求还是供给一方，进一步对宏观经济理论进行检验。

（2）向量自回归（VAR）方法。向量自回归（VAR）方法进一步引入了其他经济变量的信息，结合理论背景对经济波动进行分解，并能够识别引起内生变量波动的外生冲击来源。所使用的基本工具包括冲击响应分析、方差分解等。比如，布兰查德和柯成兴（1993）[2]使用结构性 VAR 方法，利用失业信息

---

〔1〕 George Box & Gwilym Jenkins, *Time Series Analysis: Forecasting and Control*, San Francisco: Holden－Day, 1970.

〔2〕 O. J. Blanchard and D. Quah, "The Dynamic Effects of Aggregate Demand and Supply Disturbances: Reply", *American Economic Review*, 1993, 83（3）: 653－658.

分离经济趋势。他们假设需求冲击对产出的影响是暂时性的，而供给冲击对产出的影响是永久性的，二者都不影响失业率。坎贝尔和曼昆（1987）[1]也利用失业率信息研究了 GDP 波动的持续性问题，他们假定 GDP 的周期波动是和失业率相关的部分，趋势项则与失业率不相关。其分析也可以看作是一个二元的 VAR 模型。

时间序列和 VAR 方法对数据依赖程度较高，对经济理论的利用相对有限。

（三）新古典经济学的第三波是实际经济周期理论

基德兰德与普雷斯科特（1982）[2]和长和普洛索（1983）[3]的实际经济周期理论，其理论假设在吸收了货币经济周期理论中市场出清、理性预期和自然率假说三个假设的同时，也进行了一些突破。①关于理性预期假说。实际经济周期理论将公众之间和公众与货币当局之间的博弈回合因素加入了理性预期假说中。②货币中性假说。在货币经济周期理论中，货币供给是外生的，卢卡斯等学者认为经济波动是由货币供给冲击引起的。而实际经济周期理论否定了货币经济周期理论中的货币供给冲击引起经济波动的论述，认为货币数量的变化对经济没有真实影响，即货币是中性的。③偏好假说。个人在消费与投资、劳动与休闲之间有当期消费与未来消费、当期休闲与未来休闲的

〔1〕 J. Y. Campbell and N. G. Mankiw, "Permanent and Transitory Components in Macroeconomic Fluctuations", *American Economic Review*, 1987, 77 (2): 111–17.

〔2〕 Finn E. Kydland and Edward C. Prescott, "Time to Build and Aggregate Fluctuations", *Econometrica*, 1982, 50 (6): 1345–1370.

〔3〕 John B. Long and Charles I. Plosser, "Real Business Cycles", *Journal of Political Economy*, 1983, 91 (1): 39–69.

选择，还有当期劳动与休闲之间的选择，其选择的目的是使个人在理性预期条件下达到自身效用的最大化水平。④投资连续性假说。实际经济周期理论认为投资不是一次性完成的，从资本的投入到资本品的产出需要一段时间的连续投资。在这段时间内，投资不可避免地受到外来因素的影响，最终会影响到产出。

1. 实际经济周期理论对经济波动原因的解释

实际经济周期理论认为，市场机制本身是完善的，在长期或短期中都可以自发地使经济实现充分就业的均衡。经济周期源于经济体系之外的一些真实因素的冲击，这种冲击称为"外部冲击"。引起这种冲击的是一些实实在在的真实因素，包括科学技术的突然变化、生产力的变化以及消费者偏好的改变和其他意外变化等，其中特别值得注意的是技术冲击。

在实际经济周期的分析中，由实际因素引起经济波动的核心传导机制是劳动供给的跨时期替代，即在不同时段重新配置工作时间的意愿。该论点认为，工资短暂变化的劳动供给弹性很高。人们在两个时期中劳动投入的比率是由这两个时期的相对工资所决定的，而一个时期的较小工资增长可以引起个人在该时期提供相对较大的劳动量，同时减少相对工资较少的那个时期的劳动量。这样，通过这种两个时期的替代方式，人们的工作总量不变，但能赚得更多的总收入。但劳动的这种跨时替代并不意味着劳动供给对工资的永久性变动很敏感，如果工资上涨并继续维持在较高的水平上，那么在这一时期比下一时期提供更多工作并不能多得到收入，因此，劳动供给对工资的永久性变动的反应可能是微弱的。在此情况下，如果技术冲击是暂时的，使得当期的实际工资暂时高于标准，那么劳动者将以工作替代闲暇，提供更多的劳动，于是产量和就业量均上升，而在预期实际工资较低的未来减少工作，因此实际工资的变动会带来较大的供给变化。这样，就通过跨时劳动替代对外来冲击形成了经济波动。

在凯恩斯主义经济学中，有经济增长理论与经济周期理论之分，前者研究长期问题，后者研究短期问题。真实经济周期理论否定了把经济分为长期与短期的说法，他们认为，在长期和短期中决定经济的因素是相同的，既有总供给又有总需求。因此，人为地把经济分为长期与短期是无意义的。由此出发，经济周期并不是短期经济与长期趋势的背离，即不是实际国内生产总值与潜在的或充分就业的国内生产总值的背离，经济周期本身就是经济趋势或者潜在的或充分就业的国内生产总值的变动，并不存在与长期趋势不同的短期经济背离。

2. 实际经济周期理论的政策主张

实际经济周期理论认为，既然经济周期并不是市场机制的不完善性所引起的，就无需用国家的政策去干预市场机制，只要依靠市场机制经济就可以自发地实现充分就业的均衡。基德兰德和普雷斯科特（2004）认为，由于经济个体对未来经济政策的预期会影响其当期决策，只有经济个体预期的未来政策规则恰恰是政府当期制定的最优政策规则时，经济政策才是动态一致的。所以必须设立一种有约定的决策环境，即政府首先一次性地选择一种政策，然后单个经济人再决定自己要采取的行动，这种情形就等同于公众有某种手段迫使政府遵守事前的约定。而由外部冲击引起的周期性波动不可能由政府政策来稳定，而要依靠市场机制的自发调节作用来稳定。只有市场机制才会对经济波动作出自发而迅速的反应，使经济恢复均衡。比如，技术突破引起的投资热带动了整个经济的繁荣，这时资源紧张会引起价格上升，价格上升就可以抑制过热的经济，使之恢复正常状态。市场机制的这种调节是反时的，经济不会大起大落。相反，政府的宏观经济政策往往是滞后的，由于政府不可能作出正确的经济预测，政策本身的作用有滞后性，加之政府政策难免受利益集团的影响。决策者信息不充分，对经济运行的了解有限，政策不可能像决策者所预期的那样起到稳定作用。宏观政策的失误往往作为一种不利的外部冲击而加剧了经济的不稳定性。而且，政策限制了市场机制正常发挥作用。用政府干预代替市场机制的结果，是破坏了经济稳定和经济本身自发调节的功能。

3. 实际经济周期理论的宏观经济模型

起源于基德兰德和普雷斯科特（1982）[1]提出的动态随机一般均衡（DSGE）模型，描述了消费者和企业最优决策的一般均衡，有着坚实的理论基础。通过直接设定经济环境、主体的约束条件和优化问题，DSGE 模型避免了预期改变导致的结构参数变化问题。比如，当制度和结构发生变化的情况下，估计的简化式参数就会发生变化，而深层次的结构参数不太可能由于制度变化而变化。基德兰德和普雷斯科特（2004）的动态经济学研究方法把时间连续性考虑在内，提出的动态一般均衡模型推动了宏观经济学向动态宏观经济学演进。经济系统内的许多变量，如经济人的目标函数、储蓄和投资等的任何分析都涉及时空问题。显然，仅从静态角度研究这些变量是不够的。应用

---

〔1〕　F. E. Kydland and E. C. Prescott, "Time to Build and Aggregate Fluctuations", *Econometrica*, 1982, 50 (6): 1345 – 1370.

动态分析方法，从微观经济主体的最优化行为出发建立模型，使对变量的分析更加符合实际情况。实际经济周期理论从强调货币冲击的分析转向了把实际冲击作为经济波动根源的分析，以及这些冲击引起的消费和闲暇的跨期替代。

作为三波新古典经济学的发展结果，宏观经济学领域变得越来越严谨、越来越同微观经济学中的分析工具密不可分。

三、新凯恩斯主义

新凯恩斯主义是指20世纪70年代以后在凯恩斯主义基础上吸取非凯恩斯主义某些观点与方法形成的理论。凯恩斯主义用需求不足和名义工资刚性解释失业的存在和持续，然而并没有很好地说明名义工资刚性的原因，也没有说明价格刚性的成因。新古典宏观经济学明确将微观经济理论作为宏观经济理论的分析基础，从微观经济学和宏观经济学的结合中得出宏观经济学结论，发展了一种有微观基础的宏观经济理论。新古典宏观经济学的引人注目之处在于，它保持了微观经济学和宏观经济学的一致性和相容性。但是，新古典宏观经济学片面追求理论结构和分析方法的完美性，其市场出清的微观分析完全脱离经济现实，政策无效性的宏观结论也缺乏说服力。凯恩斯主义的不足和新古典宏观经济学在理论上的进展给新凯恩斯主义者以启迪。而新古典宏观经济学在现实面前的苍白无力又诱导新凯恩斯主义者运用独特的方法和思路对劳动力市场、产品市场和信贷市场进行分析，以期寻找出宏观经济波动和失业的原因。新凯恩斯主义者以工资粘性和价格粘性代替凯恩斯主义工资刚性和价格刚性的概念。以工资粘性、价格粘性和非市场出清的假设取代新古典宏观经济学的工资、价格伸缩性和市场出清的假设，并将其与宏观层次上的产量和就业量等问题相结合，建立起有微观基础的新凯恩斯主义宏观经济学。

（一）新凯恩斯主义对经济波动产生原因的解释

新凯恩斯主义经济学认为经济中的实际市场不完善性如不完全竞争、不完全信息和相对价格粘性是理解经济波动的关键。新凯恩斯主义认为，在现实中的各类市场是垄断型的或垄断竞争型的，供给方有控制价格和工资水平的能力。面对供给冲击或需求冲击，价格和工资调节是缓慢的，至少需要一个过程。因此，无论是产品市场还是劳动力市场，常常处在非完全出清的状态，宏观经济均衡通常是非瓦尔拉斯均衡。新凯恩斯主义区分了名义价格粘性和实际价格粘性，并用相应的理论进行了解释。名义价格不能根据总需求的变动而产生相应的变化就是名义价格粘性，解释名义价格粘性的理论主要有菜单成本论、交错调整价格论和长期合同论等。实际价格粘性是指一种价格相对于另一种价格的粘性，如原材料成本价格上涨 10%，产品价格也上涨 10%，这样相对稳定的关系就是实际价格粘性。解释实际价格粘性的理论包括：成本加成定价理论、厂商信誉论、需求非对称理论和寡头市场与价格粘性论等。由于工资和价格的粘性，当供求发生变动时，价格不能灵活迅速地做出反应，也就不能迅速地调整供求关系，所以市场在短期内不能出清，经济会经常处于非均衡的状态。

（二）新凯恩斯主义的政策主张

新凯恩斯主义主张政府干预，认为政府应该通过经济政策恢复价格弹性、修复失灵的市场机制。新凯恩斯主义认为，虽然预期是理性的，但价格与工资的调整是不完全的。即使人们认识到经济所面临的冲击如总需求的下降，也认识到这种冲击所带来的后果，还认识到自己应该采取的正确行动，但是，由于价格粘性的存在，他没有能力采取行动。因此，经济并不总是在充分就业水平上运行，当失业发生，产量降低时，政府就有必要对经济进行干预。新凯恩斯主义还指出，如果理性预期是弱式的，即使人们能正确预期到政府的稳定性政策，也不能正确评估其影响，从而不能采取正确的行动。在这种情况下，稳定性政策仍然是有效的。新凯恩斯主义提出多重均衡理论，认为经济均衡并不是唯一的，而是多种均衡并存，但是多种均衡有优劣之分，市场机制的力量并不能保证经济稳定在最好的均衡，此时稳定性政策就是有用的，可以用来将经济从一个均衡移往另一个均衡。因此，在新凯恩斯主义看来，虽然个人是理性的，但私人经济仍然具有内在的不稳定性，政府有必要和义务对经济进行管理，因此，应该采取相机抉择的能动性政策，积极地参与对经济的管理，根据经济形势的变化而随机应变地采取相应的政策措施，而不是消极地按规则行事。

（三）新凯恩斯主义的宏观经济计量模型

新凯恩斯主义模型融合了包含动态优化和一般均衡的真实经济周期理论，并包含了垄断竞争和名义刚性的凯恩斯主义观点。它将微观厂商的定价机制融入宏观经济学模型之中。曼昆（2001）[1]将此过程描述为三个层次：首先，厂商实现利润贴现值最大化的期望价格是整体物价水平和失业率缺口的函数；其次，厂商一旦有调整价格的机会，其设定的价格等于当前价格与未来价格的加权平均值；最后，假定当前的价格水平等于历

---

〔1〕 N. G. Mankiw, "The Inexorable and Mysterious Tradeoff between Inflation and Unemployment", *Economic Journal*, 2001, 111 (471): 45–61.

史价格的加权平均值。基于经济中存在大量厂商且均是理性预期的假设，上述理论可总结为标准的新凯恩斯主义范式，即通货膨胀率依赖于对未来通胀的预期和失业缺口。许多实证研究表明新凯恩斯主义模型具有良好的衡量宏观政策调控能力的性能。加西亚（2010）[1]在新凯恩斯主义模型的基础上采用贝叶斯定理和脉冲响应函数检验了尼日利亚的货币政策。研究发现，尼日利亚中央银行利用新凯恩斯主义模型可以较好地控制通货膨胀，全面的通胀目标制度是有效的。尤茨古（2013）[2]使用新凯恩斯主义模型估计发现，土耳其在短期中存在通胀与失业的负相关关系。通过单位根检验发现，稳定的财政和货币政策会在一定程度上降低土耳其的失业率。

秉承凯恩斯关于现实经济中存在着不完全性，市场不可能连续均衡，需要政府干预的宗旨，新凯恩斯主义者进一步研究和提出市场不完全性存在的原因，是工资和价格调整过程中存在着各种摩擦，这些摩擦被抽象为名义与实际工资和价格粘性假设，并着力以各种模型加以证明。他们将传统微观经济学经济行为人自身利益最大化纳入宏观经济研究，接受新古典主义宏观经济学的理性预期假设。这样在基本假设方面就扩大了范围，与新古典主义对立的基本假设只有市场不完全，从而工资和价格不能完全灵活易变这一条了。他们接受了货币主义关于货币供给变动对实际总产出在短期中有很大影响和自然率的看

　〔1〕　C. J. Garcia, "Is the Philips Curve Hypothesis Useful for Monetary Policy on Nigeria", *Occasional Paper of the Research Department of the Central Bank of Nigeria*, 2010, No. 38.

　〔2〕　G. Gozgor, "Unemployment Persistence and Inflation Convergence: Evidence from Regions of Turkey", *Regional & Sectoral Economic Studies*, 2013, 13 (1): 55–64.

法，这又使新凯恩斯主义增添了几许货币主义的色彩。同时，他们批判了新古典主义秉承古典学派最关键的假设——工资和价格具有完全伸缩性从而市场处于连续均衡之中，反驳了货币中性和政策无效性等命题。新凯恩斯主义的这种兼收并蓄，表明了宏观经济学的融合趋势。

四、未来宏观经济学的融合趋势

1. 新凯恩斯主义与新古典宏观经济学理论的融合

新古典宏观经济学与新凯恩斯主义在争论中相互吸收和借鉴对方的有利之处，二者具有了越来越多的共同点，出现了相互融合的趋势。两大流派的一致观点是：立足于微观个人行为分析宏观经济问题，认为个人行为是理性的，理性预期是理解宏观经济活动的关键，在构建宏观经济理论时广泛地采用信息经济学和博弈论的分析方法，并将宏观经济理论纳入均衡分析框架之中。

2. 政府干预与市场调节政策的融合

宏观经济学研究的实用性可以从两个方面来解读：一方面是指对人们的经验认识进行理论解释，进而指导人们的经济实践；另一方面是指经济理论具有明显的政策含义。从许多知名西方学者如克莱因（1980）[1]、托宾（1981）[2]、卢卡斯（1995）[3]、

---

[1] Lawrence R. Klein, "Some Economic Scenarios for the 1980's", *Nobel Prize in Economics documents 1980 – 1*, Nobel Prize Committee.

[2] James Tobin, "How Dead is Keynes?", *Economic Inquiry*, 1977b, XV (4): 459 – 68.

[3] Robert Lucas, "Monetary Neutrality" Prize Lecture – 1995, *Nobel Prize in Economics*, December 7, 1995.

蒙代尔（1999）[1]、基德兰德与普雷斯科特（2004）的研究贡献中可以看出，他们都试图运用各种方法提高经济政策的精确性，或者试图在不同的条件下研究各种政策的可能及这种政策的后果。值得注意的是，越来越多的经济学家主张政府干预和市场调节相结合的政策建议。这是因为主张绝对的自由主义和绝对的干预主义都是片面的，二者的互补才更适合经济的稳定发展。

3. 宏观经济分析与微观经济分析的融合

宏观经济分析与微观经济分析的融合主要指宏观经济学的微观化。宏观经济总量实际是微观个体数量之和，而微观数量又是经济个体行为的后果，宏观经济理论正确与否关键就在于微观经济个体的行为，微观行为是微观经济学研究的对象，所以宏观经济学必须以微观经济学为基础。经济学家们通过运用微观经济学工具来研究诸如失业和通货膨胀等宏观经济领域内的问题，将宏观经济学进行微观化研究，是对宏观经济学理论研究的一大突破。新古典宏观经济学强调宏观经济理论的微观基础，与其观点相对的新凯恩斯宏观经济学也强调宏观经济的微观基础。

思考题

1. 理性预期学派对宏观经济学的发展和贡献体现在哪些方面？

2. 真实经济周期理论的缺陷体现在哪些方面？

3. 试述新凯恩斯经济学的政策主张及其对中国宏观经济政策的启示。

---

〔1〕　Robert A. Mundell, "A Reconsideration of the 20th Century", *Nobel Prize in Economics documents 1999 – 1*, Nobel Prize Committee.

第
二
讲 | # 宏观经济分析的基本框架

　　要解释通货膨胀、失业、经济周期这些重要问题，须建立一个宏观经济模型，以说明总产出（收入）和价格水平之间的关系以及它们各自的决定。总需求总供给模型即 AD – AS 模型不仅是宏观经济学中的重要分析工具，而且也是理解宏观经济中一些重大问题的基础。

　　关于总供给与总需求的关系，究竟是总供给决定总需求，还是总需求决定总供给？古典经济学家认为"供给创造自身的需求"[1]，但却无法解释持续大规模的经济衰退，因为经济衰退期最典型的表现就是需求不足。与之相对的观点是"需求创造自身的供给"[2]，但这种观点必须承认供给总有极限。需求可以越来越多，无限增长，但供给不可能无限增长。

---

　　〔1〕　"供给创造自己的需求"是对萨伊定律最常见的表达形式。萨伊定律是一种自 19 世纪初流行直至 20 世纪 30 年代凯恩斯通论出版的经济思想。根据萨伊定律，在一个完全自由的市场经济中，由于供给会创造自身的需求，因而社会的总需求始终等于总供给。
　　〔2〕　继英国经济学家凯恩斯提出需求管理理论之后，凯恩斯追随者们将凯恩斯的短期分析扩展为长期分析，例如哈罗德 – 多马模型，长期分析必须考虑供给能力的变化，由此得出"需求创造自身的供给"。

当代经济学家提出了更折中的观点，那就是"短期看需求，长期看供给"。长期来看，经济规模的大小取决于总供给，也就是工人的数量和素质、厂房的多少、生产技术是否先进以及经济制度是否运转正常。就短期而言，总需求是决定经济规模的主要力量。当企业和个人的需求出现快速下滑时，政府就应该增加需求，保持总需求平稳。

一、总需求函数

在宏观经济学中，总需求是指整个社会对物品和劳务的有效需求总量。它不仅指整个社会对物品和劳务需求的愿望，还包括该社会对这些物品和劳务的支付能力。由总支出的构成可知，在封闭经济条件下，总需求由经济社会的消费需求、投资需求和政府需求构成。

总需求函数（aggregate demand function）被定义为产出（收入）和价格水平之间的关系，它表示在某个特定的价格水平下，经济社会需要多高水平的收入。总需求函数的几何表示称为总需求曲线。

（一）总需求曲线的导出

总需求曲线（aggregate demand curve）是在产品市场和货币市场同时实现均衡时国民收入与价格水平的关系曲线。总需求曲线可由下述方法导出：从同时满足产品市场和货币市场的均衡条件出发，寻求国民收入与价格水平的关系。

产品市场均衡关系：$Y = C(Y - T) + I(Y, i) + G$

货币市场均衡关系：$\dfrac{M}{P} = YL(i)$

式中：Y 代表国民收入，C 代表消费，I 代表投资，G 代表政府支出，T 代表税收，i 代表利率，M 代表货币供给量，P 代表价格，L（·）为函数关系符。

将上两式合并得总需求曲线关系：

$$Y = Y(\frac{M}{P}, G, T)$$

$$(+, +, -)$$ (2-1)

总需求曲线（2-1）式反映了国民收入（Y）与物价水平（P）呈反方向变化关系，这说明需求曲线的斜率为负值。

也可以用图 2-1 说明如何从 IS-LM 模型图中得出总需求曲线：

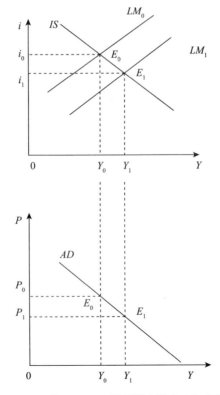

图 2-1　从 IS-LM 模型图中导出 AD 曲线

在 IS－LM 模型中，假设其他条件都不变，唯一变动的是价格水平。价格水平的变动并不影响产品市场的均衡，即不影响 IS 曲线。但是，价格水平的变动却要影响货币市场的均衡，即要影响 LM 曲线。这是因为，LM 曲线中所说的货币供给量是实际货币供给量，如果以 M 代表名义货币供给量，M/P 就是实际货币供给量。当名义货币供给量不变，而价格水平变动时，实际货币供给量就会发生变动。实际货币量的变动会影响货币市场的均衡，引起利率的变动，而利率的变动就会影响总需求变动，即 $P\downarrow \rightarrow M/P\uparrow \rightarrow M/P > YL\ (i)\ \rightarrow i\downarrow \rightarrow I\uparrow \rightarrow AD\uparrow$

总需求曲线向下倾斜的经济解释是，在名义货币供给量保持不变时，价格水平上升使实际货币供给量减少，货币市场出现超额货币需求，从而使利率提高。伴随着利率的提高，投资支出下降，进而导致产出下降。相反，较低的价格水平使货币市场出现超额货币供给，从而使利率下降。伴随着利率的下降，投资支出提高，进而导致产出提高。

（二）总需求曲线的斜率

总需求曲线的斜率反映了既定的价格水平变动所引起的总需求与国民收入的不同变动情况，可以用图 2－2 来说明。

当总需求曲线斜率较小时，既定的价格变动 P_0P_1 所引起的总需求与国民收入的变动大，这就是当总需求曲线为 AD_0 时，总需求与国民收入的变动为 Y_0Y_2；当总需求曲线斜率大时，既定的价格变动 P_0P_1 所引起的总需求与国民收入的变动小，这就是当总需求曲线为 AD_1 时，总需求与国民收入的变动为 Y_0Y_1。

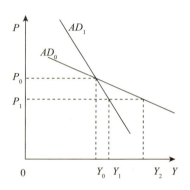

图 2－2　总需求曲线的斜率

总需求曲线的斜率取决于这样一些因素：

第一，**货币需求的利率弹性**。货币需求的利率弹性越小，价格变动所引起的实际货币供给量的变动对利率和总需求的影响就越大，从而总需求曲线的斜率也就越小（即总需求曲线越平坦）。相反，货币需求的利率弹性越大，价格变动所引起的实际货币供给量的变动对利率和总需求的影响就越小，从而总需求曲线的斜率也就越大（即总需求曲线越陡峭）。

第二，**投资需求的利率弹性**。投资需求的利率弹性越大，既定的利率变动所引起的投资与总需求的变动越大，从而总需求曲线的斜率也就越小。相反，投资需求的利率弹性越小，既定的利率变动所引起的投资与总需求的变动越小，从而总需求曲线的斜率也就越大。

第三，**货币需求的收入弹性**。货币需求的收入弹性越小，既定的实际货币供给量变动所引起的总需求的变动就大，从而总需求曲线的斜率就越小。相反，货币需求的收入弹性越大，既定的实际货币供给量变动所引起的总需求的变动就小，从而总需求曲线的斜率就越大。

第四，**乘数**。乘数越大，既定实际货币供给量变动所引起的最终总需求（与国民收入）的变动越大，从而总需求曲线的斜率就越小。相反，乘数越小，既定实际货币供给量变动所引起的最终总需求（与国民收入）的变动越小，从而总需求曲线的斜率就越大。

因此，总需求曲线的斜率与货币需求的利率弹性和投资需求的利率弹性同方向变动，与货币需求的收入弹性和乘数反方向变动。

根据总需求曲线斜率的决定可以推导出两种特例：第一种是古典特例。在这种情况下，货币需求的利率弹性为零，LM 曲线是一条垂线，实际货币供给量的变动对总需求有最大的影响，从而总需求曲线是一条水平线（其斜率为零）。第二种是凯恩斯陷阱。在这种情况下，货币需求的利率弹性无限大，即在既定的利率之下，公众愿持有任何数量的货币供给量，LM 曲线是一条水平线。因此，价格变动所引起的实际货币供给量变动对总需求没有什么影响，总需求曲线就是一条垂线（其斜率为无限大），即总需求不会对价格变动作出反应。

二、总供给函数

总供给（aggregate supply）是经济社会的总产量（或总产出），它描述了经济社会的基本资源用于生产时可能有的产量。一般而言，总供给主要是由生产性投入（最重要的是劳动与资本）的数量和这些投入组合的效率（即社会的技术）决定的。总供给函数（aggregate supply function）是指总供给（或总产出）和价格水平之间的关系。总供给函数的几何表示为总供给曲线。

总供给曲线（aggregate supply curve）表明了价格与产量的

相结合，即在某种价格水平时整个社会的厂商所愿意供给的产品总量。所有厂商所愿意供给的产品总量取决于它们在提供这些产品时所得到的价格，以及它们在生产这些产品时所必须支付的劳动与其他生产要素的费用。因此，总供给曲线反映了要素市场（特别是劳动力市场）与产品市场的状态。

（一）总供给曲线的导出

由工资决定关系式 $W = P^e F(u,z)$ 和价格决定关系式 $P = (1+\mu)W$ 整理合并得：

$$P = P^e(1+\mu)F(u,z) \qquad (2-2)$$

式中：P 代表价格，P^e 代表预期价格，μ 代表成本加成，u 代表失业率，z 代表影响工资水平的其他因素，$F(\cdot)$ 为函数关系符。

上式表明价格水平是预期价格水平和失业率的函数。由失业率的定义，$u = \dfrac{U}{L} = 1 - \dfrac{N}{L} = 1 - \dfrac{Y}{L}$，式中，U 为失业人数，N 为就业人数，L 为劳动力总数量。将上式代入式（2-2）得：

$$P = P^e(1+\mu)F\left(1 - \frac{Y}{L}, z\right) \qquad (2-3)$$

式（2-3）说明：更高的预期价格水平导致更高的实际价格水平，比例关系是1:1；产出增加导致价格水平上升。其逻辑是：产出增加引起就业增加，就业增加导致失业减少，因此失业率下降，更低的失业率导致名义工资上升，名义工资上升导致成本增加，从而导致企业提高价格。产出和价格水平的总供给曲线 AS 如图2-3所示：

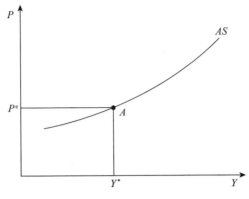

图 2 – 3　AS 曲线

总供给曲线 AS 有两个特征：一是向上倾斜，对于一个给定的预期价格水平 P^e，产出增加导致价格水平上升；二是通过 A 点，在 A 点 $Y = Y^*$，$P = P^e$。也就是说，如果产出等于自然水平 Y^*，那么价格水平就等于预期价格水平。当产出大于自然水平时，价格水平高于预期值，$P > P^e$，在 A 点右边；当产出小于自然水平时，价格水平就低于预期值，$P < P^e$，在 A 点左边。预期价格水平上升使得总供给曲线向上移动。相反，预期价格水平下降使得总供给曲线向下移动。

（二）总供给曲线的斜率

总供给曲线的斜率反映了总供给量对价格变动的反应程度。总供给曲线的斜率大（即总供给曲线较为陡峭），说明总供给量对价格变动的反应小。总供给曲线的斜率小（即总供给曲线较为平坦），说明总供给量对价格变动的反应大。总供给曲线的斜率取决于多种因素，例如，生产技术、生产要素的供给与市场机制和社会制度、体制等。

三、总需求 – 总供给模型

将总需求与总供给结合在一起，考察社会经济如何实现总需求与总供给的均衡，以及价格变化的原因。

（一）AD – AS 模型

总供给曲线关系表示为：$P = P^e \ (1+\mu) \ F \ (1 - \dfrac{Y}{L}, \ z)$

总需求曲线关系表示为：$Y = Y \ (\dfrac{M}{P}, \ G, \ T)$

均衡点 A 为两条曲线的交点。在 A 点，产品、货币和劳动力市场同时达到均衡。均衡产出和价格分别由 Y 和 P 给出，如图 2 – 4 所示。

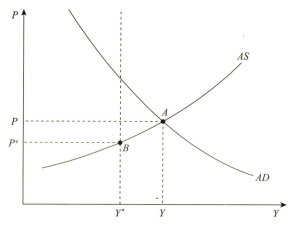

图 2 – 4　均衡产出和价格

一般来说，没有理由认为，均衡产出 Y 应该等于自然产出水平。均衡产出同时取决于总供给曲线的位置、P^e 值和总需求曲线的位置、给定 M、G、T 值。图 2 – 4 给出均衡 Y 比 Y^* 大，经济在自然产出水平之上运行的情形，当然也可以把 AS 和 AD

曲线画得使均衡产出低于自然水平。这取决于特定的预期价格水平的取值，以及影响总需求曲线位置的变量值。尽管在短期，没有理由认为产出就应该等于其自然水平。然而，随着时间演进，产出和价格水平动态化。

引入时间下标，P_t指第 t 年的价格水平，P_{t-1}指第 t - 1 年的价格水平，令预期价格水平等于上一年价格水平，则 $P_t^e = P_{t-1}$，总供给和总需求可以写成：

AS 关系：$P_t = P_{t-1}(1+\mu)F(1-\dfrac{Y_t}{L_t},z)$ （2 - 4）

AD 关系：$Y_t = Y(\dfrac{M}{P_t},G,T)$ （2 - 5）

图 2 - 5 给出产出随时间的演变过程。

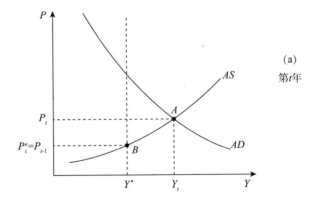

(a)
第 t 年

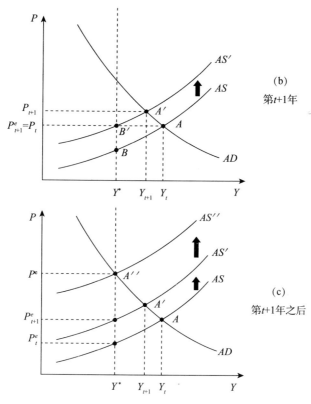

图 2－5　产出动态调整到自然水平

　　由于在 A 点产出高于自然水平，第 t 年价格高于预期价格，工人将提高下一年预期价格。当工资制定者提高了对第 t＋1 年价格的预期时，第 t＋1 年价格水平提高，给定名义货币，实际货币存量将下降，实际货币存量下降导致利率升高，利率提高引起第 t＋1 年产品需求下降，产出下降，总供给曲线向上移动，价格水平上升。只要 P＞Pᵉ，总供给曲线继续保持向上移动的趋势，直到产出等于自然产出水平为止，即经济到达充分就业的均衡点。

（二）经济萧条与繁荣分析

西方主流学派经济学家用总供给曲线和总需求曲线来解释宏观经济波动的逻辑如下：

在短期，总供给曲线不变，总需求水平的高低决定了一国经济的萧条和繁荣状态下的均衡水平，如图 2 - 6 所示。

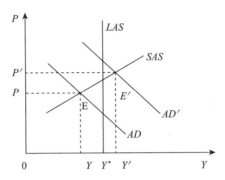

图 2 - 6　经济的萧条与繁荣

在图中，Y^* 为充分就业条件下的国民收入，在此点垂直的曲线 LAS 就是长期总供给曲线。SAS 为短期总供给曲线，AD 为总需求曲线。假设经济的初始均衡状态为 E 点，即 AD 与 SAS 的交点，这时国民收入为 OY，价格水平为 OP，国民收入 OY 小于充分就业的产量 Y^*，这意味着国民经济处于萧条状态。当政府采取刺激总需求的财政政策，则 AD 曲线会向右方移动。在商品、货币和劳动力市场经过一系列调整后，经济会移动到新的短期均衡点，比如随着 AD 曲线的右移会使 SAS、LAS、AD 三条曲线相交于同一点，即达到充分就业的均衡点。如果在政府采取扩张性宏观经济政策的同时，市场上另有强烈刺激总需求扩张的因素，则 AD 曲线有可能移动到充分就业的 Y^* 的长期总供给曲线右方的某一点与 SAS 曲线相交于 E′点，这时，均衡的国民收入为 OY′，大于 OY* 点，表示经济处于过热的繁荣状态。这是由于需求扩张引起通货膨胀与经济增长同时出现的状况。可见，总需求的扩张可以使社会就业水平和总产出水平提高，但经济扩张一旦超过潜在的充分就业的国民收入时，则会产生经济过热和通货膨胀。

（三）经济滞胀分析

图 2-7 中 LAS 为长期总供给曲线，SAS 为短期总供给曲线。在短期，如果总需求 AD 不变，SAS 曲线发生位移，比如：农业歉收、外汇市场的波动、石油价格的上涨等，则会引起市场价格与国民收入反方向的运动。如果 SAS 左移，市场价格会上升，而国民收入则下降，产生经济发展停滞和通货膨胀共生的"滞胀"现象，如图 2-7 所示。

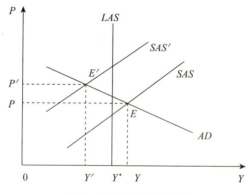

图 2-7 经济滞胀分析

由于生产要素投入的价格（或成本）的上升，使得企业在同等产量条件下，要求更高的物价水平，或者在同等价格水平下，被迫减少产量。从而 SAS 曲线向左上方移到 SAS′，使原先超出潜在国民收入 OY* 的产量 OY 减少至 OY′。均衡点由 E 移动至 E′, 市场物价水平由 P 移动到 P′。结果是生产降到小于充分就业的水平, 价格水平则提高到高于充分就业时的水平, 出现"滞胀"。

（四）长期均衡分析

上述的萧条状态、繁荣状态和滞胀状态都被认为是短期存在的状态。在长期, 由于预期的作用, 经济具有达到充分就业的趋势。

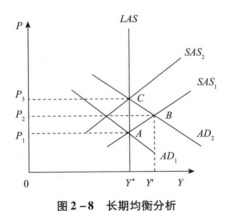

图 2 - 8　长期均衡分析

假定经济最初处在第一条短期总供给曲线 SAS_1 与第一条总需求曲线 AD_1 的交点 A, 这一点的失业率是自然失业率, 相应的国民收入为自然率水平。如果政府认为现在的失业率过高, 通过增加货币供应量来扩张总需求, 使得 AD 曲线由 AD_1 移动到 AD_2; 由于工人的预期是适应性的, 货币工资的调整落后于价格水平的上涨, 实际工资降低引起利润增加, 从而刺激雇主扩大就业、增加产出, 于是经济中的短期总供给相应地由 A 点移动到 B 点, 国民收入由 Y^* 增加到 $Y′$, 相应的价格水平由 P_1 提高到 P_2。当工人最终认识到实际价格提高而要求按照价格上升的幅度来提高货币工资时（将预期的通货膨胀率调整到与实际的通货膨胀率相等），实际工资将随之提高，短期总供给曲线由 SAS_1 上移到 SAS_2，新的均衡点为 C，在这一点，实际的国民收入回到其自然率水平，但是价格水平却进一步上升到了 P_3。

这个模型说明，从长期来说，失业和国民收入将稳定在各自的自然率水平上，凯恩斯主义的管理总需求的政策不但是无效的，而且是有害的，因为扩张总需求的结果没有提高就业和国民收入水平，反而加剧了通货膨胀。

四、开放经济下的总供求平衡分析

在开放的宏观经济下，政府的经济目标不仅包括经济增长、充分就业、物价稳定，还包括国际收支平衡。前三项又叫经济体的内部均衡，最后一项是经济体的外部平衡。外部均衡是在内部均衡基础上的国际收支平衡。由于一国关注的重点是实体经济，所以通常将经常账户的收支平衡作为分析研究的重点，假设国际收支的经常账户开放、资本账户关闭，其总量不影响全球经济的平衡格局。

将经济体分为可贸易部门和不可贸易部门。可贸易部门的价格是弹性的，不可贸易部门的价格是粘性的。可贸易部门商品和服务的价格遵从一价定律，由全球范围内的总供求决定。理论上，在货物可以自由流动、经常账户下货币可自由兑换的背景下，套利机制将抹平可贸易品价格的差异。假如不考虑运输成本和贸易壁垒，国内外可贸易品的价格水平及其波动应当基本一致。

一段时期内，资源禀赋、比较优势的差异，或者其他一些因素的存在，使得一个国家可贸易品的生产和消费未必完全相

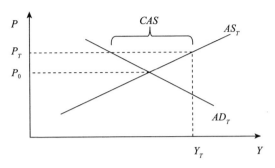

图 2 - 9　可贸易部门的供求分析

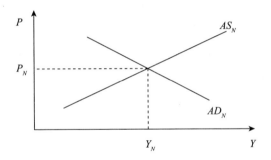

图 2 - 10　不可贸易部门的供求分析

等，表现为可贸易品贸易均衡价格（P_T）与非贸易国内均衡价格（P_0 或 P_N）的分离，这时经济体所实现可贸易品的供应量与需求量出现差异，这一差异实际上就是经常账户盈余 CAS，见图 2 - 9、2 - 10。由于

国内总需求 = 国内消费 + 国内投资 + 净进口

国内总供应 = 国内消费 + 国内投资 + 净出口

所以，一个国家国际收支经常账户的变动，可以归结于三个方面的因素：需求曲线发生移动、供应曲线发生移动，或者国际价格 P_T 发生变动。

（一）需求变化的效应

内需的影响：如果一个国家的内需，即其消费和（或）投资受到某些冲击，例如景气上升、预期改善或政府政策刺激等，出现扩大的倾向，需求的扩张同时包含了可贸易品和不可贸易品两个部分。对于可贸易部门来说，其价格水平和总产出都不会发生变化，但需求冲击导致经常账户从盈余 CAS_1 的水平调整为赤字 CAS_2 的水平，见图 2 – 11。对于不可贸易部门来说，其价格水平和总产出将会上升，见图 2 – 12。

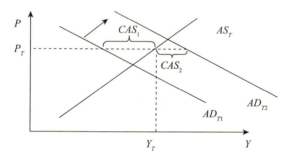

图 2 – 11　需求扩张对可贸易部门的影响

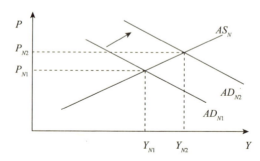

图 2 – 12　需求扩张对不可贸易部门的影响

国外需求变化的影响：当全球经济景气上升或者汇率出现贬值时，国际价格 P_T 将会上升，形成一国经常账户盈余的扩大和经济总产出的增加，这时该国的国内需求可能还会下降。国外需求的扩张将会导致可贸易品价格上升，见图 2 - 13。

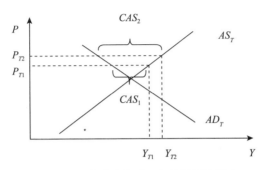

图 2 - 13　外需扩张对可贸易部门的影响

对于可贸易部门来说，其价格水平从 P_{T1} 上升到 P_{T2}，其经常账户从盈余 CAS_1 的水平扩大为盈余 CAS_2 的水平，其总产出从 Y_{T1} 扩大到 Y_{T2}。

当然可贸易部门以及不可贸易部门生产的商品和服务还会相互构成对方的投入，例如钢铁（可贸易品）的生产需要铁路运输（不可贸易品），电力（不可贸易品）的生产需要煤炭（可贸易品）。因此一个部门产出价格的变化会影响另外一个部门的供应曲线发生移动。

（二）供给变化的效应

在一个国家出现技术进步加速、有效资本存量扩大或者劳动者就业倾向改善等冲击的时候，供应曲线右移。这些变化会同时影响可贸易部门和不可贸易部门。

对于可贸易部门来说，其价格水平不会发生变化，但供应冲击导致经常账户从盈余 CAS_1 的水平扩大为盈余 CAS_2 的水平，其总产出也扩大，见图 2 - 14。

对于不可贸易部门来说，其总产出将会上升，价格水平会下降，见图 2 -15。

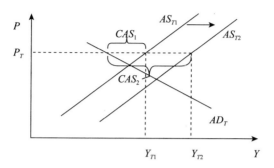

图 2 – 14　供给扩张对可贸易部门的影响

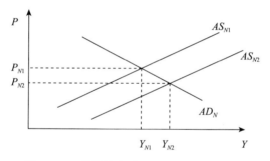

图 2 – 15　供给扩张对不可贸易部门的影响

　　在分析实际经济数据的时候，相对于可贸易部门以及不可贸易部门的产出和价格，经常账户盈余这一指标的数据可以相对便利和可靠地获取，因此可以以它为基础判断经济情势。比如，通过对一国贸易盈余扩张原因的分析判断，可以推断宏观经济基本面的情况。引起贸易盈余变化基本上有三种可能的冲击：海外需求的扩张（汇率贬值）、国内总需求收缩、国内总供给释放。从操作的角度看，是否发生了国际需求冲击，可以通过观察可贸易品价格变动和国际产出变化来识别和确认：海外需求的扩张或人民币汇率的贬值会导致可贸易品价格上升，在这种情况下，不可贸易部门面对投入品价格上升的压力，其供应曲线左移，出现价格上升和产出下降的现象；海外需求的变化还可能通过贸易条件的改善（例如出口品变得更昂贵，进口品更便宜）扩张贸易盈余。将贸易条件的改善理解为供给冲击，即投入品价格下降，该国可贸易部门和不可贸易部门的供给曲线同时右移，国内总产出增加。是否发生了国内总需求收缩，可以通过总产出的变化来识别和确认：若国内总需求收缩，尽管可贸易部门的产出是稳定的，但不可贸易部门总需求曲线左移，会引起该部门产出减少，从而最终国内总产出下降。是否发生了国内总供给释放，可以通过不可贸易品价格的变化加以识别和确认：国内总供给增加，供给曲线右移，尽管可贸易品价格是稳定的，但不可贸易品价格下降。

（三）内部均衡和外部平衡与政策搭配

在开放条件下，一国经济政策的目标不仅是维持内部的总供给和总需求平衡，而且要尽可能维持国际收支平衡。然而，内部均衡和外部平衡之间存在着冲突的可能。1951 年英国经济学家詹姆斯·米德在其《国际收支》[1]一书中对开放经济条件下的内外均衡问题进行了分析，提出了著名的"米德冲突"，他认为在固定汇率制度下，由于政府不能运用汇率政策，在依靠单一的支出增减政策（货币政策或财政政策）寻求实现内外均衡的过程中，会出现内部均衡目标和外部均衡目标发生冲突而难以兼顾。比如：在国内经济通货膨胀、国际收支顺差的情形下，政府为了解决国内通胀经济过热问题，必然会采取紧缩的财政

---

[1] James E. Meade, "The Theory of International Economic Policy (2 vols)", 1951, vol. 1: *The Balance of Payments*, Oxford.

政策和货币政策。在固定汇率下，紧缩的财政政策会使得国内需求减少，对进口商品的需求随之减少，利率的上升会使得国际资本进一步流入，这两方面都会加剧国际收支顺差。同样，在国内经济衰退失业增加、国际收支逆差的情形下，固定汇率时也会发生内外目标冲突的问题。

1. 丁伯根法则

为解决内外均衡的冲突问题，经济学者进行了大量的研究，其中荷兰经济学家简·丁伯根[1]做出了开创性贡献，其理论精髓被总结在"丁伯根法则"中。丁伯根法则的基本内容是，一种工具，实现一种政策目标最有效率，而如果试图用一种工具实现一种以上的政策目标时，便会因目标之间的冲突而降低效率，甚至会背离目标而出现更加失衡的状态，即一种政策工具只能解决一个问题。为达到几个目标，政府至少要运用几个独立、有效的经济政策。依据丁伯根法则解决"米德冲突"的方法是："米德冲突"最有可能发生在经常项目顺差与国内通货膨胀并存，或经常项目逆差与国内失业并存的情况下。运用货币政策与财政政策的配合可解决"米德冲突"。由于财政政策通常对国内经济的作用较大，而货币政策则对国际收支的作用较大，因此，应该分配给财政政策以稳定国内经济的任务，分配给货币政策以稳定国际收支的任务，或者根据国内经济与国际收支的不同情况，将二者适当搭配，以同时实现国内经济与国际收支的均衡。

---

[1] 简·丁伯根（Jan Tinbergen，1903.4.12-1994.6.9），出生于荷兰海牙。主要从事把统计应用于动态经济理论，1969年与拉格纳·弗里希共同获得诺贝尔经济学奖。

丁伯根在其著作《经济政策理论和设计（*Economic Policy: Theory and Design*）》中，他应用系统工程的分析理念，建立了一个描述全部经济变量相互作用、相互关系的一般结构模型。丁伯根的一般分析方法将米德的内外均衡冲突细化为政策目标和政策工具的数量匹配冲突：只要政府可以操纵的政策工具，或者说，政府能够施加作用的外部变量，在数量上少于政策调控意图达到的目标种类，那么全部目标的同时实现就不可能发生，"米德冲突"将在不同程度上以不同的表现形式频繁出现。丁伯根建立的一般模型可以用来描述层次不同的经济系统，比如一个工厂、一个行业、一个市场以及一国经济，但在政策搭配理论应用中主要是用于对一国经济变量相互关系进行研究。此结构模型可以被表述为以下一般模式：

$$f_i(x_1, x_2, \cdots\cdots, x_n; a_1, a_2, \cdots\cdots, a_m) = 0 \qquad i = 1, 2, \cdots\cdots, n \ (2-6)$$

在式（2-6）中，$x_1, x_2, \cdots\cdots, x_n$ 表示的是经济系统中的内生经济变量，$a_1, a_2, \cdots\cdots, a_m$ 表示的是自然外生经济变量、滞后性变量、政策可控变量比如汇率、税率、基础货币、贸易壁垒、计划指数等的一个组合。后一组变量是外生性的，不会受到模型构造的影响，政策制定者和执行者与普通市场参与者的区别在于他们可以通过政策工具对其中一部分外生性的经济变量施加政策影响，这些变量就是政策可控变量。在丁伯根政策模型里，政策目标可能由政府、投票人、监管者、经济学家等市场参与者在不同影响之下共同决定，表示为两种模式：一是使得内生变量 $x_1, x_2, \cdots\cdots, x_n$ 中的一个、几个或是全部趋近于潜在固定目标值 $x_1^*, x_2^*, \cdots\cdots, x_n^*$；二是使得目标偏好函数 $T(x_1, x_2, \cdots\cdots, x_n)$ 最大化或者最小化，具体视目标偏好函数的性质。政策制定者和执行者则通过对可控外生变量 $a'_1, a'_2, \cdots\cdots, a'_p (p \leqslant$

m）施加政策影响来谋求政策目标的实现。在政策目标明确的前提下，这个简单的一般模型能够得到两个广为人知的"经验法则"：一是政策目标全部实现的必要条件是政策目标数目不大于政策工具数目，这也就是所谓的"丁伯根法则"；二是每一个政策工具不一定必然指向一个特定经济目标，但政策间的协调配合是必要的。

丁伯根用数理分析方法将"米德冲突"更为具体地表述为政策目标和政策工具数量匹配上的冲突，由于开放经济中内外均衡所包含的政策目标更加复杂和多样，所以单一、较少的政策调控难以保障目标的同时实现，这时候广泛、大量的政策搭配成为维持经济稳健发展的一种客观要求。总之，丁伯根的贡献在于给政策搭配提供了一个可扩充性较强的模型工具，并通过对政策目标和政策工具相互关系的研究凸显了政策搭配的数量匹配必要性，正是出于保证多样性政策目标同时有效实现的目的，政策搭配才成为政策制定者寻求内外均衡的必然之选。丁伯根虽然在政策目标和政策工具之间进行了数量上的横向比较，但并没有对政策目标和政策工具之间进行效力上的纵向比较，这种对政策搭配效力匹配必要性的研究由蒙代尔继续完成。

2. "蒙代尔指派法则"

就算政策目标和政策工具之间满足了"丁伯根法则"，也并不必然会解决内外均衡的"米德冲突"，因为"丁伯根法则"只是一个必要条件。满足了数量匹配性之后，政策搭配必要性的讨论焦点自然从政策目标的多样性转移到了政策工具的多样性。政策效力的不同使得不同政策对同一目标的影响排序不同，同一政策对不同目标的影响排序也不同。只有充分考虑到政策搭配的效力匹配必要性，才能避免政策调控尴尬地成为经济周期中的"新扰动因素"。

政策搭配效力匹配必要性存在的根源在于政策工具的影响发散性，政策工具与政策目标之间并非一一对应的关系，不同政策在政策范围、政策传导、政策时滞上的差别使得整体效果的实现过程更为复杂。蒙代尔借用简单的两目标－两工具模型分析提出了"绝对优势原则"和"比较优势原则"，构成了"蒙代尔指派法则"的核心内容。蒙代尔的简单政策决策模型如下：

$$T_1 = a_1 I_1 + a_2 I_2$$
$$T_2 = b_1 I_1 + b_2 I_2$$

其中 T 为政策目标，I 为政策工具，a、b 为未知具体数值的相应结构系数。

为了达到政策目标 T^*，政策制定者必须具备将政策工具效力进行排序的能力，也就是能够对结构系数进行交叉比较。

如果系数的绝对值交叉大于对应方，即 $|a_1| > |a_2|$ 且 $|b_1| < |b_2|$，或者 $|a_1| < |a_2|$ 且 $|b_1| > |b_2|$，这就意味着不同工具对不同目标在效力上具有绝对优势，也就是说绝对优势是一一对应的，这时候可以将政策工具指派给其具有绝对优势的目标，这就是"绝对优势原则"。

如果系数的绝对值同边大于对方，即 $|a_1| > |a_2|$ 且 $|b_1| > |b_2|$，或者 $|a_1| < |a_2|$ 且 $|b_1| < |b_2|$，这就意味着同一工具对不同目标在效力上都具有绝对优势，这时"绝对优势原则"无效，需要比较政策相对效力。如果 $|a_1/a_2| > |b_1/b_2|$ 则意味着工具 I_1 对目标 T_1 具有比较优势，工具 I_2 对目标 T_2 具有比较优势；如果 $|a_1/a_2| < |b_1/b_2|$ 则意味着工具 I_1 对目标 T_2 具有比较优势，工具 I_2 对目标 T_1 具有比较优势，这时候可以将政策工具指派给

其具有相对比较优势的目标，这就是"比较优势原则"。

（1）"蒙代尔指派法则"的思想核心。在开放经济下，米德式的内外均衡冲突较为复杂，某一政策工具可能会同时对两个或多个政策目标产生影响，如果将每个政策工具都指派给其具有相对比较优势的政策目标，那么它对其他政策目标可能产生的"非均衡影响"可以被其他政策工具的更大的"均衡影响"所中和，而它所被指向的那个政策目标也会由于该政策工具相对较大的"正面作用"而获得状态改善，如此逻辑之下，整个经济体系于政策搭配调控下将获得"帕累托改进"，因此"蒙代尔指派法则"有能力促成实现均衡收敛的"帕累托最优"。

（2）"蒙代尔指派法则"的具体形式。

第一，固定汇率制之下财政政策和货币政策的政策指派法则。蒙代尔在系统论述开放经济下固定汇率制国家的政策搭配问题之前，首先定义了内外均衡的条件。内部均衡要求完全就业状态下国内产品总供给与总需求的相等，如果这一条件没有满足，经济体系将存在潜在的通胀或紧缩压力，而这种压力直观反映在短时间内存货对于其均衡水平的上下波动调整。外部均衡要求贸易余额和净资本流出的相等，如果这一条件没有满足，中央银行将被迫调整外汇储备维持汇率固定。财政政策工具被定位于预算盈余，而货币政策工具被定位于利率，整个经济体系可以表示为如图 2 - 16 所示。

图 2 - 16 中，FF 曲线是外部均衡曲线，其曲线斜率为负的原因在于利率上升将通过减少资本外流和降低国内支出而改善国际收平衡，而预算支出下降将通过增加国内支出和进口而恶化国际收支平衡，因此，对于线上任何一点而言，利率上升带来的外部盈余只能在被预算支出下降带来的外部赤字所补偿

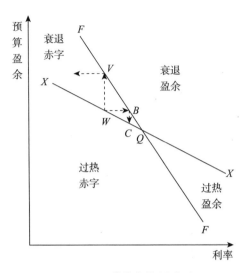

图 2 - 16 蒙代尔指派法则

后，外部均衡才能得以维持，因此，FF 曲线向右下方倾斜，曲线上部所有点代表国际收支盈余，曲线下部所有点代表国际收支赤字。XX 曲线是内部均衡曲线，由于利率上升带来的国内支出下降只有在被预算盈余减少带来的国内支出上升所补偿后，内部均衡才能得以维持，所以 XX 曲线的斜率也是负的，曲线上部所有点代表经济衰退，曲线下部所有点代表经济过热。在资本自由流动假设下，FF 曲线斜率绝对值大于 XX 曲线斜率绝对值[1]，两者差别的大小取决于国际资本流动的利率敏感性和边际进口倾向。

由图 2 - 16 可以看出，将财政政策指派给内部均衡，将货

---

〔1〕 在蒙代尔看来，如果不考虑资本流动，两条曲线的斜率是一样的，在考虑资本流动的情况下，同种程度的利率变化由于引致资本流动的变化相对于维持内部均衡而言则需要更多的预算变化来维持外部均衡。

币政策指派给外部均衡能够实现政策搭配目标，反之，则不然。比如在 W 点，内部均衡而外部不均衡，此时提高利率将缩小国际收支余额赤字，在到达新的外部均衡点 B 后，外部失衡消失，但内部失衡同时出现，但相比初始点 W 点，B 点整体失衡程度有所改善，在 B 点减少预算盈余将刺激国内支出增加，进而化解内部失衡，并移动到新的内部均衡点 C 点，此时相比 B 点，整体失衡程度又都有所改善，而相比初始点 W，内部均衡不变，外部失衡却在政策搭配作用下获得了明显改善，重复此步骤，最终经济体系将动态收敛于内外均衡点 Q。相反，如果财政政策被指派给外部均衡，货币政策被指派给内部均衡，W 点的政策搭配将沿着 WV 的方向趋向发散，政策搭配不仅无法促成内外均衡，甚至自身都变成了内外失衡的"放大器"。如此，固定汇率制下的政策指派便完成了蒙代尔对"比较优势"指派思想的首次具体应用。

第二，固定汇率制和浮动汇率制之下的政策指派。假设资本完全自由流动，所有经济体系内的所有证券资产都是相互的完美替代品；假设国内产品的供给富有弹性，可利用闲置资源充分，规模效应不变；假设名义货币工资不变，价格水平短期不变；假设储蓄和税收随着国民收入上升而增加；假设贸易余额取决于国民收入和汇率水平，投资取决于利率，货币需求取决于国民收入和利率水平；假设作为研究对象的经济体系是小国，其对外国国民收入和世界利率的决定几乎没有任何影响。此外，货币政策工具被定位于证券市场上的公开市场业务，财政政策工具被定位于政府支出变化。浮动汇率制下，货币当局不在外汇市场上做任何干预，固定汇率制下，货币当局买卖国际储备维持汇率固定。在一系列假设之下，经济体系的经济关系和约束条件如表 2 - 1 所示：

表 2 - 1 市场均衡表

市场 部门	商品		证券		货币		外汇储备	
政府	T - G	+	政府借款	+	政府持有	+	*1	= 0
	+		+		+		+	+
微观个体	S - I	+	个体借款	+	私人持有	+	*2	= 0
	+		+		+		+	+
外国	M - X	+	资本外流	+	*3	+	储备增加	= 0
	+		+		+		+	+
银行	*4	+	公开发售	+	货币扩张	+	外汇销售	= 0
	‖		‖		‖		‖	+
	0	+	0	+	0	+	0	= 0

如果表 2 - 1 中数值取事前值或计划值，横向和纵向的加总为 0 的 10 个等式代表着均衡条件，如果表中数值取事后值或实现值，10 个等式是恒等的。横向等式意味着部门约束，比如在政府那一行，财政预算赤字（G - T）由公共债务的增加和政府货币持有的减少来融资。纵向等式意味着市场约束，比如在商品市场均衡时，投资和储蓄的差额等于财政预算盈余和贸易余额赤字之和。由此可以分析货币政策和财政政策在不同汇率制度下的传导途径和效应大小。在资本自由流动假设前提下，蒙代尔认为固定汇率制下货币政策对就业没有任何影响，浮动汇率制下财政政策对就业也没有任何影响。相反，财政政策在固定汇率制下有较强产出效应，货币政策则在浮动汇率制下有较

强效应。基于此，两种汇率制度下的政策指派方案见表 2 - 2 和表 2 - 3。固定汇率制下将财政政策指派给内部均衡，将货币政策指派给外部均衡；浮动汇率制下将财政政策指派给外部均衡，将货币政策指派给内部均衡。

表 2 - 2　政策效果表

汇率制度 政策	固定汇率		浮动汇率	
	货币政策	财政政策	货币政策	财政政策
产出效应	无效	有效	有效	无效
贸易余额效应	无效	有效	有效	有效
国际收支效应	有效	有效	无效	无效

注：本表来自加拿大经济和政治学杂志（*Canadian Journal of Economic and Political Science*，vol. 30，no. 3，p. 424）

表 2 - 3　工具指派表

	工具		目标
浮动汇率	货币政策	⟶	就业
	汇率	⟶	国际收支余额
	财政政策	⟶	贸易余额
固定汇率	货币政策	⟶	国际收支余额
	财政政策	⟶	就业
	工资价格政策	⟶	贸易余额

注：本表来自加拿大经济和政治学杂志（*Canadian Journal of Economic and Political Science*，vol. 30，no. 3，p. 424）

第三，资本流动性和国家大小对政策指派的影响。考虑到本国政策搭配对其他各国的影响，以及这种影响的反馈效应，蒙代尔之前的经典指派法则会由"黑或白"变成"灰"，经济体系开放度越高，对世界经济的影响力越大，结论对经典指派范式的偏离就越多。实际上，财政政策在固定汇率制下、货币政策在浮动汇率制下的极端有效，以及货币政策在固定汇率制下、财政政策在浮动汇率制下的极端无效，都会随着国家大小的增加而减弱，"蒙代尔指派法则"在这种情况下会变得较为模糊和复杂。

具体来看，在固定汇率制下，大国实行扩张性货币政策将导致国际利率下降，本国利率持久性下降，本国国民收入增加，本国外汇储备减少（减少幅度低于小国情形），汇率不变，同时收入增加引致贸易逆差。大国实行扩张性财政将导致国际利率上升，本国利率持久性上升，本国国民收入增加（增加幅度低于小国情形），本国外汇储备增加（增加幅度低于小国情形），同时收入增加引致进口增加（增加幅度低于小国情形）。在浮动汇率制下，大国实行扩张性货币政策将导致国际利率下降，本国利率持久性下降，本国国民收入增加（增加幅度低于小国情形），汇率上升（上升幅度低于小国情形），本国贸易收支得到改善（改善幅度低于小国情形）。大国实行扩张性的财政政策将导致国际利率上升，本国利率持久性上升，汇率下降（下降幅度低于小国情形），本国国民收入增加，本国贸易收支恶化。大国经济政策搭配对本国影响力的幅度减小源自于其对世界经济影响力的增大，当大国能够对世界经济均衡产生较大影响的时候，它相对于本国的干预作用却相对有所减弱。

当然，这种复杂化的政策影响也难以一成不变地应用蒙代尔的政策指派比较优势思想，不过可以得到的一个基本结论就是，"蒙代尔指派法则"经典的"一一对应"模式在复杂情形中的确显得有些简单而需要进一步的改进。

（3）对"蒙代尔指派法则"的评述。随着一国经济开放度的提高，商品、要素、资本、劳动力跨境流动日益频繁，内部均衡目标与外部均衡目标的冲突加剧，政策调控的必要性随之加大，但"米德冲突"宣告了单一政策在复杂局势下的两难尴尬，进而引发了政策搭配的现实需求，而丁伯根对"米德特例"的一般化研究让多样化政策工具成为数量匹配必要性作用下的必然选择，在多样化工具效力差异性逐渐显露并影响政策调控有效性之时，蒙代尔则用区分、排序政策效果的研究方式强调了政策搭配的效力匹配必要性，在深化理论内涵的同时让政策搭配真正成为政府追求内外均衡的不二选择。

从研究方法上看，"蒙代尔指派法则"还存在一些缺陷：从政策搭配维度看，蒙代尔的具体研究过于狭隘，基本上完全局限于二维状态，而没有全面考虑到三维甚至多维状态下的政策指派问题；从政策指派获得过程看，蒙代尔的具体研究在严格意义上并不是一种最优化方法，没有对政策效用函数和约束条件下的最优选择过程进行细致描述，蒙代尔的经典结论并不一定具有现实说服力，因为它并不一定是最优的；从政策搭配决策过程看，蒙代尔的具体研究将宏观调控完全置于一个抽象的"无摩擦环境"，实际上政策成本的存在是现实而普遍的，这意味着政策指派仅仅将目光集中于政策目标及其均衡本身显得不切实际；从基本假定现实性角度看，蒙代尔分析中最富争议的资本自由流动假设是一种较为极端的假设条件，而一些国家中资本非自由流动给政策指派带来的影响没有受到重视；从模型结构看，蒙代尔的具体研究受到当时技术约束并没有考虑到微观主体的效用最大化过程，这使得政策指派的福利比较无法进行；从决策机制角度看，蒙代尔的具体研究总是基于单决策者模式，对于政策制定者之间的决策博弈，以及政策制定者和微观主体之间的行为博弈，传统理论并没有提供分析框架；从信息掌控度角度看，蒙代尔的具体研究需要政策决策者对经济体系的系统信息有较为深入的了解，这种过于苛刻的条件影响了传统指派法则的适用度。

思考题

1. 影响总需求的因素有哪些？影响总需求曲线斜率的因素有哪些？

2. 影响总供给的因素有哪些？影响总供给曲线斜率的因素有哪些？

3. 分析预期在总供求平衡中的作用。

4. 说明不同汇率制度下内外均衡实现的政策搭配。

<table>
<tr><td>第
三
讲</td><td>IS – LM 模型的新发展</td></tr>
</table>

由希克斯首创、阿尔文·汉森[1]等人完善的 IS – LM 模型通过产出和利率之间的关系描述了整个宏观经济的短期运行机理。这个模型可以用来分析国民收入和利率的决定、产品市场和货币市场失衡的原因以及经济如何由失衡走向均衡，还可以用来分析财政政策和货币政策的效果，并可以用来推导总需求（AD）曲线。凯恩斯主义者和货币主义者都接受这个模型，20 世纪下半期的大多数计量经济学模型都是以 IS – LM 模型为基础建立起来的。但这个模型存在的问题也是显而易见的。

第一，IS – LM 模型过于机械化，没有表示出不确定性的重要作用，特别是不确定性对投资函数的重要作用。IS 曲线是不同流量均衡的轨迹，它是一个时期概念；而 LM 曲线表示不同存量的均衡，它是一个时点概念。如果 IS 曲线与 LM 曲线相交，

---

〔1〕 阿尔文·汉森（Alvin Hansen，1887. 8. 23 – 1975. 6. 6），是美国著名的凯恩斯主义经济学家。在罗斯福实行"新政"时代，曾任政府经济顾问。他在哈佛任教近 20 年，培养了不少优秀经济学家，保罗·萨缪尔森就是其弟子之一。其代表著作有《财政政策与经济周期》（1941）、《货币理论与财政政策》（1949）、《凯恩斯学说指南》（1953）。

那就意味着在某个时期内，存量均衡始终存在。但是，如果存量均衡可以维持一整个时期的话，不确定性似乎就不存在了，基于投机动机的流动偏好似乎就大大减弱了。在 IS－LM 模型中，人们已经看不出凯恩斯在《就业、利息和货币通论》中反复强调的"不确定性"。

第二，IS－LM 模型是静态的同步均衡分析，因此不适合于用来表达凯恩斯的宏观经济动态学的观点。莱荣赫夫德（1983）[1]认为，凯恩斯主义 IS－LM 模型分析的问题在于它是运用静态（完全信息）的同步均衡框架来研究不完全信息条件下的动态调整。

第三，IS－LM 模型缺少其微观基础。奇克（1982）[2]认为，价格固定的 IS－LM 模型只有在厂商正确地预期到总需求的情况下才有效。

第四，这个模型的基本假定之一是中央银行的控制目标是货币供应量，但是，包括美联储在内的大多数国家的中央银行现在不怎么关注货币总量了。经济环境的变化凸显了这个模型的缺陷。

一、考虑预期的 IS－LM 模型

基本 IS－LM 模型在考察产品市场的时候，假定消费依赖于当前收入，投资依赖于当前销售。考察金融市场的时候，把所有的资产混在一起，叫做"债券"，然后把重点放在债券和货币

〔1〕 A. Leijonhufvud, "What Was the Matter with IS－LM", In J. P. Fitoussied, *Modern Macroeconomic Theory*, Oxford：Basil Blaekwell, 1983：64－90.

〔2〕 V. Chick, "A Comment on IS－LM：An Explanation", *Journal of Post Keynesian Economies*, 1982, vol 4（3）：439－444.

之间的选择上，忽略了债券和股票、短期债券和长期债券之间的选择。做这些简化是为了对基本的运行机制建立一种直观感觉。现在考虑预期在波动中的作用及其决定因素。

产品市场的均衡要求产出等于总支出，即消费支出、投资支出和政府支出之和。

$$Y = C(Y-T) + I(Y,r) + G$$

定义：

$$A(Y,T,r) \equiv C(Y-T) + I(Y,r)$$

A 表示总私人支出，则 IS 关系：

$$Y = A(Y,T,r) + G$$
$$(+,-,-) \tag{3-1}$$

消费和投资不仅依赖于当前的变量，也依赖于其未来阶段的预期值，见表 3-1。

表 3-1 支出和预期

	依赖于	这些变量又依赖于下面的预期
消费	• 当前税后劳动收入	
	• 人力财富	• 未来税后劳动收入
		• 未来实际利率
	• 非人力财富	
	• 股票	• 未来实际红利
		• 未来实际利率
	• 债券	• 未来名义利率
投资	• 当前现金流量	
	• 税后利润的现值	• 未来税后利润
		• 未来实际利率

扩展式（3－1），有：

$$Y = A(Y, T, r, Y'^e, T'^e, r'^e) + G$$
$$(+, -, -, +, -, -) \tag{3-2}$$

撇号（′）表示未来值，上标 e 表示预期，当期或者预期未来收入的提高使得私人支出提高；当期或者预期未来税收的提高使得私人支出下降；当期或者预期未来实际利率的提高使得私人支出下降。新的 IS 曲线仍然是向下倾斜的：当前实际利率降低使得支出提高从而通过乘数效应导致产出的提高。但是，新的 IS 曲线要陡峭得多，换句话说，当前利率一个很大的提高只能对均衡产出产生一个很小的影响，见图 3－1。

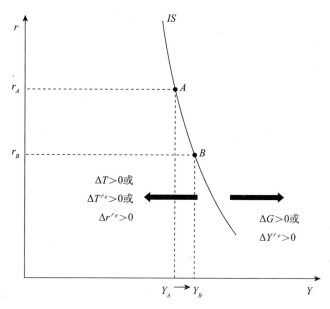

图 3－1　新的 IS 曲线

其原因解释以考虑实际利率在 A 点下降的效应为例。实际利率的下降对产出的影响要看两种效应的强度：一是给定收入下实际利率对支出的影响；二是乘数的大小。分别来看：

（1）对未来实际利率的预期不变，当前实际利率的下降对支出没有多少影响。因为仅仅是当前实际利率的变化并不会使得现值发生很大的变化，因而也不会使得支出有大的变化，例如，如果当前的实际利率下降，而公司又预期未来的实际利率不会像现在这样低，那么公司可能不会大幅改变其投资计划。

（2）乘数可能很小。乘数的大小依赖于当前收入（产出）变化对支出的影响。对未来收入的预期不变，当前收入的变化不会对支出产生太大的影响。理由是预期不会持久的收入变化对消费和投资的影响都非常有限。如果消费者预期他们收入的提高只能持续一年，那么他们会提高消费，但是不会超出收入的提高。如果公司预期他们销售的提高只能持续一年，也不会太多地改变其投资计划。

因此，当前实际利率的一个较大变化只能带来产出一个较小的提高，IS 曲线比较陡峭。给定预期，实际利率的下降导致产出较小的下降。政府支出的提高使得 IS 曲线右移；税收的提高使得 IS 曲线左移。

预期未来变量的变化也会使得 IS 曲线移动。预期未来产出 Y'^e 的提高使得 IS 曲线向右移动：更高的预期未来收入使得消费者感到更加富有，从而消费得更多，更高的预期未来产出意味着更高的利润，使得公司更多地投资。同样的道理，预期未来税收的提高使得消费者减少当前消费，IS 曲线向左移动。预期未来实际利率的提高使得支出下降，IS 曲线向左移动。

金融市场的均衡要求货币供给等于货币需求。货币需求依赖于实际收入和短期名义利率即持有货币的机会成本。考虑预期的影响，不需要修正公式。因为货币持有量依赖于当前的交易水平，而不是明年或者以后的预期交易水平，今天持有货币的机会成本依赖于当前的名义利率，而不是明年或者以后的预期名义利率。如果短期利率在将来提高，从而持有货币的机会成本提高，可到那时，而不是现在再减少均衡货币量。

所以，预期在 IS 关系支出决策中起到重要作用，私人支出不仅依赖于当前产出和当前实际利率，而且依赖于预期未来产出和预期未来实际利率。相反，持有多少货币的决策是相当短视的：进入 LM 关系的两个变量仍然是当前收入和当前名义利率。

1. 货币政策与预期

货币政策只是影响当期利率，而支出和产出的变化不仅依赖于当期利率，而且依赖于未来利率和未来收入的预期。

有两个区别要分清：名义利率和实际利率的区别；当前利率和预期未来利率的区别。

LM 关系中的利率，也就是央行直接影响的利率是当前名义利率。相反，IS 关系中支出同时依赖于当前实际利率和预期未来实际利率。有时候经济学家甚至这样陈述这个区别，虽然央行能控制短期名义利率，但是对支出和产出起作用的是长期实际利率。

回忆：$r = i - \pi^e$，即实际利率等于名义利率减去预期当前通货膨胀；预期未来实际利率近似等于预期未来名义利率减去预期未来通货膨胀，即 $r'^e = i'^e - \pi'^e$。

当央行提高货币供给时，当前名义利率 i 下降，对当前和预期未来的实际利率的影响依赖于两个因素：一是货币供给的提高是否使金融市场改变其对未来名义利率 i'^e 的预期；二是货币供给的提高是否使金融市场改变其对当前和预期未来通货膨胀

π^e 和 π'^e 的预期。例如，如果货币的变化使得他们预期未来有更高的通货膨胀，那么预期未来实际利率 r'^e 的下降比预期未来名义利率 i'^e 要大。

先不考虑预期通货膨胀变化的作用，只看未来名义利率预期的改变，在这种情况下，不需要区分名义利率和实际利率，因为二者是相等的。令 r 和 r'^e 分别表示当前和预期未来实际（名义）利率，IS 与 LM 关系重写如下：

$$IS : Y = A(Y, T, r, Y'^e, T'^e, r'^e) + G$$
$$LM : \frac{M}{P} = YL(r) \tag{3-3}$$

相关的 IS 和 LM 曲线见图 3 - 2（a）：

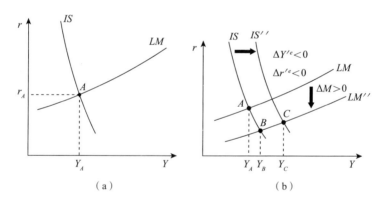

图 3 - 2　扩张性货币政策的效应

（a）均衡由 IS 和 LM 曲线的交点决定；（b）货币政策对产出的效应很大程度上要看货币政策是否影响预期及影响程度如何。

给定预期，当前利率的变化对支出的影响非常有限，乘数很小，所以 IS 线比较陡峭。LM 曲线是向上倾斜的，收入的提高使得货币需求提高，给定货币供给，结果就是利率提高。

假定在 A 点，经济处于衰退中，央行决定增加货币供给。扩

张的货币政策暂时没有改变对未来利率和产出的预期，（b）中
LM 曲线向下移动到 LM″（因为已经用′表示变量的未来值）。给定
预期，货币量的增加使得 LM 曲线沿着陡峭的 IS 曲线向下移动，
这使得 r 有一个较大的下降，Y 有一个较小的下降。

当前利率的改变，并没有伴随着预期的变化，从而对支出、
对产出只有很小的影响。如果央行降低当前利率，金融市场是
否会预期未来利率也会降低？而一个更低的未来利率会带来更
高的未来产出吗？如果是这样的话，在给定的当前利率下，预
期未来利率更低和未来产出更高都会提高支出和产出，它们使
得 IS 曲线向右移动，从 IS 到 IS″，到新均衡点 C。因此，虽然货
币扩张对产出的直接影响是有限的，但是一旦把预期考虑在内，
其全部影响要大很多。

可见，政策的影响依赖于其对预期的影响，但预期并不是
任意的。一个基金经理决定是否投资股票或者债券，一个公司
考虑是否购买一个新的工厂，一个消费者考虑他应该为退休储
蓄多少钱——他们都详尽地考虑了未来可能发生的状况。可以
认为他们在建立预期的时候，先估计未来的政策取向，然后找出
这些走向对未来经济活动的意义。即使他们自己没有这么做——
相信大多数人在做决策之前并不会把时间花费在解宏观经济模
型上——他们也会通过看电视、阅读时事通讯或者报纸来间接
地做到这一点，而这些渠道本身就是依赖于公众预期或者预测
人员的预期。经济学家把这些建立在向前看的方式上的预期叫
做理性预期。理性预期的引入是 20 世纪后期宏观经济学最重要
的发展之一。

2. 减少赤字、预期和产出
不考虑预期时，减少赤字在短期使得支出下降，因而带来

产出的缩减，除非其效应被扩张的货币政策所抵消；而在中期和长期，预算赤字的缩减对经济都是有利的，在中期，较低的预算赤字带来较高的投资；在长期，更高的投资转化成更高的产出。

正是这种负的短期效应往往使得政府不愿意处理其预算赤字：为什么要为了仅仅是在将来发生的利益，而在现在承担经济衰退的风险呢？

但是，不断有经济学家对这个结论提出质疑，认为实际上赤字消减即使是在短期，也能带来产出的提高。基本的论据很简单：如果人们考虑赤字消减在未来的有利影响，他们对未来的预期就会提高，并足以引起当前支出的提高而不是下降，从而引起当前产出的提高。

现在假定政府宣布通过同时降低当前支出 G 和未来支出 G″ 来削减赤字，当前阶段的产出会有什么变化？

首先，假定对未来产出 Y'^e 和未来利率 r'^e 的预期不变。这种情况下，政府在当前阶段支出的下降会使得 IS 曲线向左移动，均衡产出下降。

其次，考虑赤字消减可能产生的预期。经济主体会有怎样的预期？从中期来看，因不考虑资本积累对产出的影响，因此，在中期，产出的自然水平依赖于生产率水平（作为给定的量）和就业的自然水平。就业的自然水平又依赖于自然失业率。如果政府对商品和劳务的支出不影响自然失业率，支出的变化就不会影响产出的自然水平。因此，赤字削减对中期的产出没有影响。

产出等于公共支出与私人支出之和。给定产出不变，公共支出越低，私人支出越高。这就要求一个更低的利率，更低的利率带来更高的投资，因而带来更高的私人支出，这才能抵消公共支出的下降，从而保持产出不变。

在长期，更高的投资带来更高的资本存量，资本积累增加，产出增加。

如果个人、公司和金融市场的参与者有理性预期，那么他们对宣布消减赤字的反应将是在未来会发生上述这些变化。因此，他们对未来产出 Y'^e 的预期降低。

宣布实施赤字削减计划在当期会产生什么影响？图 3 - 3 示出对宣布削减赤字的反应，现在有三个因素使得 IS 曲线移动：

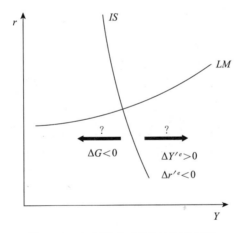

图 3 - 3　赤字削减对当前产出的影响

（1）当前政府支出 G 下降，使得 IS 曲线左移，在给定的利率下，政府支出的下降使得支出和产出都下降；

（2）预期未来产出 Y'^e 提高，使得 IS 曲线右移，在给定的利率下，预期未来支出的提高使得私人支出提高，从而提高产出；

（3）预期未来利率下降，使得 IS 曲线右移，在给定的利率下，预期未来利率的下降，刺激了支出，使得产出提高。

IS 曲线的这三种移动的净影响是什么？预期对消费和投资的影响是否能抵消政府支出的消减？如果没有关于 IS 和 LM 关系准确形式的更多信息以及赤字消减计划的细节，无法判断哪一种移动会占据主导地位，产出会上升还是下降。但从分析可知，每一种情况都是可能出现的，当考虑政府支出的下降对预期的影响时，政府支出的下降不一定带来产出的下降。

需要注意，当前政府支出的下降越小，对当前支出的负作用就越小。还有，预期未来政府支出（G'^e）降低越多，对预期未来产出和利率的影响就越大，因而对当前的产出有更大的正面影响。这就意味着负担后移（对面向未来的赤字削减的称谓），即现在削减得少一些，将来削减得多一些，更能够带来产出的提高。负担后移会带来其他一些问题，如果政府宣布有必要进行支出削减，但是随后却将这一措施延迟到未来的某个时候，其可信度就会下降。政府必须做出一个技术性方案：在现阶段必须有足够的削减量以显示其削减赤字的承诺，也必须有足够的赤字留到将来，以降低短期内对经济的负作用。

下面是两个实施赤字削减计划，利用未来预期的作用很好地弱化了赤字削减的短期负面影响的例子。

一个例子是进行失业救济这类被企业和金融市场认为是改善经济中现存弊端的举措，会提升人们经济向好的预期，从而可能在短期内提高产出。失业救济越低会使得自然失业率更低，从而使产出的自然水平越高。因此，社会保障体系的改革，包括失业救济方面的削弱，在短期内可能对支出从而对产出有两个影响：一是对失业者消费的影响，更低的失业救济降低了他们的收入和消费；二是通过预期产生的正面影响，对更低的失业率和更高的未来产出水平的预期会同时带来高消费和高投资。如果第二个影响占主导地位，就会使得整个支出得到提高，从而提高产出，而且不仅仅是在中期，在短期也一样。

另一个例子是在一个政府财政预算失控的经济中，政府支出非常高，税收收入非常低，赤字很大，这时一个可信的赤字削减计划很可能在短期内带来产出的提高。哪怕税收提高是赤字削减计划中的一部分，对未来悲观预期的降低会使得支出和产出提高。

因此，赤字削减计划即使在短期也可能使得产出提高，是否能做到这一点依赖于很多因素，尤其是：

● 计划的可信性：是否真的会像宣称的那样削减支出或者提高税收？

● 计划的时效性：相对于当前的支出削减，将来的支出削减有多大？

● 计划的内容：计划是否改善了经济中的某些弊端？

● 政府收支的最初状况：原先的赤字有多大？这个计划是否是"最后的机会"？如果计划失败会怎样？

二、开放经济中的 IS-LM 模型

（一）开放经济中的 IS 曲线

开放经济中产品市场均衡时，总需求 Z 等于产品的国内需求加国外需求：

$$Z = C + I + G - \varepsilon \cdot Q + X \qquad (3-4)$$

其中：$C + I + G$ 为产品的国内需求；ε 为实际汇率；Q 为进口（对国外产品的国内需求）；X 为出口（对国内产品的国外需求）。

国内需求依赖于收入 Y、实际利率 r、税收 T 和政府支出水

平 G：

$$C + I + G = C(Y - T) + I(Y, r) + G$$

$$(+) \qquad (+, -) \tag{3-5}$$

消费与可支配收入正相关，投资与产出正相关，与实际利率负相关，给定政府支出。

而进口依赖于产出水平 Y 和实际汇率 ε：

$$Q = Q(Y, \varepsilon)$$

$$(+, -) \tag{3-6}$$

进口与产出水平正相关，与实际汇率负相关，实际汇率越高意味着国外产品相对更贵，从而使得进口量下降。

出口依赖于国外的收入水平 Y^f 和实际汇率 ε：

$$X = X(Y^f, \varepsilon)$$

$$(+, +) \tag{3-7}$$

外国收入的提高导致对所有产品的外国需求提高，从而使得本国的出口提高，实际汇率的提高——用本国产品表示的外国产品的相对价格提高——使得本国产品相对更有吸引力，从而带来出口的提高。

产品市场的均衡要求国内产出等于对国内产品的需求：

$$Y = C(Y - T) + I(Y, r) + G - \varepsilon \cdot Q(T, \varepsilon) + X(Y^f, \varepsilon) \tag{3-8}$$

定义净出口为 NX：

$$NX(Y, Y^f, \varepsilon) \equiv X(Y^f, \varepsilon) - \varepsilon \cdot Q(Y, \varepsilon) \tag{3-9}$$

均衡条件改写为：

$$Y = G(Y - T) + I(Y, r) + G + NX(Y, Y^f, \varepsilon)$$

$$(+) \qquad (+, -) \qquad (-, +, +) \tag{3-10}$$

式（3-10）表明，均衡产出既取决于实际利率，也取决于实际汇率。实际利率的提高会带来投资支出的下降，从而对国内产品的需求下降，通过乘数效应导致产出下降。实际汇率的提高（实际本币贬值）会使得需求向国内产品转移，净出口增加。净出口的增加使得需求和产出提高。

考虑短期分析，假定国内价格 P 是给定的，国外的价格水平 P^f 也是给定不变的，从而实际汇率 $\varepsilon \equiv EP^f/P$ 与名义汇率 E 同步变动。为表述方便，选择 $P^f = P = 1$，所以 $\varepsilon = E$。再者，在价格水平既定条件下，实际的和预期的通货膨胀都不存在，则名义利率等于实际利率，可用名义利率代替实际利率，简化上式成为：

$$Y = C(Y - T) + I(Y, i) + G + NX(Y, Y^f, E)$$
$$(\,+\,)\qquad (\,+\,,\,-\,)\qquad\quad (\,-\,,\,+\,,\,+\,)\qquad (3-11)$$

式（3－11）意味着，产出同时依赖于名义利率和名义汇率。

（二）开放经济下的 LM 曲线

在基本 IS－LM 模型中考察利率的决定，假定人们仅仅在货币和债券两种金融资产间进行选择。对于一个开放经济，会存在第二种选择——国内债券和国外债券之间的选择。假定无论是国内还是国外的金融投资者都追求最高的预期回报率，那么，均衡条件下，国内债券和国外债券必须有同样的预期回报率。

现在考虑中国和美国 1 年期债券的投资，令 i_t 为中国 1 年期名义利率，在人民币债券中每投入 1 元人民币，第 2 年可得到 $(1 + i_t)$ 元。相反，如果投资者决定持有美元债券，购买美国债券须先购买美元，假定人民币对美元的名义利率为 E_t，每 1 元人民币能换得 $1/E_t$ 美元。令 i_t^f 为美元债券的 1 年期名义利率（用美元表示），到第 2 年，投资者将得到 $(1/E_t)(1 + i_t^f)$ 美元，然后将美元换回人民币，若第 2 年的预期汇率为 E_{t+1}^e，则每投入 1 元人民币预期可得到 $(1/E_t)(1 + i_t^f)\,E_{t+1}^e$ 元。

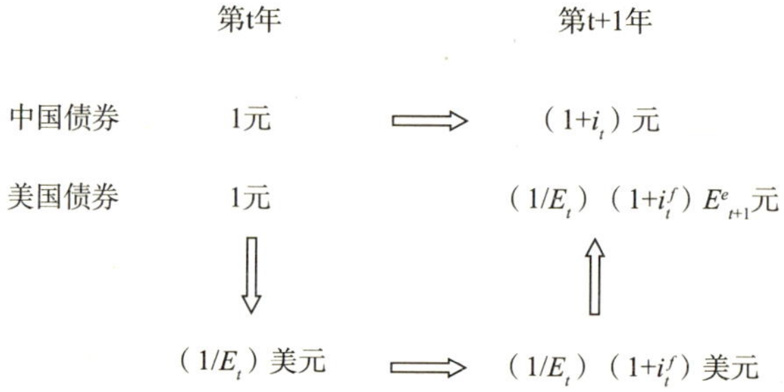

	第t年		第t+1年
中国债券	1元	⟹	（1+i_t）元
美国债券	1元		（1/E_t）（1+i_t^f）E_{t+1}^e元
	⟱		⟰
	（1/E_t）美元	⟹	（1/E_t）（1+i_t^f）美元

图 3 - 4　持有 1 年期人民币或者美元的预期收益

　　均衡状态下，同时持有人民币和美元债券应该具有同样的预期收益，即下面的套利关系成立：

$$1 + i_t = \left(\frac{1}{E_t}\right)(1 + i_t^f)(E_{t+1}^e) \qquad (3-12)$$

整理得：$1 + i_t = (1 + i_t^f)\left(\dfrac{E_{t+1}^e}{E_t}\right)$ 　　　　　　　$(3-13)$

即为无抛补的利率平价关系，或简称利率平价关系。

上式可改写为：$1 + i_t = (1 + i_t^f)\left(1 + \dfrac{E_{t+1}^e - E_t}{E_t}\right)$ 　$(3-14)$

进一步简化得到：$i_t \approx i_t^f + \dfrac{E_{t+1}^e - E_t}{E_t}$ 　　　　　$(3-15)$

　　这个关系说明，在无抛补套利平价条件下，本国利率一定要近似等于国外利率加上本国货币的预期贬值率。

　　假定预期未来汇率是给定的，记作 $\overline{E}^e$，去掉时间脚注，利率平价条件可写成：

$$i = i^f + \frac{\overline{E}^e - E}{E}$$

将上式变形得：$E = \dfrac{\overline{E}^e}{1 + i - i^f}$ 　　　　　　　　$(3-16)$

式（3 - 16）意味着国内利率和汇率之间的关系是反向的。

给定未来预期汇率和国外利率，国内利率的提高导致汇率下降——等价于导致国内货币升值。国内利率的下降导致汇率的提高——导致本币贬值。图 3－5 画出这种关系，利率越低，汇率越高，为一条向下倾斜的曲线。

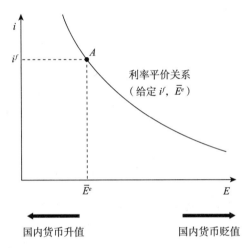

图 3－5　利率平价关系所包含的利率和汇率之间的关系

开放经济下 IS－LM 模型包括：

产品市场均衡条件：$Y = C(Y - T) + I(Y, i) + G + NX(Y, Y^f, E)$

货币市场均衡条件：$\dfrac{M}{P} = YL(i)$

利率平价条件：$E = \dfrac{\overline{E}^e}{1 + i - i^f}$

利用利率平价关系消去产品市场均衡关系中的汇率：

$$IS:\quad Y = C(Y - T) + I(Y, i) + G + NX\left(Y, Y^f, \frac{\overline{E}^e}{1 + i - i^f}\right)$$

$$LM:\quad \frac{M}{P} = YL(i) \tag{3-17}$$

在 IS 关系中，利率的提高对产出的影响有两个途径：①利率影响投资，这与封闭经济中是一样的，提高利率使得投资减少，导致对国内产品的需求减少，产出减少；②利率影响汇率，国内利率的提高使得本国货币升值，本币升值使得本国产品相对于外国产品来说更加昂贵，导致净出口减少，因而对国内产品的需求减少，产出减少。两种影响的作用方向是相同的，利率的提高直接以及通过本币升值的负向效应间接地都减少了需求。注意其乘数比封闭经济中的要小，这是因为需求下降部分地由国外产品来承担，而不是全部都落在国内产品上。

利率和产出的 IS 关系曲线向下倾斜，见图 3 - 6 (a)（图中其他变量 T、G、Y^f、i^f 和 $\bar{E}^e$ 的值给定），利率的提高带来产出的下降。虽然看起来和封闭经济非常类似，但是其中隐含了一个比以前更加复杂的关系：利率不仅仅是直接影响产出，而且通过汇率产生间接的影响。

LM 关系和封闭经济完全一样，为向上倾斜的曲线。给定实际货币存量 M/P，产出的提高使得对货币的需求提高，均衡利率提高。

产品市场和货币市场的均衡在图 3 - 6 (a) 中 A 点达到，产出为 Y，利率为 i。汇率的均衡值可在图 3 - 6 (b) 中得到。它给出了既定利率下的汇率，均衡利率 i 对应的汇率等于 E。

可见，开放经济中，IS 曲线向下倾斜：利率的提高直接地同时通过汇率间接地导致产出的下降。LM 曲线向上倾斜：收入的提高使得对货币的需求增加，从而导致均衡利率的提高。均衡产出和均衡利率由 IS 曲线和 LM 曲线的交点决定。给定国外利率和预期未来汇率，均衡利率决定了均衡汇率。

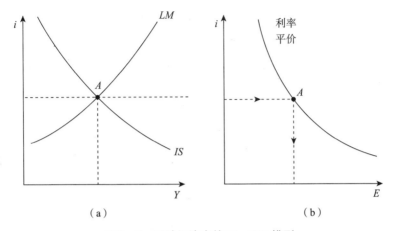

图 3 － 6 开放经济中的 IS － LM 模型

（三）开放经济中的政策效应

1. 财政政策效应

政府支出的提高 G→G′，使得 IS 曲线向右移动到 IS′，而 LM 曲线和利率平价曲线不动。

图 3 － 7（a）所示，在新的均衡点，对应的产出水平和利率都提高。图 3 － 7（b）所示，更高的利率会带来汇率的下降——本币升值。因此，政府支出的提高会使得产出增加，利率升高，同时带来货币升值。

2. 货币政策的效应

货币紧缩使得 LM 曲线向上移动，而 IS 曲线和利率平价曲线都没有移动。

图 3 － 8（a）所示，在给定产出水平下，货币存量从 M/P 减少到 M′/P 会导致利率的提高。因为货币不直接涉及 IS 关系，所以 IS 曲线没有移动，均衡点从 A 点移动到 A′点，利率的提高会导致本国货币升值，见图 3 － 8（b）。因此，货币紧缩使得产

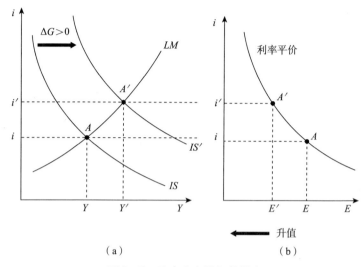

图 3 - 7　政府支出增加的效应

出减少、利率提高和本币升值。

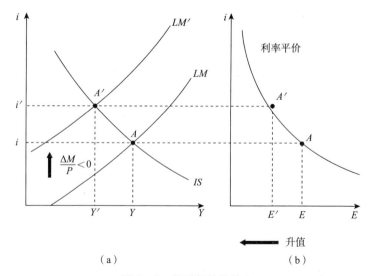

图 3 - 8　货币紧缩的效应

三、拓展的 IS－MP－PC 模型

IS－MP－PC 模型是在 IS－LM－AS 模型基础上发展起来的，由美国经济学家泰勒和罗默首创，主要用来说明短期中产量、利率、通货膨胀和其他宏观经济变量的决定。该模型的构成要素主要是三条曲线：MP 曲线、IS 曲线和菲利普斯曲线（PC）。MP 曲线决定实际利率，IS 曲线决定总需求或短期产量，菲利普斯曲线决定通货膨胀率，它们三者的相互关系可以用图 3－9表示：

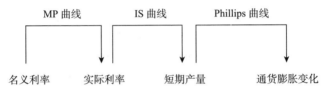

图 3－9 MP 曲线、IS 曲线和 Phillips 曲线的作用及相互关系

该模型与传统的 IS－LM－AS 模型的主要区别在于，用货币政策反应函数 MP 曲线替代 LM 曲线，用通货膨胀调整曲线 PC（即短期总供给曲线）取代 AS 曲线，用实际利率和通货膨胀率取代名义利率和价格水平。在 IS－MP 分析中，用实际利率－产量空间取代了名义利率－产量空间，在 AD－PC 分析中，用通货膨胀－产量空间取代了价格－产量空间。这些变化，使得该模型更现实地说明中央银行的行为，符合当今世界的经济实际。该模型以中央银行实施货币政策规则为基础，用实际利率和通货膨胀率，而不是用货币供给量和价格来分析货币政策和短期经济波动，因为产量受利率影响，而不受货币量的影响，并可以引入时间和预期等因素，做简单的动态分析。

（一）IS 曲线及其影响因素分析

IS 曲线说明商品市场上实际利率与短期产量之间的关系。这里使用可贷资金市场的方法推导 IS 曲线，根据国民收入恒等式：$C + S + T = C + I + G$，进行变换得到：$S + T - G = I$，等式左边表示信贷资金的供给，它取决于收入和财政政策；等式右边表示信贷资金的需求，它取决于利率，利率的调整使可贷资金供求均衡，这个等式说明资本的投资可以通过可贷资金进行融资。如果把储蓄表示为收入的增函数 $S(Y)$，投资是实际利率的减函数 $I(r)$，收入的增加引起更多的储蓄，导致实际利率下降和投资增加，收入与实际利率成反方向变化，恒等式 $S(Y) + T - G = I(r)$ 维持不变。

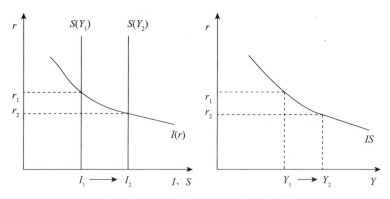

图 3-10　从可贷资金市场推导 IS 曲线

在图 3-10 左图中，当收入从 Y_1 增加到 Y_2，储蓄从 $S(Y_1)$ 增加到 $S(Y_2)$，可贷资金供给增加，利率从 r_1 下降到 r_2，收入从 Y_1 增加到 Y_2，从而得到了 IS 曲线。IS 曲线反映了这种关系：较高的收入意味着较高的储蓄，较高的储蓄又意味着较低的均衡利率。由于这一原因，IS 曲线向右下方倾斜。需要注意的是，IS 曲线表示在可贷资金市场上，收入与利率之间的关系。政府支出增加减少了可贷资金的供给，在既定的收入水平上，利率上升，因此，扩张性财政政策使 IS 曲线向右上移动；反之，则相反。

IS–MP 模型有不同的形式，如用横轴表示实际产量 Y 与潜在产量 Y^* 缺口的百分比，即 $y = \dfrac{Y - Y^*}{Y^*}$，如图 3–11。

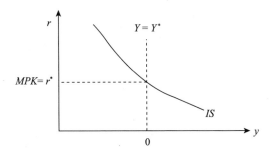

图 3–11 实际利率与产量缺口之间的关系

在图 3–11 中，当实际产量 Y 等于潜在产量 Y^* 时，即 $Y = Y^*$，产量缺口为 0，对应的实际利率为资本的边际产品，也就是维克塞尔的自然利率；在 $Y = Y^*$ 的左边，实际利率高于资本边际产品，投资减少，所以，$Y < Y^*$；在 $Y = Y^*$ 的右边，实际利率低于资本边际产品，投资增加，所以，$Y > Y^*$。此外，还有的经济学家使用费希尔方程 $r = i - \pi^e$，把通货膨胀预期 π^e 引入进来，使 IS 曲线具有预期的因素，更具有现实性，因而也变得更加复杂了。因此，可以得出另一种形式的 IS 曲线方程：$y = \alpha - \beta$ $(i - \pi^e - MPK)$，其中，y 表示产量缺口的百分比，i 为名义利率，α 表示各种自主需求偏离其长期值的百分比之和，也就是在横轴上的截距。这样，IS 曲线方程就有多种不同的形式，究竟应该取哪一种形式，取决于研究者的偏好和分析的重点。

　　若实际利率上升，计划投资减少，计划总支出下降。结果，在凯恩斯交叉图中的计划支出曲线向下移动，由此决定的均衡产量下降，因此，实际利率与产量之间存在着负向联系；反之，则相反。投资增加，或储蓄减少，IS 曲线向右移动；如果消费增加，总支出增加，也会诱导投资增加，均衡产量也增加，在图形上表现为 IS 曲线向右移动；如果净出口增加，诱导生产和投资增加，收入增加，也间接引起消费增加，最终导致总支出增加，均衡产量增加，在图形上表现为 IS 曲线向右移动。扩张性财政政策，引起投资和消费增加，导致总支出增加，在图形上也表现为 IS 曲线向右移动；反之，则相反。这种分析与IS – LM模型中的 IS 曲线分析是相似的。只不过，这里的 IS 曲线相当于总需求曲线（AD），实际上 IS 曲线本身就隐含有总需求曲线。凡是引起总需求变化的因素，都可以使 IS – MP 模型中的 IS 曲线发生移动。

　　（二）MP 曲线及其影响因素分析

　　MP 曲线是反映中央银行货币政策规则（Monetary Policy rule）的曲线，说明货币市场的均衡情况，它是美国经济学家泰勒（1998、2000），[1] 根据美联储以及西方发达国家过去几十年货币政策的实施历史和经验发现的一种政策规则。根据这一规则，中央银行可以通过公开市场业务，操纵货币供给量，影响名义利率，从而间接影响实际利率，对总需求和短期产量产生影响。它的基本前提是中央银行关注的是通货膨胀与通货膨胀

---

　　[1] John B. Taylor, "The Robustness and Efficiency of Monetary Policy Rules as Guidelines for Interest Rate Setting by the European Central Bank", Seminar Papers 649, Stockholm University, Institute for International Economic Studies, 1998; John B. Taylor, "The Monetary Transmission Mechanism and the Evaluation of Monetary Policy Rules", Working Papers Central Bank of Chile 87, Central Bank of Chile, 2000.

目标、实际产量与潜在产量的缺口，而不大关注货币供给量了，因为影响产量的是利率，而不是货币量，这种假设与西方发达国家的实际情况是比较吻合的。正是央行关注目标的改变，使原来的 IS – LM 模型不符合实际，显得过时。泰勒规则的一般形式是：$i_t = \pi_t + r_t^* + \alpha_\pi(\pi_t - \pi_t^*) + \alpha_Y(Y_t - Y_t^*)$，其中，$i_t$是目标的短期名义利率，$\pi_t$是通货膨胀率，$r_t^*$是假设的均衡实际利率，$\pi_t^*$是目标通货膨胀率，$Y_t$是实际产量的对数，$Y_t^*$是潜在产量的对数，$\alpha_\pi$和$\alpha_Y$是分别通货膨胀缺口和产量缺口的反应系数。它的基本含义是：如果现实的通货膨胀率超过通货膨胀目标，实际产量超过潜在产量时，中央银行就要提高实际利率，抑制通货膨胀上升和产量增加，使其恢复到均衡状态；反之，则相反。对于这个规则，出于不同的考虑，经济学家有不同的表述方式，有的采用通货膨胀预期 π^e 的方法，而且是适应性预期$\pi^e = \pi_{t-1}$，使其动态化。假定实际利率只是产量的函数：$r = r(Y)$，$dr/dY > 0$，即 r 为 Y 的增函数，产量增加，实际利率上升；产量减少，实际利率下降，两者之间存在着正比例关系，在 [y，r] 空间就是一条向右上方倾斜的曲线（如图 3 – 12 所示）。在 MP 曲线图中所指的利率是实际利率，而不是名义利率，中央银行并不能直接确定实际利率，只能通过调节货币供给量影响名义利率，进而控制实际利率，因为实际利率（r）= 名义利率（i）– 预期通货膨胀率（π^e）。至于中央银行如何通过货币供给量影响实际利率，罗默（2004）[1]做了详细的分析，

〔1〕 Christina D. Romer and David H. Romer, "A New Measure of Monetary Shocks: Derivation and Implications, A New Measure of Monetary Shocks: Derivation and Implications", *American Economic Review*, 2004, vol. 94 (4): 1055 – 1084.

不论价格是固定不变（完全价格刚性）的，还是缓慢调整（粘性调整）的，货币供给的改变都能影响实际利率，达到预期的目标，只有价格是瞬时调整的和存在流动性陷阱时，中央银行才不能左右实际利率，货币政策是失效的。而价格瞬时调整的假设是不符合现实的，大多数经济学家认为，现今出现流动性陷阱的情形几乎是不可能的。

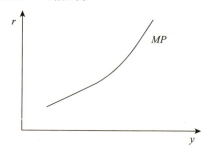

图 3 – 12　产量缺口与实际利率之间的关系

　　把 IS 曲线和 MP 曲线画在一个平面上，就得到了 IS – MP 模型的曲线图，见图 3 – 13。其中 IS 曲线代表产品市场的均衡，MP 曲线代表货币政策或货币市场的均衡，它反映了当经济偏离实际利率目标、通货膨胀目标和产量目标时，中央银行如何通过选择利率来作出反应的方式。

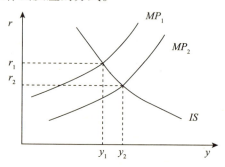

图 3 – 13　IS – MP 模型图

在 MP 方法中，货币的适当概念是基础货币（M_0），因为这个层次的货币容易受到中央银行的操纵，而在 LM 方法中，货币的适当概念是不清楚的；利率是指中央银行能够控制的短期实际利率，当前的利率决定取决于上一期的事件（如通货膨胀、产量等），它的期限是很短的。实际上，中央银行在短期里调整的是名义利率，但名义利率目标经常被修正，因此使用实际利率更具合理性。在开放经济条件下，货币政策反应函数可能还要考虑汇率缺口和世界利率的影响，从而变得更为复杂。

（三）菲利普斯曲线含义及其影响因素分析

菲利普斯曲线（Phillips curve，PC）描述的是失业与通货膨胀之间关系的曲线，由于失业率与产量呈反方向变化，所以，通货膨胀与产量之间呈同方向变动。一般来说，产量增加，通货膨胀上升；产量减少，通货膨胀下降。菲利普斯曲线在产量－通货膨胀空间表现为一条向右上倾斜的曲线，如图 3-14。过去常用产量的绝对数变化来分析产量对通货膨胀的影响，现在更倾向于使用产量的相对值，即实际产量与潜在产量的缺口的百分比来说明产量对通货膨胀的影响，因为，相对于潜在产量来说，实际产量减少 1 亿美元，对小型经济体可能就有很大的影响，而对于大型经济体来说，可能几乎没有什么影响。所以，使用相对数值来衡量，可以消除经济体大小的影响，更准确地反映实际产量变化与通货膨胀之间的关系。

菲利普斯曲线有不同的表示方法，如果横轴表示产量缺口的百分比，纵轴表示通货膨胀的变化量，菲利普斯曲线就是一条自左下向右上倾斜的曲线，反映通货膨胀的变化与产量缺口呈同方向变化。

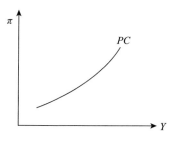

图 3 – 14　菲利普斯曲线

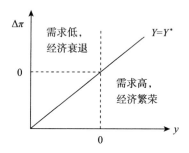

图 3 – 15　通货膨胀变化量与产量缺口之间的关系

当实际产量等于潜在产量时，即 $Y = Y^*$ 处，对应的通货膨胀率变化量等于0，即 $\triangle \pi = 0$；当实际产量小于潜在产量时，即 $Y < Y^*$，说明需求不足，经济衰退，通货膨胀下降，通货膨胀率变化量小于0，即 $\triangle \pi < 0$；当实际产量大于潜在产量时，即 $Y > Y^*$，说明需求旺盛，经济繁荣，通货膨胀上升，通货膨胀率变化量大于0，即 $\triangle \pi > 0$。因此，菲利普斯曲线隐含这样一种基本假设：当产量增加时，失业率下降，通货膨胀上升；当产量下降时，失业率上升，通货膨胀下降。

这种假设在短期一般是正确的，通货膨胀与产量成正比。但在长期，高通货膨胀不能产生高产量，就不正确。当经济出现"滞胀"时更加不正确，菲利普斯曲线变成了一条垂直线。

产量对价格的影响途径可能是直接通过厂商价格决策（提价或降价）造成的，也可能间接通过工资决定形成的。上面的分析只限于产量与通货膨胀之间的关系，而没有考虑其他因素。实际上，根据经济学家的分析，除了产量因素（需求因素）以外，还有通货膨胀预期和供给（供给冲击和价格冲击）等因素的影响，如果把这些因素都考虑进来，菲利普斯曲线就可以写成以下形式：$\pi = \pi^e + \theta(Y - Y^*) + \sigma$，其中，$\pi$ 为通货膨胀，π^e 为通货膨胀预期，σ 为供给冲击或价格冲击，θ 为通货膨胀对产量缺口 $(Y - Y^*)$ 的反应系数。在 IS - MP 模型中，预期一般采用适应性预期的方式，即 $\pi^e = \pi_{t-1}$，根据戈登（2013）[1] 对美国通货膨胀的研究发现，适应性预期比较符合美国的统计资料，因为经济体中大多数人都不能做理性预期，适应性预期是最常见和最可行的方式。因此，引入时间因素上式就可以改写成：$\pi_t = \pi_{t-1} + \theta(Y_t - Y_t^*) + \sigma_t$，如果进一步写成差分形式就是：$\triangle \pi_t = \theta \triangle Y + \sigma$。这个式子表示：通货膨胀的变化是由两个因素引起的：一个是产量的变化 $\triangle Y$，即需求拉动型通货膨胀，另一个是供给冲击 σ，即成本推动型通货膨胀。如果不是适应性预期，预期因素 π^e 也会发挥作用，在惯性通货膨胀形成过程中，预期因素往往具有重要的作用。在正常情况下，不存在供给冲击，即 $\sigma = 0$，菲利普斯曲线就可以简化为：$\pi = \pi^e + \theta (Y - Y^*)$。如果考虑到供给冲击，当存在不利的供给冲击时，$\sigma$ 为正值，引起菲利普斯曲线向左上方移动，通货膨胀上升；当存在有利的供给

---

　　[1]　Robert J. Gordon, "The Phillips Curve is Alive and Well: Inflation and the NAIRU During the Slow Recovery", 2013, NBER Working Papers 19390, National Bureau of Economic Research, Inc.

冲击时，σ 为负值，引起菲利普斯曲线向右下方移动，通货膨胀下降，见图 3 - 16。当实际产量等于潜在产量时，通货膨胀率处于目标水平，见图 3 - 17。

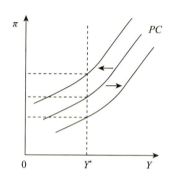

图 3 - 16　菲利普斯曲线的移动

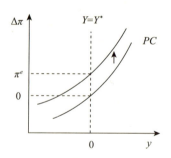

图 3 - 17　通货膨胀引起 PC 曲线向上移动

　　MP 曲线与前面的 IS 曲线结合起来，在 [y, r] 空间组成了 IS - MP 模型。如果把 MP 曲线方程代入 IS 曲线方程，就得到了总需求（AD）曲线方程，与菲利普斯曲线方程结合起来，在 [y, π] 空间进行分析，就形成 AD - PC 模型。IS - MP 模型与 AD - PC 模型的关系，就相当于 IS - LM 模型与 AD - AS 模型的关系，从前者可以推导后者的 AD 曲线，后者是前者的扩展，PC 和 AS 曲线都是单独给出的短期总供给曲线。IS - MP 模型与

AD - PC 模型的区别主要在于分析的变量不同，但本质上是一致的。它们的核心问题就是：中央银行影响利率，利率影响产量，产量影响通货膨胀，中央银行通过利率控制产量和通货膨胀。在长期里，通货膨胀受到货币增长率的影响，因为 MV = Py，高通货膨胀不能产生高产量；但在短期里，通货膨胀与经济的繁荣与衰退有关，通货膨胀与产量成正比。

（四）运用 IS - MP 模型分析短期经济波动

把 IS 曲线和 MP 曲线放在一起来分析政策作用和短期经济波动。IS 曲线代表产品市场的均衡，MP 曲线代表货币政策规则，两条曲线的交点决定了实际利率和产量，在这一点上，计划支出等于产量，也就是均衡产量。下面分析引起经济波动的四种情形。

1. 政府购买增加

政府购买是计划支出的一个因素，它影响 IS 曲线，为了说明它是如何运作的，使用凯恩斯交叉图来解释（见图 3 - 18）。在凯恩斯交叉图中，计划支出 E 作为一个给定实际利率下的产量的函数，计划支出与 45°线的交点表示既定利率下的均衡产量，那就是决定 IS 曲线的点。政府购买从 G_0 增加到 G_1，使计划支出线向上移动，由 E_0 移动到 E_1，结果均衡产量增加，从 Y_0 增加到 Y_1。

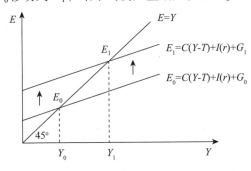

图 3 - 18 政府支出增加引起均衡产量提高

　　根据 IS – MP 模型，这种分析说明了在给定利率下，均衡收入高于以前，那就是 IS 曲线向右移动，中央银行选择利率作为产量的函数是不变的。这样 MP 曲线没有移动，这个情况总结在图 3 – 19 中，表示在给定利率下，政府购买增加引起产量增加的效应。

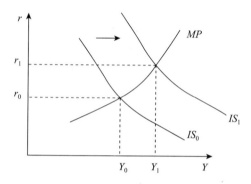

图 3 – 19　政府支出增加引起 IS 曲线右移，产量提高

　　图 3 – 19 说明了在 IS 曲线和 MP 曲线的交点，实际利率和产量高于以前，这样，也就说明了政府购买增加提高了短期实际利率和产量。进一步也会产生其他的效应：一方面，政府购买增加提高了实际利率，进而导致投资下降，在短期里产生了"挤出效应"；另一方面，政府购买增加，导致产量增加，消费增加。

　　2. 紧缩性货币政策的效应

　　中央银行实行紧缩性货币政策就意味改变它原来的货币政策规则，表现为通货膨胀目标降低了，结果它选择了在既定产量水平上比原来更高的实际利率水平，这种更紧的货币政策与MP 曲线向上移动相吻合，IS 曲线不受影响，在既定利率水平下均衡产量不变，这种情况在图 3 – 20 中得到说明，MP 曲线向上移动提高了实际利率，减少了投资，收入下降，降低了消费，所以，降低了短期产量。

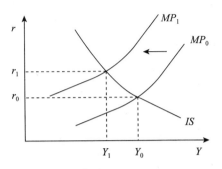

图 3 – 20　紧缩性货币政策引起产量下降

3. 财政政策和货币政策的组合

财政政策和货币政策的变化往往不单独出现，在许多情况下，两种政策同时变化，可能有充分的协调，一方可能对另一方作出反应，外界的变化可能促进双方独立的反应。当财政政策和货币政策都变化时，IS 曲线和 MP 曲线都移动，根据移动的方向和幅度，存在利率和产量之间的多种结合。一个有趣的例子是两种政策同时变化，而产量不发生改变。图 3 – 21 的分析表明，税收增加减少了可支配收入，使凯恩斯交叉图中的计划支出线向下移动，因此，在给定的利率下均衡产量减少；在给定的产量水平下，中央银行降低利率的决策引起 MP 曲线向下移动，新的 IS 曲线和新的 MP 曲线形成的交点正好位于以前的产量水平上。

虽然财政政策和货币政策的同时变化并没有改变总产量，但它改变了产量的构成，当收入不变而增加税收时，可支配收入降低，消费下降，就像图 3 – 21 所表示的，紧缩性财政政策和扩张性货币政策降低了利率，投资增加，两者相抵，产量不

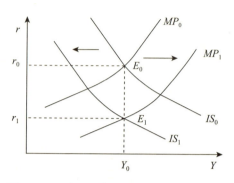

图 3-21   财政政策与货币政策的组合分析

变。这种分析说明了协调性地使用财政政策和货币政策可以减少财政赤字，而不降低总产量；也可以说明政策协调如何从消费变化转向了投资的变化。

4. 消费者信心的下降

短期经济波动的根源除了政府政策变化外，私人经济的发展也会引起波动，消费者信心的下降就是一例，如 1929 年 10 月美国股票市场崩溃，产生了极大的不确定性，消费者推迟购买；1990 年伊拉克入侵科威特，致使美国消费者信心下降；2007 年美国发生的次贷危机，导致美国和中国消费者信心下降等。如果消费者更担心未来，他们就在既定的收入下，减少消费，增加储蓄。消费者信心的下降使 IS 曲线向左下移动，分析类似于税收的增加，这样，实际利率和产量都下降。对于消费者信心的下降，原则上，货币政策制定者的快速反应可以向右下移动 MP 曲线，保持产量不变；政府也可以迅速增加购买和减少税收使 IS 曲线不发生移动，实际上，政策制定者不可能那么快了解消费者信心的下降，以致迅速采取行动，结果往往经济进入了衰退。

（五）对 IS – MP – PC 模型的评价

相比 IS – LM – AS 模型，IS – MP – PC 模型在模型的现实性、简单性、一致性和动态性等方面具有明显的优点。具体说来，主要表现在以下六方面。

1. IS – MP 模型更具有现实性

该模型的关键假设是中央银行遵循一个实际利率规则（泰勒规则），即实际利率是通货膨胀和产量的函数，这样就较好地描述了中央银行的行为，它比中央银行遵循货币供给量规则要现实得多，因为，当今世界绝大多数国家的中央银行都不遵守货币量规则，货币总量在政策实施过程中只起很小的作用。几乎所有的工业化国家中央银行在它们制定短期政策时都关注信贷利率，如美国、德国等。对于美国来说，货币规则就是：$r = \pi + 0.5y + 0.5(\pi - 2) + 2$，其中 r 为联邦基金利率，即实际利率，π 为通货膨胀率，y 为实际产量偏离目标产量的比例，泰勒规则不仅描述了美国货币政策的历史，而且也为未来实际利率的分析提供了一个系统的方法。该模型的支持者认为，泰勒规则很好地适合于统计资料，更现实地解释了政策作用，它已构成了"宏观经济学的现代观点"。目前，该模型已经普遍深入到大学和全世界中央银行的政策研究项目中，并且越来越多地写入到大学教科书，曼昆第七版的宏观经济学教科书（2009）也引入了这些内容，替代 IS – LM 模型的趋势比较明显。

2. IS – MP 模型具有简单性和一致性的特点

在 IS – LM 模型中，LM 曲线必须从货币市场的分析中推导出来，显得比较复杂，而在短期利率目标规则下，利率是确定的，LM 曲线就是多余的；而在 IS – MP 模型中，MP 曲线直接来自于实际利率规则，它可以根据中央银行的行为假设得到，直接推延到中央银行如何控制实际利率的机制上，省略了货币市场的分析，最简单的实际利率规则就是：$r = r(\pi)$，即实际利率是通货膨胀的增函数，在 [y, r] 空间就是一条水平线，比较简单，尤其适合于初学者。另外，在 IS – LM 模型中，IS 曲线的利率是实际利率，LM 曲线是名义利率，二者不匹配；而在 IS – MP 模型中，IS 曲线和 MP 曲线都是实际利率，二者是匹配的，具有一致性。

3. 该模型有利于通货膨胀的分析

通货膨胀是当代经济中的一个重要问题，不可忽略。通货膨胀在 20 世纪 50 年代和 20 世纪 60 年代初期不受关注，但到 20 世纪 60 年代后期和 20 世纪 70 年代变得重要了，中央银行比较关注通货膨胀目标，甚至实行通货膨胀目标制。IS – LM 模型根据货币供给和价格水平把货币政策纳入到分析框架中，而 IS – MP 模型使用实际利率和通货膨胀来进行分析，源于原始的凯恩斯主义固定价格的假设不能适当地描述 20 世纪 70 年代以后的经济现实。通货膨胀的变化导致了 IS – LM 模型的扩展，产生了 AD – AS 模型，但是 AD – AS 模型一直没有得到经验资料的证实，缺乏可信性。二战后的美国，总需求的负向冲击导致了通货膨胀下降，但价格水平没有下降。而 IS – MP 模型扩展形成的 AD – PC 模型，把通货膨胀放在突出的位置，有利于其分析。IS – MP 模型明确地涉及货币政策的长期目标——通货膨胀率，而不是通过连续移动 AD 和 AS 曲线来说明，这也就避免了由于负向的需求冲击，引起价格水平下降这种高度不现实的结果（因为存在着价格刚性）。

4. IS－MP 模型纳入了通货膨胀预期和随机冲击等因素，含义更加丰富和科学

通货膨胀是个内生变量，应当是在模型中决定的，可是，在 IS－LM 模型中当作外生变量处理，这是不合适的。预期因素在现代经济中具有一定的作用，尤其在通货膨胀惯性形成过程中，不可忽视。IS－LM 模型把预期外生化处理，以致后来修改，出现了附加预期的 IS－LM 模型。而在 MP 曲线的关系式：$r = r^* + \pi^e + \alpha_\pi(\pi - \pi^*) + \alpha_Y(Y - Y^*)$ 中，就包含了目标通货膨胀 π^*、实际通货膨胀 π 和预期通货膨胀 π^e，这些因素都是中央银行选择实际利率时所必须考虑的因素，该模型把预期因素内生化，有利于说明预期的作用。另外，在 IS 和 MP 方程中引入随机冲击项，有利于通货膨胀的分类和随机因素影响的说明，增强了模型的解释力。

5. 根据 IS－MP 模型可以推导出 AD－PC 模型，扩展了模型的分析能力

在图 3－22 的上图中，当通货膨胀由 π_0 上升到 π_1 时，MP_0 向上移动到 MP_1，在图 3－22 的下图中，通货膨胀上升，产量由 Y_0 下降到 Y_1，推导出总需求曲线 AD，反映了产量与通货膨胀成反比例关系。在 AD－PC 模型中，总需求曲线把通货膨胀与产量联系起来，可以分析总需求与通货膨胀之间的关系。而在 IS－LM 模型中，假定价格是固定的，不能用来分析通货膨胀。

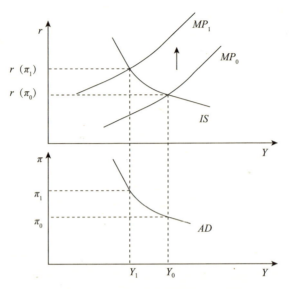

图 3 – 22　从 IS – MP 模型推导 AD 曲线

6. 可以应用 AD – PC 模型做简单的动态过程的调整分析

在图 3 – 23 中，由于受到外来冲击，引起经济暂时偏离长期均衡点 E_0，PC 曲线上移，由 PC_0 移动到 PC_1，与 AD 曲线形成新的交点 E_1，结果通货膨胀上升和产量下降。因为实际产量低于潜在产量，中央银行降低实际利率，结果通货膨胀开始逐渐下降，表现为 PC_1 曲线沿着 AD 曲线向右下移动，最终恢复到长期均衡点 E_0，通货膨胀和产量保持稳定。这种假设 PC 曲线连续地而不是分步地向下移动，最后出现低通货膨胀、低实际利率和高产量的结果，方法既简单、合理，又直接和现实，较好地反映了经济的动态调整的路径。

当然，IS – MP – PC 模型也存在一些缺点，表现在：

（1）IS – MP 模型与 IS – LM 模型一样，对金融市场的分析过于简单化。在这两个模型中，与商品需求相关的金融市场的

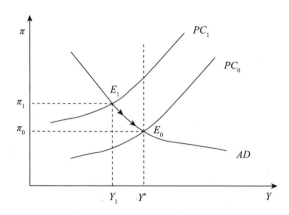

图 3-23　简单动态调整过程的 AD-PC 模型

唯一特征就是实际利率，货币政策对其都有很强的影响。然而，实际上，对商品的需求取决于不同的利率，以及在这些利率下可以得到多少信贷，货币政策对这些利率以及在给定利率下的信贷可得性是不确定的，货币政策对经济的影响到底有多大，通过模型是难以准确确定的。因此，把金融市场分成两部分分析似乎更为合适，一部分分析金融市场的发展如何影响商品的需求，另一部分分析货币政策如何影响利率和信贷可得性。如果真的这样做，就不会产生这么简单而有效的模型了。

（2）IS 曲线中的短期实际利率与持久收入理论的长期实际利率不匹配。经典教科书使用的 IS 方程假定，总需求是实际利率的减函数，但其实际利率的条件是不清楚的。事实上，IS 曲线与 LM 曲线相结合或与 MP 曲线相结合，进入 IS 方程的利率应当是长期实际利率，投资取决于长期利率，而不是货币当局控制的短期利率，因为只有长期实际利率才会影响投资，只有长期实际利率才能与持久收入假说相一致。否则，就会产生不匹配和缺乏微观基础。虽然从理论上可以说，中央银行通过影响短期利率，间接影响长期利率，但在多大程度上以及以何种方式影响还是不甚清楚的。像 IS – LM – AS 模型一样，IS – MP – PC 模型也采取不完全的名义调整，正是由于不完全的名义调整，使得政策在短期里具有作用。如果放松这个假设，就可能得出政策无效的结论，所以，该模型是存在前提条件的。但有的经济学家认为，具有微观基础的持久收入假说对消费理论的作用并不一定就比简单的宏观消费理论更准确，而且还来得复杂。所以，这个问题还是有争议的。

（3）该模型的横轴因使用实际产量与潜在产量缺口的百分比，而没有使用实际产量的增长率（GDP 增长率）而受到批评。如果使用产量的增长率就会与纵轴上的通货膨胀率完全相对应，二者都是增长率，似乎更为贴切。产量的增长率才是中央银行关注的主要变量，因为在大多数国家，货币政策通过短期利率追求的国内目标一般都是由通货膨胀率和经济增长率来界定的，所以横轴使用产量的增长率更加科学合理。

（4）该模型假设，当产量缺口为正时，通货膨胀上升；当产量缺口为负时，通货膨胀下降，这个假设不是市场经济对通货膨胀行为一个较好的描述。由于菲利普斯曲线描述的通货膨胀与失业率的交替关系只存在于短期，在长期里是不存在的，所以产量缺口与通货膨胀的对应关系在长期里也是不存在的。这里有三种情况：一是实际产量超过自然率水平时，产量增加比例小，通货膨胀上升比例大，两者呈同方向变动，通货膨胀对产量反应系数大。二是当实际产量接近自然率水平时，产量增加比例大，通货膨胀上升比例小，一般来说，产量似乎比通货膨胀对总需求反应更快，通货膨胀对产量反应系数比较大。三是当产量明显低于自然率水平时，需求增加会引起产量增加比例大，通货膨胀几乎不上升或上升比例很小；而需求下降时有可能引起产量减少很多，通货膨胀几乎不下降，通货膨胀对产量反应系数小。也就是说，在这三种不同的情况下，通货膨胀与产量缺口之间的关系是不固定的，用一个确定的系数表示它们，可能就存在着问题，因为在不同的区域，通货膨胀对产量变化的反应是不同的。在形成惯性通货膨胀和停滞膨胀时，模型的假设更不正确。至于短期持续有多长时间，取决于通货膨胀水平和人们的预期，在通货膨胀较低时，人们不大关注通货膨胀，在通货膨胀温和而稳定时，人们往往采取适应性预期，这两种情况下，模型的预测基本是正确的；在通货膨胀变化剧烈而不稳定时，人们往往采取理性预期，模型的预测是不正确的。

（5）IS-MP-PC模型的一个重要预测就是货币政策和需求管理在长期内是"中性"的，就像AD-AS模型预测的一样，在这一点上，它实际上是早期新古典观点的延续。因此，有的学者认为，IS-MP模型是非凯恩斯主义的（Un-Keynesian）或者不配被称为凯恩斯主义的。也许在时间足够长的长期里，能够使通货膨胀率调整到长期均衡水平——需求或利率的变化都不影响IS-MP模型的实际变量，即具有中性的性质，但是IS-MP模型是个短期模型，不存在那么长的时间。况且，完全支持这种观点的经验证据仍然不足，还需要发现。有的学者认为，这个观点不应当简单地作为一个结论，它应当从实际资料中发现，而不应该来自于理论本身。近年来研究提出，总需求和总供给相互独立的"公理"是不正确的，有的学者认为需求扩大以后，刺激了物质资本投资和劳动生产率提高等，提高了经济的潜在产量，总需求扩大了总供给，二者不是相互独立的。然而，这个公理却构成了长期货币政策（或货币）中性的基础，这个假设遍布于新古典综合和 IS - MP - PC 模型之中。如果放松了这个假设，就会产生货币长期非中性的结论；如果坚持货币长期中性假设，就可以使该模型保持在可贷资金理论中，而放松了这个假设，它又与可贷资金理论不相关。也就是说，这个模型明显依赖于总需求和总供给相互独立的"公理"的存在。此外，还有其他的一些批评和讨论，对于 AD - PC 模型的调整路径，经济学家还有不同的看法，这里不再赘述。总之，该模型的优点是明显的，并且优点大于缺点，它代表了宏观经济学的现代观点，值得研究和借鉴。目前该模型仍然处于讨论、修改和发展中，还需要数据资料的进一步证实。虽然 IS - MP - PC 模型具有超越 IS - LM - AS 模型的优点，但并不意味着这一模型一定就是最好的基本模型，研究者们仍在考虑其他模型产生的可能性。

四、短期宏观经济运行的模拟

中央银行货币政策是作为短期宏观经济稳定的工具。货币政策研究中经常采用的方法是指定央行的损失函数（Debelle，1999）[1]：

$$L_t = E_t \sum_{s=t}^{\infty} \delta^{s-t} \left[(1 - \lambda)(\pi_t - \pi^*)^2 + \lambda(g_s - g^*)^2 \right] \quad (3-18)$$

产出 Y 用增长率 g 取代，这对调整路径没有影响。

然后在式（3-19）菲利普斯曲线和式（3-20）IS 曲线约束下将其最小化，其解是中央银行反应函数［式（3-21）］，随时间变化的利率 r。

---

〔1〕 G. Debelle, "Inflation Targeting and Output Stabilization", RDP 1999 - 08, Reserve Bank of Australia.

菲利普斯曲线：$\pi_t = \pi_{t-1} + \varphi(u_t - u_t^*) + \omega_t$ （3-19）

IS 曲线：$Y_t = Y_t^* - \gamma(r_{t-1} - r^*) + \eta_t$ （3-20）

利率政策规则：$r_t = r^* - \alpha_\pi(\pi_t - \pi^*) - \alpha_Y(Y_t - Y^*)$ （3-21）

Y 是产出，Y^* 是潜在产出，r 是短期实际利率（货币政策的工具），π 是通货膨胀，π^* 是目标通胀，r^* 是自然利率（是通货膨胀和产出等于其目标值时的利率），在 u 是失业率，u^* 是 NAIRU（the non-accelerating inflation rate of unemployment），η_t 和 ε_t 是具有独立同分布特性的冲击。

用增长率 g 代替产出水平 Y，需要将菲利普斯曲线和 IS 曲线进行相应地变换。

对于菲利普斯曲线，通常用通货膨胀和失业率来表示，如式（3-19）。假设 $\pi_{t-1} = \pi^*$，π^* 是预期的通货膨胀率，预期是适应性预期。由奥肯法则，将产出增长缺口的变化与失业缺口联系起来，

$$u_t = u_t^* + \vartheta(g_{t-1} - g_{t-1}^*) + \delta_t$$ （3-22）

g 是输出的增长率，g^* 是 NAIRU 对应的产出增长（这可以被描述为能够以稳定的通货膨胀率来实现的最大产出增长率），将式（3-22）代入式（3-19），得到用产出增长率取代产出水平的菲利普斯曲线：$\pi_t = \pi_{t-1} + \alpha(g_{t-1} - g_{t-1}^*) + \varepsilon_t$ （3-23）

对于式（3-20）的 IS 曲线，定义产出增长率和潜在产出增长率：

$$Y_t^* = Y_{t-1}^*(1 + g_t^*)$$ （3-24）

和

$$Y_t = Y_{t-1}(1 + g_t)$$ （3-25）

这里 g 和 g^* 分别是增长率和潜在增长率。将方程（3-24）和（3-25）代入 IS 曲线方程（3-20），假设 t = 1 时 $Y_{t-1} =$

Y_{t-1}^{*}，得：

$$g_t = g_t^* - \frac{\gamma}{Y_{t-1}^*}(r_{t-1} - r^*) + \frac{\eta_t}{Y_{t-1}^*} = g_t^* - \gamma'(r_{t-1} - r^*) + \eta'_t$$

$$(3-26)$$

中央银行的货币政策决策通常是根据通货膨胀和经济增长为了实现国内政策目标而对短期利率进行管理，模拟所用模型由 IS 曲线、菲利普斯曲线、和损失函数三个方程组成：

IS 曲线：$g_t = g_t^* - \gamma'(r_{t-1} - r^*) + \eta'_t$ $\qquad$ (3-27)

菲利普斯曲线：$\pi_t = \pi_{t-1} + \alpha(g_{t-1} - g_{t-1}^*) + \varepsilon_t$ $\qquad$ (3-28)

损失函数：$L_t = E_t \sum_{s=t}^{\infty} \delta^{s-t}[(1-\lambda)(\pi_t - \pi^*)^2 + \lambda(g_s - g^*)^2]$

$$(3-29)$$

注意到，利率是以一期滞后［通过方程（3-27）］影响增长，并以两期滞后［通过方程（3-28）］影响通货膨胀。η'_t 是需求冲击，ε_t 是供给冲击。

使用 Excel 表模拟仿真需求冲击和供给冲击效应如下：

1. 正向需求冲击的情形

设置 Excel 表。从中央银行在（3-27）和（3-28）约束下将损失函数（3-29）最小化的情况开始。目标通货膨胀和潜在增长率分别设为 2.5% 和 3%。其他参数和外生变量设置如下：$\pi^* = 2.5\%$，$g^* = 3\%$，$\delta = 2\%$，$\alpha = 0.5$，$\gamma' = 0.5$，$\lambda = 0$，$r - r^*$ 的初始值设为 0，目标单元格是最小化每一期损失的贴现总和。设置好 Excel 表后，在 Excel 表格给出一个正向需求冲击 $\eta'_t = 1\%$（见表 3-2 所示）。从 tools 菜单中选择 Solver 命令。因为经济只需要两段时间来对冲击进行调整，一个大于三的时间跨度就足够了。在 Excel 表中显示了 5 个周期的状况。迭代过程显示 r -

r* 列中的单元格发生改变。

表 3-2 Excel 表的设置

	A	B	C	D	E	F	G
1	Taylor-Romer model of stabilisation policy following an interest rate rule.						
2	The central bank minimises a loss function (equation (3) in the text).						
3							
4		Parameters					
5		target inflation		0.025			
6		target growth rate		0.03			
7		demand shock		0.01			
8		supply shock		0			
9		α		0.5			
10		γ		0.5			
11		λ		0			
12		δ		0.02			
13							
14		IS curve	Phil curve		Mon pol rule		
15		growth	inflation	Loss	r-r*		
16	0	0.0300	0.0250		0		
17	1	0.0400	0.0250	0	0.04		
18	2	0.0200	0.0300	0.0000245	0.02		
19	3	0.0300	0.0250	4.25171E-16	0.020001		
20	4	0.0300	0.0250	7.93014E-15	0.019996		
21	5	0.0300	0.0250	5.71962E-14	0.020009		
22			sum	2.45E-05			

图 3-24 显示调整路径为三角形。最初，需求冲击引起增长增加，但由于式（3-28）中的滞后，通货膨胀不会立即变化。这种滞后可用拥有市场力量的企业设定的价格刚性来解释，对潜在增长水平的偏离会导致通货膨胀上升。中央银行通过增加利率来应对其损失函数，并显示在 Excel 表中 r-r* 列。由式（3-27）这反过来又降低了增长，产出的下降减缓了通货膨胀的增长，直到经济移动到图 3-24 中三角形的左上方点。值得注意的是，从高到低的增长调整超过了其潜在水平。依据式（3-28）这使得通货膨胀率下降，中央银行降低利率。通胀下降、利率下降和经济增长持续上升，一直持续到经济恢复到最初的平衡状态。这描述了一个繁荣-萧条周期，这是一个典型的经济体在一个正向需求冲击之后的实际路径。

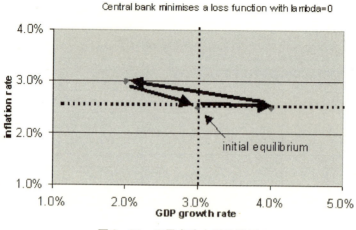

图 3 - 24   正需求冲击影响效果

2. 负向需求冲击的情形

将 Excel 表中"需求冲击"项从 +1% 改为 - 1%，同时设置 $\lambda > 0$，这意味着在中央银行的损失函数中给予增长缺口一个正的权重，模拟结果见图 3 - 25。当考虑增长率的因素时通胀返回目标值的速度缓慢些。

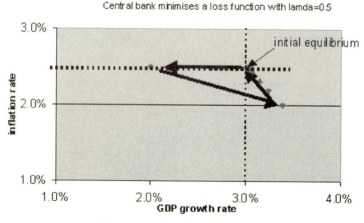

图 3 - 25   负需求冲击影响效果

3. 负向供给冲击的情形

按照宏观经济学理论，对于负向供给冲击，货币政策无法使经济恢复增长潜力，比如，石油价格的冲击引起的工资-价格螺旋。用 Excel 表中的"供给冲击"替代"需求冲击"，这一点可以得到清楚的证实，结果见图 3-26。

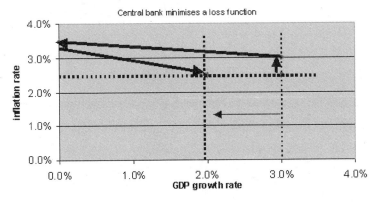

图 3-26　负供给冲击影响效果

4. 指定利率规则的情形

央行的利率决策通常是在不确定环境下做出的，而不是像上述那样作为一个损失最小化问题的解。为了捕捉这一过程，指定一个货币政策反应函数（利率规则）：

$$r_t = r^* - \alpha_\pi(\pi_t - \pi^*) - \alpha_g(g_t - g_t^*)$$

参数 α_π 和 α_g 分别初始设定为 2 和 0（$\alpha_g = 0$ 意味着通胀是唯一目标）。这样一个反应函数隐含着通过上面最小化方法但具有时变参数 α_π 和 α_g。图 3-27 显示了一个 1% 的正需求冲击的最终调整路径。

调整路径遵循一个椭圆形。选择不同参数值，有的路径可以返回到初始平衡点。然而，还有一系列路径，它们并不返回

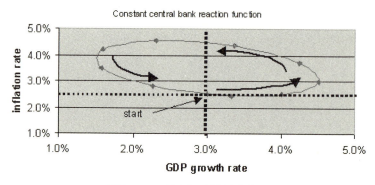

图 3 - 27　利率规则的影响效果

到起始点。一些是稳定的路径向内螺旋，一些是不稳定的路径向外螺旋。这些模拟给出的启示是，经济稳定政策不是一个精确的数值，呈现范围有效。

思考题

1. 试结合中国当前实际，分析预期对货币政策在短期与长期效应的影响。

2. 试结合中国当前实际，分析开放经济下扩张赤字对经济的影响。

3. 试结合中国当前实际，应用 IS – MP – PC 模型分析扩张性货币政策的效应。

第四讲 | 经济增长理论及发展

宏观经济学研究有两大内容：一是短期波动；二是长期增长。对于经济增长，经济学家致力于寻找增长的源泉，资本积累、储蓄率、消费和技术怎样影响产出水平，经济增长的一般趋势是什么，为什么国家或地区之间存在收入差距，穷国能否赶上富国。

新古典增长理论的两大柱石是拉姆齐（Ramsey）模型和戴蒙德（Diamond）模型（又称世代交叠模型，Overlapping Generation Models，简称 OLG 模型）。基于索罗（Solow）模型对卡尔多事实[1]良好的解释力，让我们先从索罗模型讲起。

---

[1] 卡尔多（Kaldor）事实就是一种能够反映经济运行的真实和基本特征的具有代表性的关键性事实。其内容包括：（1）每工时实际产出或人均实际产出在较长的时间内以连续不变的速度增长，即生产率稳速增长；（2）人均资本存量以连续不变的速度增长；（3）以名义利率扣除通货膨胀率而得到的实际利率大体上稳定不变；（4）资本－产出比率大体上稳定不变，或产出和资本存量增长速率大致趋于相同；（5）各种生产要素的收入在国民收入中所占的分配份额大体上稳定不变；（6）人均产出增长率在不同国家间具有很大差别，收入和利润份额较高的国家倾向于有较高的资本－产出比例。

一、索罗经济增长模型

索罗经济增长模型（Solow Growth Model）是罗伯特·索罗[1]所提出的发展经济学中著名的模型，又被称作新古典经济增长模型、外生经济增长模型，是在新古典经济学框架内的经济增长模型。

（一）模型的基本假设

索罗模型包含的外生变量有储蓄率、人口增长率、技术进步率；包含的内生变量是投资。

假设生产函数具有形式：

$Y = F(K, ZL) = K^\alpha (ZL)^{1-\alpha}$　$0 < \alpha < 1$，且为规模报酬不变，$F(\gamma K, \gamma ZL) = (\gamma K)^\alpha (\gamma ZL)^{1-\alpha} = \gamma F(K, ZL)$。

定义　$f(k) \equiv F(\dfrac{K}{ZL}, 1) = (\dfrac{K}{ZL})^\alpha = k^\alpha$

定义增长率为　$\dot{X}(t)/X(t), \dot{X}(t) = dX(t)/dt$

则：$\dot{L}(t) = nL(t), \dot{Z}(t) = gZ(t)$，

$L(t) = L(0)e^{nt}, Z(t) = Z(0)e^{gt}$

（二）模型推导

由　$k(t) = \dfrac{K(t)}{Z(t)L(t)}$

---

[1]　罗伯特·M. 索罗（Robert M. Solow, 1924. 8. 23 -），美国经济学家，因其对经济增长理论的突出贡献而于 1987 年被授予诺贝尔经济学奖。根据索罗模型，国民经济最终会达到这样一种发展阶段：在那个阶段以后，经济增长将只取决于技术的进步。诺贝尔奖委员会主席阿瑟·林德贝克（Assar Lindbeck）认为，正是索罗的理论，使工业国家愿意把更多的资源投入大学和科学研究事业，这些方面是促使经济发展的"突击队"。

两边求导，得：

$$\dot{k}(t) = \frac{\dot{K}(t)}{Z(t)L(t)} - \frac{K(t)}{[Z(t)L(t)]^2}[Z(t)\dot{L}(t) + \dot{Z}(t)L(t)]$$

$$= \frac{\dot{K}(t)}{Z(t)L(t)} - \frac{K(t)}{Z(t)L(t)}\frac{\dot{L}(t)}{L(t)} + \frac{K(t)}{Z(t)L(t)}\frac{\dot{Z}(t)}{Z(t)}$$

$$= \frac{sY(t) - \delta K(t)}{Z(t)L(t)} - k(t)n - k(t)g$$

$$\dot{k}(t) = sf(k) - (\delta + n + g)k(t) \tag{4-1}$$

上述关系式表明，人均资本的增加等于人均储蓄 $sf(k)$ 减去 $(n+\delta+g)k$ 项。$(n+\delta+g)k$ 项可以这样来理解：劳动力的增长率为 n，技术进步的增长率为 g，一方面，一定量的人均储蓄必须用于装备有效工人劳动，每个有效工人劳动占有的资本为 k，这一用途的储蓄为 $(n+g)k$；另一方面，一定量的储蓄必须用于替换折旧资本，这一用途的储蓄为 δk。总计为 $(n+\delta)k$ 的人均储蓄被称为资本的广化。人均储蓄超过 $(n+\delta)k$ 的部分则导致了人均资本 k 的上升，即 $\Delta k > 0$，这被称为资本的深化。因此，新古典增长模型的基本公式可以表述为：

资本深化 = 人均储蓄 – 资本广化

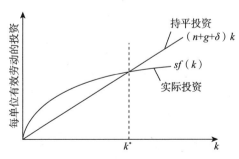

图 4-1　实际投资与持平投资

　　单位有效劳动资本存量 $k = K/AL$ 的动态性见图 4 - 1 所示。当 $k < k^*$，实际投资超过平衡投资，单位有效劳动资本存量 k 会不断增加；$\dot{k}$ 是正的，当 $k > k^*$，实际投资低于平衡投资，单位有效劳动资本存量 k 会不断下降；$\dot{k}$ 是负的，如果 $k = k^*$，实际投资等于平衡投资，$\dot{k}$ 等于零，因此，不论 k 的起点在哪里，它都会收敛到 k^* 并保持在此。

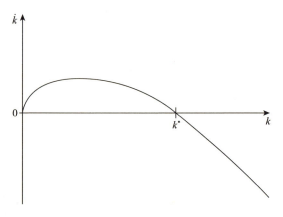

图 4 - 2　索罗模型中 k 的相图

　　沿着平衡增长路径，k 收敛于 k^*，见图 4 - 2 所示。模型中其他变量的行为：按照假设，劳动和技术分别以 n 和 g 的速率增长，资本存量 K，等于 ALk。因为 k 在 k^* 处是常数，K 的增长率 $\left[\dot{K}(t)/K(t)\right]$ 为 $n + g$。由于资本和有效劳动都是同样的增长率 $n + g$，规模报酬不变的假设意味着产出 Y 也具有同样的增长率。而人均资本 K/L、人均产出的增长率都是 g。可见，索罗模型意味着无论从任何一点出发，经济向平衡增长路径收敛，在平衡增长路径上，每个变量的增长率都是常数。

（三）储蓄率的影响（基于平衡增长路径）

1. 储蓄率提高对产出的影响

储蓄率增加使得实际投资线向上移动，因而 k^* 上升，见图 4-3。但 k 不会从 k_{Old}^* 立即跳跃到 k_{New}^* 上，这时，实际投资大于持平投资，更多的资源投入，k 开始上升并持续上升，直至达到 k_{New}^*，并保持不变。

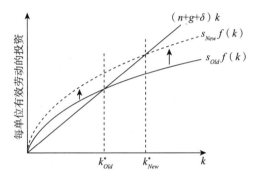

图 4-3　用于投资的储蓄率增加的效应

在储蓄率开始增加的时刻 t_0，由于 s 的跳跃，实际投资大于持平投资，$\dot{k}$ 由 0 跳跃到一个正值，随 k 逐渐增加从 k_{Old}^* 到 k_{New}^*，$\dot{k}$ 逐渐回到 0 值。

由于人均产出 $Y/L = Zf(k)$，当 k 不变时，Y/L 以 Z 的增长率增长，当 k 增加时，Y/L 的增长将大于 Z 的增长，然而随 k 逐渐增加从 k_{Old}^* 到 k_{New}^*，Y/L 的增长率逐渐恢复到 Z 的增长率。每个工人的平均产出在 t_0 以前是按照增长率 g 增长，增长率 g 在 t_0 的跳跃使每个工人的平均产出开始上升，并且高于其在平衡路径上的水平，并逐渐趋近一个较高的路径上——与第一个路径平行，见图 4-4。

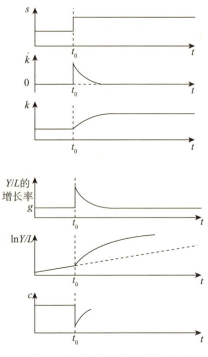

图 4 - 4　储蓄率增长的效应

可见，储蓄率的变化具有水平效应，但不具有增长效应：它改变了经济的平衡增长路径，因而也改变了每个工人的产出水平。但这并不影响平衡路径上每个工人的平均产出增长率。的确，在索罗模型中，只有技术进步的增长率变化具有增长效应，所有其他变化只产生水平效应。

2. 储蓄率提高对消费的影响

在均衡增长路径上，实际投资等于持平投资，故：

$$c^* = f(k^*) - (\delta + n + g)k^* \qquad (4-2)$$

单位有效劳动消费 c^* 等于单位有效劳动产出 $f(k^*)$ 减去

单位有效劳动投资 $sf(k^*)$。k^* 由 s 以及模型的其他参数 n, g, δ 决定，上式两边对 s 求导得：

$$\frac{\partial c^*}{\partial s} = [f'(k^*(s,n,g,\delta)) - (\delta + n + g)] \frac{\partial k^*(s,n,g,\delta)}{\partial s} \quad (4-3)$$

前面的分析可知 s 的增加提高 k^*，上式表明 s 的增加是否在长期提高消费，还取决于资本的边际产品 $f'(k^*)$ 是否大于 $n + g + \delta$。

$f'(k^*)$ 可以大于或者小于 $n + g + \delta$，如图 4-5 所示。在平衡增长路径上，消费等于产出减去持平投资 [见式 (4-2)]。因此，在 $k = k^*$ 处，c^* 等于 $f(k)$ 与 $(n + g + \delta)k$ 之间的距离。图 4-5 显示了在 s 取三种不同的值（对应三个不同值的 k^*）决定的 c^*。最上面的图，s 较大，k^* 也较大，$f'(k^*)$ 小于 $n + g + \delta$，储蓄率增加在长期会降低消费，甚至当到达新的平衡增长路径上时。中间的图，s 较小，k^* 也较小，$f'(k^*)$ 大于 $n + g + \delta$，s 的增加在长期会提高消费。最下面的图，s 所在的位置 $f'(k^*)$ 等于 $n + g + \delta$，即在 $k = k^*$ 处，$f(k)$ 的斜率与 $(n + g + \delta)k$ 平行，这时 s 的变化在长期对消费没有影响，消费处于平衡增长路径上的最大可能水平，k^* 被称为资本存量的黄金率水平（golden-rule level）。

索罗模型表明，长期内，一个国家的生活水平取决于：与储蓄率正相关，与人口增长负相关。储蓄率的增长会导致：长期内更高的产出，短期更快的增长，但不会影响稳态增长速度。

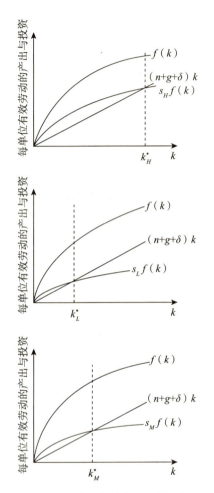

图4-5 平衡路径上的产出、投资与消费

（四）基本结论

●无论从任何一点出发，经济向平衡增长路径收敛，在平衡增长路径上，每个变量的增长率都是常数。

●在其他外生变量相似的条件下，人均资本低的经济有更快的人均资本的提高，人均收入低的经济有更高的增长率。

• 人均产出（Y/L）的增长来源于人均资本存量和技术进步，但只有技术进步才能够导致人均产出的永久性增长。

• 通过调节储蓄率可以实现人均最优消费和最优资本存量的"黄金律"增长。

• 储蓄率的变化只会暂时性地影响增长率，而不会永久性地影响；储蓄率的显著变化对平衡增长路径上的产出变化只有较小的影响，且作用缓慢。

索罗模型最核心的结论：技术进步是经济长期增长的唯一源泉。

二、拉姆齐模型

在索罗模型中，储蓄率 s 被假定为外生参数，储蓄率的变动将影响稳态的人均消费和动态的人均消费水平，见图 4 - 6。当 $s > s_{Gold}$ 时，与最优储蓄（相对应于最优资本存量和最优消费）相比会出现"过度储蓄"（即"过度积累"）的情况，而一个高于黄金率的储蓄率被证明是动态无效的。当 $s < s_{Gold}$ 时，只有在给定当前消费与未来消费之间的权衡参数的条件下，才能判断增加储蓄率的合理性。

那么，储蓄率是如何决定的？拉姆齐模型引入动态代理人分析框架，用消费者（家庭）行为来分析跨期预算约束条件下的消费和储蓄选择，从而将储蓄率的决定过程内生化。

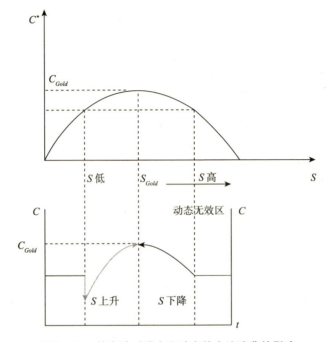

图4-6 s的变动对稳态和动态的人均消费的影响

（一）模型假定

1. 完全竞争市场结构

2. 长生不老的不断扩展的家庭（有限寿命的个人和基于利他主义的代际转让）

3. 家庭和个人完全同质

4. 忽略资本的折旧

5. 暂不考虑政府行为

在一个简单经济中，家庭与厂商之间的关系是：家庭租让资本，获取利息，厂商租用资本，支付利息；家庭提供劳动，赚取工资，厂商雇佣劳动，支付工资；家庭购买产品，进行消费，厂商销售产品，获得利润。

（二）厂商行为方程

沿用新古典生产函数 $Y = F(K, ZL)$

根据欧拉定理[1]，

$$Y = \frac{\partial Y}{\partial K} K + \frac{\partial Y}{\partial (ZL)} ZL \qquad (4-4)$$

其中，资本的边际产品（真实利率）为：

$$\frac{\partial Y}{\partial K} = f'(k) = r \qquad (4-5)$$

有效劳动的边际产品（工资率）为：

$$\frac{\partial Y}{\partial (ZL)} = f(k) - kf'(k) = w \qquad (4-6)$$

（三）家庭行为方程

假定家庭总人口为 L，以速率 n 增长，$L(t) = L(0)e^{nt}$；家庭的个数为 H，每个家庭有 L/H 个人；每个家庭成员在每一时点上提供 1 单位劳动；资本最初存量为 $K(0)$，每个家庭初始资本存量为 $K(0)/H$。

定义家庭效用函数（也称作"幸福函数"）为：

$$U = \int_{t=0}^{\infty} e^{-\rho t} u[C(t)] \frac{L(t)}{H} dt = \int_{t=0}^{\infty} e^{-(\rho-n)t} u[C(t)] \frac{L(0)}{H} dt \qquad (4-7)$$

其中，$C(t)$ 为每个家庭成员的消费，$u(\cdot)$ 为即期效用函数，ρ 为贴现率（ρ 越大，表明与现期消费相比，远期消费的价值就越低）。

注意：$e^{-\rho t} u[C(t)]$ 表示将第 t 期的消费的效用按照 ρ 贴现到第 0 期，即 $u[C(t)] = \lim_{t \to \infty} u[C(0)](1+\rho)^t = u[C(0)]e^{\rho t}$。

---

〔1〕 在西方经济学中，欧拉定理又称为产量分配净尽定理，指在完全竞争的条件下，假设长期中规模收益不变，则全部产品正好足够分配给各个要素。

选择即期效用函数的形式为：

$$u[C(t)] = \frac{C(t)^{1-\theta}}{1-\theta}, \theta > 0, \rho - n - (1-\theta)g > 0 \qquad (4-8)$$

该函数具有以下四个特点：

（1）边际效用弹性不变，为 $-\theta$。

定义边际效用弹性 $\xi = -\frac{du'}{dC}\frac{C}{u'} = -\frac{u''C}{u'} = -\theta$。

（2）跨期替代弹性不变，为 $1/\theta$（证明见本讲附录），表示相对风险回避系数不变。常数替代弹性意味着与 C 无关，因此在消费选择上没有不确定性。但 θ 决定了家庭在不同时期转换消费的愿望，θ 越小，家庭越愿意接受消费较大的波动。

（3）边际效用 $u'(C)$ 为正；当 $\theta < 1$ 时，边际效用随 C 增加而增加，当 $\theta > 1$ 时，边际效用随 C 增加而减少。

（4）$\rho - n - (1-\theta)g > 0$ 是为保证效用不发散（受到约束）。

第一，考虑劳动增进型的技术进步，并定义每单位有效劳动的平均消费为 $c(t)$，有：

$$Z(t) = Z(0)e^{gt}$$
$$C(t) = Z(t)c(t)$$

［注意：家庭总消费 $C(t)L(t)/H = c(t)Z(t)L(t)/H$］

代入即期效用函数得：

$$u[C(t)] = \frac{C(t)^{1-\theta}}{1-\theta} = \frac{[Z(t)c(t)]^{1-\theta}}{1-\theta}$$

$$= \frac{[Z(0)e^{gt}]^{1-\theta}c(t)^{1-\theta}}{1-\theta} = [Z(0)]^{1-\theta}e^{(1-\theta)gt}\frac{c(t)^{1-\theta}}{1-\theta} \qquad (4-9)$$

再代入家庭效用函数，得：

$$U = \int_{t=0}^{\infty} e^{-\rho t}u[C(t)]\frac{L(t)}{H}dt = \int_{t=0}^{\infty} e^{-(\rho-n)t}u[C(t)]\frac{L(0)}{H}dt$$

$$= \int_{t=0}^{\infty} e^{-(\rho-n)t}\left\{[Z(0)]^{1-\theta}e^{(1-\theta)gt}\frac{c(t)^{1-\theta}}{1-\theta}\right\}\frac{L(0)}{H}dt$$

$$= \left[Z(0) \right]^{1-\theta} \frac{L(0)}{H} \int_{t=o}^{\infty} e^{-(\rho-n)t} e^{(1-\theta)gt} \frac{c(t)^{1-\theta}}{1-\theta} dt$$

$$= \left[Z(0) \right]^{1-\theta} \frac{L(0)}{H} \int_{t=o}^{\infty} e^{-\left[(\rho-n)-(1-\theta)\right]gt} \frac{c(t)^{1-\theta}}{1-\theta} dt$$

$$= B \int_{t=o}^{\infty} e^{-\beta t} \frac{c(t)^{1-\theta}}{1-\theta} dt \qquad (4-10)$$

其中，$B \equiv \left[Z(0) \right]^{1-\theta} \frac{L(0)}{H}$，$\beta \equiv \rho - n - (1-\theta)g > 0$（收敛条件）。

家庭面临的预算约束：其一生消费的现值不能超过其初始财富加上一生的收入（利息 r 和工资 w，均为外生变量）。

定义 $R = \int_{\tau=o}^{t} r(\tau)d\tau$，因此在 0 期投资的 1 单位产品，在 t 期产生 $e^{R(t)}$ 单位的产品，它说明在期间 $[0, t]$ 上连续以复利计算利息的结果。$e^{-R(t)}$ 为现值因子。当 r 不变为 $\bar{r}$ 时，则 $R = \bar{r}t$。

家庭 t 期的劳动收入为 $w(t)Z(t)L(t)/H$，消费支出是 $C(t)L(t)/H$，则家庭的跨期预算约束为：

$$\int_{t=0}^{\infty} e^{-R(t)} C(t) \frac{L(t)}{H} dt \leqslant \frac{K(0)}{H} + \int_{t=0}^{\infty} e^{-R(t)} Z(t)w(t) \frac{L(t)}{H} dt \qquad (4-11)$$

第二，考虑劳动增进型的技术进步，并定义每单位有效劳动的平均消费为 $c(t)$ 和每单位有效劳动的初始平均资本 $k(0)$，类似的有：

$$Z(t) = Z(0)e^{gt}$$

$$C(t) = Z(t)c(t)$$

$$K(0) = k(0)Z(0)L(0)$$

代入（4-11）得：

$$\int_{t=0}^{\infty} e^{-R(t)} c(t) \frac{Z(t)L(t)}{H} dt \leqslant k(0) \frac{Z(0)L(0)}{H} + \int_{t=0}^{\infty} e^{-R(t)} w(t) \frac{Z(t)L(t)}{H} dt$$

$$(4-12)$$

再考虑有效劳动的增长，$Z(t)L(t) = Z(0)L(0)e^{(n+g)t}$，

代入（4-12），并在两边消去 $Z(0)L(0)/H$，得：

$$\int_{t=0}^{\infty} e^{-R(t)}c(t)e^{(n+g)t}dt \leq k(0) + \int_{t=0}^{\infty} e^{-R(t)}e^{(n+g)t}w(t)dt \quad (4-13)$$

利用家庭资本持有量的极限形式来表示预算约束（等价命题）。

已知

$$\frac{K(0)}{H} + \int_{t=0}^{\infty} e^{-R(t)}Z(t)w(t)\frac{L(t)}{H}dt - \int_{t=0}^{\infty} e^{-R(t)}C(t)\frac{L(t)}{H}dt \geq 0 \text{ ，}$$

故

$$\frac{K(0)}{H} + \int_{t=0}^{\infty} e^{-R(t)}[w(t)-c(t)]Z(t)\frac{L(t)}{H}dt \geq 0$$

将积分改写成为极限形式，有：

$$\lim_{v\to\infty}\{\frac{K(0)}{H} + \int_{t=0}^{v} e^{-R(t)}[w(t)-c(t)]Z(t)\frac{L(t)}{H}dt\} \geq 0 \quad (4-14)$$

定义第 v 期的家庭资本持有量的总和为：

$$\frac{K(v)}{H} = e^{R(v)}\frac{K(0)}{H} + \int_{t=0}^{v} e^{R(v)-R(t)}[w(t)-c(t)]Z(t)\frac{L(t)}{H}dt$$

$$(4-15)$$

式（4-15）右边第一项表示第 v 期的初始资本存量的贡献（非负），第二项表示两期之间的储蓄贡献（可正可负）。

整理有：

$$\frac{K(v)}{H} = e^{R(v)}\{\frac{K(0)}{H} + \int_{t=0}^{v} e^{-R(t)}[w(t)-c(t)]Z(t)\frac{L(t)}{H}dt\}$$

$$\frac{K(0)}{H} + \int_{t=0}^{v} e^{-R(t)}[w(t)-c(t)]Z(t)\frac{L(t)}{H}dt = e^{-R(v)}\frac{K(v)}{H}$$

代入极限形式的预算约束式（4-14）得：

$\lim_{v\to\infty} e^{-R(v)}\frac{K(v)}{H} \geq 0$，表示家庭持有资产的现值的极限为

非负。

由于 $K(v) = e^{(n+g)v}k(v)$

因此, $\lim_{v \to \infty} e^{-R(v)} e^{(n+g)v} k(v) \geqslant 0$

根据前面的推导已知家庭的最大化目标函数（幸福函数）：

$$U = B \int_{t=o}^{\infty} e^{-\beta t} \frac{c(t)^{1-\theta}}{1-\theta} dt$$

跨期预算约束：

$$\int_{t=0}^{\infty} e^{-R(t)} c(t) e^{(n+g)t} dt \leqslant k(0) + \int_{t=0}^{\infty} e^{-R(t)} e^{(n+g)t} w(t) dt$$

（均从有效劳动的人均情况来考虑）

因此可以构造拉格朗日函数：

$$\Omega = B \int_{t=o}^{\infty} e^{-\beta t} \frac{c(t)^{1-\theta}}{1-\theta} dt + \lambda \big[k(0) + \int_{t=0}^{\infty} e^{-R(t)} e^{(n+g)t} w(t) dt$$

$$- \int_{t=0}^{\infty} e^{-R(t)} c(t) e^{(n+g)t} dt \big]$$

求解最优的 $c(t)$ 使 Ω 最大，对 $c(t)$ 求导数，得到一阶条件为：

$$B e^{-\beta t} c(t)^{-\theta} = \lambda e^{-R(t)} e^{(n+g)t}$$

两边取对数得：

$$\ln B - \beta t - \theta \ln c(t) = \ln \lambda - R(t) + (n+g)t$$

两边再对 t 求导数，有：

$$-\beta - \theta \frac{\dot{c}(t)}{c(t)} = -r(t) + (n+g)$$

因此，

$$\frac{\dot{c}(t)}{c(t)} = \frac{-r(t) - n - g - \beta}{\theta} = \frac{-r(t) - n - g - [\rho - n - (1-\theta)g]}{\theta}$$

$$= \frac{r(t) - \rho - \theta g}{\theta} \tag{4-16}$$

这就是描述 c 调整路径的"欧拉方程",它表明家庭可以在不改变一生支出的现值的情况下通过调整其消费增加一生的效用。

对欧拉方程的理解:

$$\frac{\dot{c}(t)}{c(t)} = \frac{r(t) - \rho - \theta g}{\theta} = \frac{r(t) - \rho}{\theta} - g$$

$$\frac{\dot{c}(t)}{c(t)} + g = \frac{\dot{c}(t)}{c(t)} + \frac{\dot{Z}(t)}{Z(t)} = \frac{r(t) - \rho}{\theta}$$

已知, $C(t) = c(t)Z(t)$

则 $\dfrac{\dot{C}(t)}{C(t)} = \dfrac{\dot{c}(t)}{c(t)} + \dfrac{\dot{Z}(t)}{Z(t)} = \dfrac{r(t) - \rho}{\theta}$

因此, 当 $r(t) > \rho$ 时, $\dot{C}(t) > 0$; 当 $r(t) < \rho$ 时, $\dot{C}(t) < 0$; θ 越小, C 的变化率越大。

(四) 稳态均衡

1. k 的动态学 (k 的微分方程)

与索罗模型一样, k 的稳态的条件是实际投资等于持平投资。实际投资为 $f(k) - c$, 持平投资为 $(n+g)k$ (没有考虑折旧)。因此,

$$\frac{\dot{k}}{k} = f(k) - c - (n+g)k$$

当 $\dot{k} = 0$ 时, $c = f(k) - (n+g)k$

根据黄金律规则, 当 $f'(k_{Gold}) = (n+g)$ 时, c 最大, c 随着 k 的增加, 先增加后下降。

再考虑非稳态的情况, 当 c 超过使 $\dot{k} = 0$ 时的水平时, $\dot{k} < 0$; 当 c 低于使 $\dot{k} = 0$ 时的水平时, $\dot{k} > 0$, 见图 4-7。

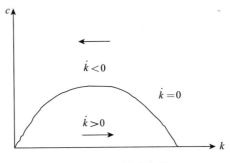

图 4 - 7　k 的动态学

2. c 的动态学（c 的微分方程）

将 $r(t) = f'[k(t)]$ 代入欧拉方程，得：

$$\frac{\dot{c}(t)}{c(t)} = \frac{f'k[(t)] - \rho - \theta g}{\theta}$$

当 $\dot{c}(t) = 0$ 时，$f'[k^*(t)] = \rho + \theta g$

再考虑非稳态的情况，当 $k > k^*$ 时，$f'[k(t)] < \rho + \theta g$，则 $\dot{c}(t) < 0$；

当 $k < k^*$ 时，$f'[k(t)] > \rho + \theta g$，则 $\dot{c}(t) > 0$，见图 4 - 8。

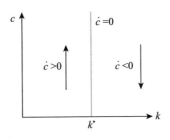

图 4 - 8　c 的动态学

3. k 和 c 的动态学（由 k 和 c 的微分方程组和横截面条件共同构成）

综合图 4 - 7 和 4 - 8，得到图 4 - 9 所示的相位图：

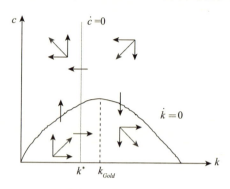

图 4 - 9 k 和 c 的动态学

图中 $k^* < k_{Gold}$ 是因为：$f'(k_{Gold}) = (n + g)$，$f'[k^*(t)] = \rho + \theta g$，而收敛条件 $\rho - n - (1 - \theta)g > 0$，故 $f'(k_{Gold}) < f'[k^*(t)]$，因此 $k^* < k_{Gold}$。

在拉姆齐模型中，人均资本存量 k 收敛于 k^*，且低于索罗模型中的黄金资本存量 k^*，因此 k^* 被称作"修正的黄金资本存量"。通过相位图可以证明当 $k(0) > k_{Gold}$ 时，追求跨期最优化的家庭将降低储蓄，使 k 收敛于 k^*，且 $k^* < k_{Gold}$。因此，拉姆齐模型表明在索罗模型中高于黄金资本存量的平衡增长路径是不可能的。

4. 鞍点路径（或稳定臂）

根据相位图描绘在 (c, k) 空间上从初始值 (c_0, k_0) 的动态调整轨迹，然后在动态轨迹中排除会使最终资本存量为负和超过资本黄金存量的轨迹，得到鞍点路径（或稳定臂）。因为：最终资本存量必须为正；超过资本黄金存量会使 $e^{-R(v)}e^{(n+g)v}k(v)$ 发散，即家庭收入的现值无穷大于消费的现值，这与家庭效用最大化的

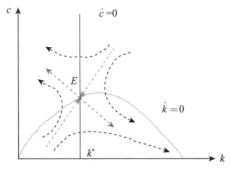

图 4 - 10 鞍点路径

目标不一致。

因此,鞍点路径满足家庭的跨期消费最优化、资本存量的稳态、资本存量非负和家庭预算约束的要求。对于任意 k_0,c_0 必须等于鞍点路径上的相应值,并沿着鞍点路径收敛到均衡点 E。

(五) 平衡增长路径

均衡点 $E(c^*, k^*)$ 的解为:

$$f'(k^*) = \rho + \theta g$$

$$c^* = f(k^*) - (n + g)k^*$$

因此,模型中的各个变量的长期变动如表 4 - 1。

表 4 - 1 平衡增长路径各个变量的长期变动

	变量	含义	平衡增长速度	备注证明
绝对量	K	资本存量	$n + g$	$k = K/ZL$
	L	劳动力	n	
	Z	知识或技术	g	
	ZL	有效劳动	$n + g$	
	Y	总产出	$n + g$	$F(\gamma K, \gamma ZL)$ $= \gamma F(K, ZL)$

	变量	含义	平衡增长速度	备注证明
	C	总消费	$n+g$	$C = ZLc$
相对量	k (Y/ZL)	有效劳动的平均资本	0	$k = k^*$
	K/L	人均资本	g	
	y (Y/ZL)	有效劳动的人均产出	0	$y = f$ (k) $= Y/ZL$
	Y/L	人均产出	g	
	c (Y/ZL)	有效劳动的人均消费	0	$c = c^*$
	C/L	人均消费	g	
	K/Y	资本产出比	0	
	s	储蓄率	0	$s = $ ($y-c$) $/y$

结论：将储蓄率内生化并没有改变索罗模型中关于平衡增长路径的描述。因此，索罗模型关于经济增长的驱动力的解释不依赖于储蓄率为常数的假定。即使储蓄率是内生的，外生的技术进步依然是人均产出持续增长的唯一根源。

经济不收敛于产生最大 c（即 c_{Gold}）的平衡增长路径，而是收敛于一个较低水平的 c^*。因为 $c^* < c_{Gold}$ 的前提是 $\rho - n - (1 - \theta)g > 0$，它表明贴现率较高，家庭和个人更重视现期消费，而不是未来消费。

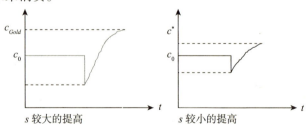

图 4-11　在索罗模型中当 s 低于 s_{Gold} 时提高 s 的影响

（六）比较静态和动态转移：贴现率的变动

贴现率 ρ 变动的含义：相当于索罗模型中储蓄率的变动。

比较静态：由 c 的稳态条件 $f'(k^*) = \rho + \theta g$ 可知，当贴现率 ρ 下降时，k^* 提高，因此 $c(t) = 0$ 线右移，导致 c 和 k^* 都增加。

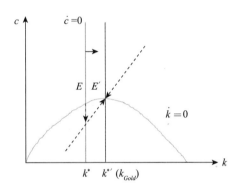

图 4 - 12　贴现率变动的影响

动态转移：k 连续变化，而 c 瞬时变化，均沿鞍点路径收敛于新均衡点 E'。

此外，贴现率下降将可以使人均消费达到黄金律水平的平衡增长。

（七）基本结论

（1）拉姆齐模型没有改变索罗模型关于经济增长平衡路径的基本结论。

（2）索罗模型可以被看作是拉姆齐模型的一个特例，它必须对应于后者特殊的参数和稳态。

（3）拉姆齐模型的特点在于从家庭和个人的跨期消费行为的微观基础出发决定稳态的消费（储蓄），从厂商的微观基础出发决定稳态的资本存量，因此 c 和 k 是同时决定的。在这样的过程中，储蓄的决定被内生化了。

（4）拉姆齐模型避免了在索罗模型中的无效过度资本积累。

（5）拉姆齐模型中的任意初始状态不一定收敛到稳态，会存在发散的情况，而索罗模型则不会。

三、戴蒙德模型

（一）模型的基本假设

戴蒙德模型与拉姆齐模型最关键的不同在于，前者中组成经济体的人有新老的交替。因此，在戴蒙德模型中的时间被设为离散的时间段 $t = 0，1，2，……$，每个人都生活在两个时间段，年轻和老年，每人都在前一个时间段挣钱，而在两个时间段消费。设 L_t 为时间段 t 内出生的人数，人口的增长率为 n，即 $L_t = (1 + n) L_{t-1}$。

设 C_{1t} 与 C_{2t} 分别为在时间段 t 内年轻人与年老人的消费。则出生在 t 时间段的某人的效用为：

$$U_t = \frac{C_{1t}^{1-\theta}}{1-\theta} + \frac{1}{1+\rho} \frac{C_{2t+1}^{1-\theta}}{1-\theta}, \theta > 0, \rho > -1$$

其他假设有：

$$Y_t = F[K_t, L_t Z_t], Z_t = (1+g) Z_{t-1}, r_t = f'(k_t), w_t = f(k_t) - k_t f'(k_t)$$

每人在其生命的第一阶段挣钱并消费，在第二阶段消费其前一阶段剩余的财富及财富所得的利息。

（二）家庭行为方程

出生于 t 时间的人的第二阶段的消费为：

$$C_{2t+1} = (1 + r_{t+1})(w_t Z_t - C_{1t}) \tag{4-17}$$

r 为利率，ρ 为贴现率，将式（4-17）整理得：

$$C_{1t} + \frac{1}{1+r_{t+1}}C_{2t+1} = Z_t w_t \qquad (4-18)$$

家庭即在满足该约束条件下以求得两期效用贴现和的最大化。可以通过求解拉格朗日函数来解决：

$$L = \frac{C_{1t}^{1-\theta}}{1-\theta} + \frac{1}{1+\rho}\frac{C_{2t+1}^{1-\theta}}{1-\theta} + \lambda\left[Z_t w_t - \left(C_{1t} + \frac{1}{1+r_{t+1}}C_{2t+1}\right)\right]$$

一阶条件为：

$$\frac{\partial L}{\partial C_{1t}} = 0 \Rightarrow C_{1t}^{-\theta} = \lambda$$

$$\frac{\partial L}{\partial C_{2t+1}} = 0 \Rightarrow \frac{1}{1+\rho}C_{2t+1}^{-\theta} = \frac{1}{1+r_{t+1}}\lambda$$

从而可以解得：

$$\frac{C_{2t}}{C_{1t}} = \left(\frac{1+r_{t+1}}{1+\rho}\right)^{1/\theta} \qquad (4-19)$$

将（4-19）式代入（4-18）式可得：

$$C_{1t} = \frac{(1+\rho)^{1/\theta}}{(1+\rho)^{1/\theta} + (1+r_{t+1})^{(1-\theta)/\theta}}Z_t w_t \qquad (4-20)$$

从而可以得到储蓄占收入的比例为：

$$s_r = \frac{(1+r)^{1-\theta}/\theta}{(1+\rho)^{1/\theta} + (1+r)^{1-\theta}/\theta} \qquad (4-21)$$

将式（4-21）代入式（4-20）得：

$$C_{1t} = [1 - s(r_{t+1})]Z_t w_t \qquad (4-22)$$

有关储蓄率的经济含义：

由于 $\frac{d}{dr}[(1+r)^{(1-\theta)/\theta}] = [(1-\theta)/\theta](1+r)^{(1-2\theta)/\theta}$，根据表达式（4-21）可得，若 $\theta > 1$，s 是关于 r 的减函数；若 $\theta < 1$，s 是关于 r 的增函数。

事实上，r 的增加存在收入和替代两种效应。一方面，r 的增加会减少第二期消费成本，从而使消费者增加储蓄，把消费从第一期转移到第二期，这就是替代效应；另一方面，r 的增加会增加收入，从而增加可行的消费量，可使两个时期的消费都增加，这就是利率的收入效应。

当 θ 较低时，即个人更愿意在两期间进行消费替代以利用收益率的刺激，替代效应占优；当 θ 较高时，即个人较偏好两期相似消费，收入效应占优；当 $\theta = 1$ 时[1]（对数效用），两种效应是平衡的，年轻人的储蓄率独立于 r 之外。

（三）厂商行为方程

假定经济中存在许多厂商，每一个厂商的生产函数 $Y_t = F[K_t, L_t Z_t]$ 具有不变的规模收益并满足稻田条件[2]。市场是竞争性的，劳动和资本获得其边际产品，厂商获得零利润。假定所有的老年人都拥有相同的初始资本存量 k_0。

在 0 时期，老年人拥有的资本和年轻人拥有的劳动结合生产产出。老年人消费其资本收入和既有的财富，然后死亡并推出模式。年轻人将其劳动收入 w_t 分为消费和储蓄，并将储蓄保持到下一期，作为下一期的资本存量，这一资本存量与下一期年轻人的劳动结合，生产过程如此不断延续。

---

〔1〕 按照一般惯例，设定效用函数具有形式 $u(c) = \dfrac{c^{1-\theta}-1}{1-\theta}$，其替代弹性为 $1/\theta$。按照洛必达法则，当 $\theta \to 1$ 时，有 $\lim\limits_{\theta \to 1} u(c) \xrightarrow{x = 1-\theta} \lim\limits_{x \to 0} \dfrac{c^x - 1}{x} = \lim\limits_{x \to 0} c^x \ln c = \ln c$，在一般使用中常将效用函数后项 $\dfrac{1}{1-\theta}$ 忽略，因为不影响后面的分析结果。

〔2〕 稻田条件指某种新古典生产函数，满足：$f(0) = 0$，一阶导数大于 0，二阶导数小于 0，另外，当生产要素投入趋于 0 时，一阶导数的极限无穷大，当生产要素的投入趋于无穷大时，一阶导数的极限等于 0。其经济含义为资本的边际产量具有递减规律，它保证了经济路径不发散。对经济均衡的存在和稳定性至关重要。

（四）经济体的动态方程

1. k 的变动过程

$t+1$ 期的资本存量就是 t 期的年轻人的储蓄额：

$$K_{t+1} = s(r_{t+1})L_t Z_t w_t$$

将上式两边同除以 $L_{t+1}Z_{t+1}$ 得：

$$k_{t+1} = \frac{1}{(1+n)(1+g)}s(r_{t+1})w_t$$

将利率和工资表达式代入上式可得到：

$$k_{t+1} = \frac{1}{(1+n)(1+g)}s(f'(k_{t+1}))[f(k_t) - k_t f'(k_t)]$$

上述方程隐含定义 k_{t+1} 为 k_t 的函数，因此也决定了在给定初始值时 k 的长期变化。我们可以把它看作为储蓄轨迹。从上式可以得到：

$$dk_{t+1}/dk_t = -s(r_{t+1})k_t f''(k_t)/\{(1+n)(1+g)$$
$$- s'(r_{t+1})f''(k_{t+1})[f(k_t) - k_t f'(k_t)]\}$$

假设储蓄轨迹存在一个均衡值 k^*，在该均衡点将 k_{t+1} 关于 k_t 的函数线性化，即：

$$k_{t+1} - k^* \approx (dk_{t+1}/dk_t)(k_t - k^*)$$，可知仅当 $|(dk_{t+1}/dk_t)| < 1$ 时是局部稳定的。

2. 一个特例：对数效用函数与柯布－道格拉斯生产函数

设：$\theta = 1$，根据式（4-21）得 $s(r) = s = \dfrac{1}{2+\rho}$，

设：$f(k) = k^{\alpha}$，则 $w = (1-\alpha)k^{\alpha}$

则 $k_{t+1} = \dfrac{1}{(1+n)(1+g)}\dfrac{1}{2+\rho}(1-\alpha)k_t^{\alpha}$

此时，$\dfrac{dk_{t+1}}{dk_t} = \dfrac{1}{(1+g)(1+n)}\dfrac{1}{2+\rho}(1-\alpha)\alpha k_t^{\alpha-1}$

由于 $\alpha < 1$，$\dfrac{dk_{t+1}}{dk_t}$ 随 k_t 增加而递减，当 $k_t \to 0$ 时，$\dfrac{dk_{t+1}}{dk_t} \to \infty$；

当 $k_t \to \infty$ 时，$\dfrac{dk_{t+1}}{dk_t} \to 0$，保证了稳态的实现。

稳态值为 $k^* = \left[\dfrac{1}{(1+g)(1+n)} \dfrac{1}{2+\rho}(1-\alpha) \right]^{1/(1-\alpha)}$

此时，$\dfrac{dk_{t+1}}{dk_t} = \dfrac{1}{(1+g)(1+n)} \dfrac{1}{2+\rho}(1-\alpha)\alpha$

$\left[\dfrac{1}{(1+g)(1+n)} \dfrac{1}{2+\rho}(1-\alpha) \right]^{(\alpha-1)/(1-\alpha)} = \alpha < 1$

保证了稳态的唯一、稳定且非振荡。

在此简化条件下，经济体动态可由图 4 - 13 表示：

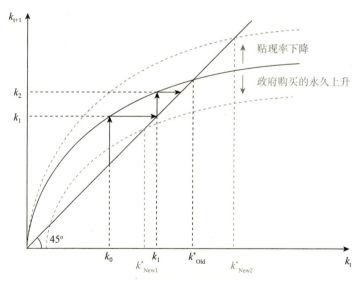

图 4 - 13　经济体动态调整过程

戴蒙德模型中贴现率下降的影响与拉姆齐模型中贴现率下降的影响相似，也与索罗模型储蓄率上升的影响相似。贴现率 ρ

的下降使每个工人平均资本和每个工人平均产量随时间的路径永久性地上移，但对这些变量的增长率却只造成暂时性的增加。

3. 市场经济中的动态无效率

对于以上特例，平衡增长路径上的稳态值为（为简化讨论假定 $g=0$）：

$$k^* = \left[\frac{1}{1+n} \frac{1}{2+\rho} (1-\alpha) \right]^{1/(1-\alpha)}$$

资本的边际产品为：

$$f'(k^*) = \frac{\alpha}{1-\alpha}(1+n)(2+\rho)$$

由于黄金律的资本存量由 $f'(k_{Gold}) = n$，当 α 足够小，则可能出现 $f'(k^*) < f'(k_{Gold})$，从而有 $k^* > k_{Gold}$。这种经济被视为是动态无效率的，因为存在过度的资本积累，这种经济不是帕累托最优：消费者可以通过减少资本积累来改善每个人的福利。$k^* > k_{Gold}$ 时动态无效率说明：

设想在一个戴蒙德经济中引入社会计划者，该经济处于某一 $k^* > k_{Gold}$ 的平衡增长路径上，此时每个工人平均产量中用于消费的数量为 $f(k^*) - nk^*$。

假定在 t_0 期社会计划者将工人的平均资本存量减少到 k_{Gold}，此时工人可用于消费的资源变为：$f(k^*) + (k^* - k_{Gold}) - nk_{Gold}$，此时显然有：

$$[f(k^*) + (k^* - k_{Gold}) - nk_{Gold}] - [f(k^*) - nk^*] = (n+1)(k^* - k_{Gold}) > 0$$

在随后的每一期，每个工人平均产量中可用于消费的部分为 $f(k_{Gold}) - nk_{Gold}$，根据黄金律定律，有：$f(k_{Gold}) - nk_{Gold} > f(k^*) - nk^*$

即这一调整可以使得工人每一期有更多的资源消费，因此，戴蒙德模型的均衡可以是帕累托无效率的。

当然，对于通常的参数值 $n = 2\%$、$g = 1\%$、$\rho = 4\%$，那么只有在 $\alpha < 0.019$，才会发生无效过度积累。

（五）戴蒙德模型中的政府行为

1. 政府购买的影响

假定 G_t 为 t 期每单位有效劳动的平均政府购买，并假定政府是通过向年轻人征收一次性税收来为这些购买融资。则工人在 t 期的税后收入就是 $(1 - \alpha) k_t^\alpha - G_t$，而非 $(1 - \alpha) k_t^\alpha$，k 的运动方程则为：$k_{t+1} = \dfrac{1}{(1 + n)(1 + g)} \dfrac{1}{2 + \rho} [(1 - \alpha) k_t^\alpha + G_t]$。因此，对于给定的 k_t，G_t 高则 k_{t+1} 低，见图 4 – 14。

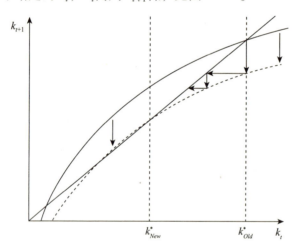

图 4 – 14 政府购买永久性增加的影响

在戴蒙德模型中，高政府购买导致低资本存量和高的均衡利率。

直观地，由于每个个体要生存两期，且仅在第一期征税 T，他们将减少两期的消费，这样他们的储蓄率将下降。

2. 税收与债券融资

如政府同时使用债券和税收融资，则年轻人的储蓄包括资本和债券，即：

$$k_{t+1} + b_{t+1} = \frac{1}{(1+n)(1+g)} \frac{1}{2+\rho} [(1-\alpha)k_t^{\alpha} - T_t]$$

这里 b 为每单位有效劳动的平均债券存量，b_{t+1} 是在 t 期购买的。因此，若要使 b_{t+1} 增加 1 单位，政府在 t 期必须发行的债券量为每单位有效劳动平均 $(1+n)(1+g)$。

从税收融资转向债券融资会降低资本存量：

当政府减税并发行债券，则用于偿还那些债券的税收是对未来世代征收的。那么，生活在现期人的境况变好了，因此会增加当前的消费。

$$k_{t+1,New} = \frac{1}{(1+n)(1+g)} \frac{1}{2+\rho} [(1-\alpha)k_t^{\alpha} - (T_t - \Delta T)]$$

$$- \left(b_{t+1} + \frac{\Delta T}{(1+n)(1+g)} \right)$$

$$= \frac{1}{(1+n)(1+g)} \frac{1}{2+\rho} [(1-\alpha)k_t^{\alpha} - T_t)] - b_{t+1}$$

$$- \frac{1}{(1+n)(1+g)} \Delta T \left(1 - \frac{1}{2+\rho} \right)$$

$$< \frac{1}{(1+n)(1+g)} \frac{1}{2+\rho} [(1-\alpha)k_t^{\alpha} - T_t)] - b_{t+1}$$

一个应用：

如果 $T = 0$，那么：

$$k_{t+1} + b_{t+1} = \frac{1}{(1+n)(1+g)} \frac{1}{2+\rho} (1-\alpha)k_{Gold}^{a} \equiv \alpha_{Gold}$$

这里 k_{Gold} 是资本的黄金律水平。

那么，通过发行 $a_{Gold} - k_{Gold}$ 债券，政府可以使得平衡增长路径值等于其黄金律值。

（六）利他主义

在实际经济生活中，消费者并不是只关心自己的福利，而不给后代留下遗产。这里假定父母关心他们的子女的福利，并且子女的效用会影响父母的效用。令 t 时期出生的一代人的效用为 $U(t)$，下一代贴现率为 R 则：

$$U(t) = u(C_{1t}) + (1+\rho)^{-1}u(C_{2t+1}) + (1+R)^{-1}U(t+1)$$

如果每一代都关心下一代，反复递归则有：

$$U(t) = \sum_{i=0}^{\infty}(1+R)^{-i}\left[u(C_{1t+i}) + (1+\rho)^{-1}u(C_{2t+i+1})\right]$$

在 t 期出生的这代人的预算约束为（为简化讨论，假定 $g = 0$）：

$$C_{1t} + S_t = w_t + B_t$$
$$C_{2t+1} + (1+n)B_{t+1} = (1+r_{t+1})S_t$$

其中 B_t 代表的是 t 期得到的遗产，且非负，n 为人口增长率，S_t 为 t 期储蓄。

竞争性厂商行为：

$$r_t = f'(k_t), w_t = f(k_t) - k_tf'(k_t)$$

不考虑折旧，资本积累方程为：

$$K_{t+1} - K_t = F(K_t, L_t) - L_tC_{1t} - L_{t-1}C_{2t}$$

两边同除以 L_t，整理得：

$$(1+n)k_{t+1} = f(k_t) + k_t - C_{1t} - (1+n)^{-1}C_{2t}$$

将约束条件代入总效用函数：

$$u(C_{1t}) + (1+\rho)^{-1}u(C_{2t+1}) + (1+R)^{-1}$$
$$\left[u(C_{1t+1}) + (1+\rho)^{-1}u(C_{2t+2})\right] + \cdots\cdots = 0$$

再对 S_t 求导可得：

$$-u'(C_{1t}) + (1+\rho)^{-1}u'(C_{2t+1})(1+r_{t+1}) = 0$$

根据库恩－塔克条件[1]，关于 B_{t+1} 的一阶条件为：

$-(1+n)(1+\rho)^{-1}u'(C_{2t+1})+(1+R)^{-1}u'(C_{1t+1})=0,B_{t+1}>0$

$-(1+n)(1+\rho)^{-1}u'(C_{2t+1})+(1+R)^{-1}u'(C_{1t+1})>0,B_{t+1}=0$

在稳态条件下，$C_{1t+1}=C_{1t}$，从而有：

$$(1+r^*)\leqslant(1+n)(1+R),B=0$$
$$(1+r^*)=(1+n)(1+R),B>0$$

如遗产为正时，稳定条件的资本水平满足 $f'(k)=r\approx n+R$，即满足修正黄金法则水平，相关的贴现率就是父母对子女效用的关心程度，此时的戴蒙德模型就像拉姆齐模型一样。

戴蒙德世代交叠模型考虑到了经济个体的差异性，将其划分成不同的群体纳入分析框架，其分析必然更加贴近现实生活，更容易解释和研究不同年龄段人群的经济行为差异对宏观经济运行产生的影响。尤其要注意到，年龄的差别，以及由此导致的收入水平差异对人们的消费（储蓄）差异的影响是非常大的，因此，相比较于那些假定微观分析个体毫无差异的经济增长模型，世代交叠模型能更精确地解析个人消费、养老安排等微观经济决策问题。现有经济学文献在运用代际模型分析宏观问题时，采用的基本上都是戴蒙德模型的框架。

四、内生增长模型

尽管新古典经济增长理论通过导入外生的技术进步和人口增长率在说明经济持续增长方面取得了一定成就，但并没有能

---

〔1〕 库恩－塔克（kuhn－tucker）条件是非线性规划中求解最优解的一阶必要条件，允许有不等式约束，一般来说，许多优化算法都可以被解释为求解库恩－塔克方程组和不等式的方法。

够从理论上说明持续经济增长的动力问题。内生增长理论是基
于新古典经济增长模型发展起来的，从某种意义上说，内生经
济增长理论的突破在于放松了新古典增长理论的假设并把相关
的变量内生化。下面介绍内生经济增长的两个主要模型。

（一）AK 增长模型

在新古典增长理论的框架中，因为资本的边际生产力递减
规律决定了资本的净增长上限必然为零，所以资本的边际生产
力决定了资本投入量的上限，从而使得均衡增长状态的有效人
均资本的增长也等于零。如果能够避免资本边际生产力递减现
象出现，则有可能使得均衡增长状态的有效人均资本能够持续
增长。AK 增长模型对新古典增长模型的关键修正在于将技术因
子 A 看成是经济的内生变量。生产函数是 AK 函数，则资本的
边际生产力不再具有递减现象。琼斯和马努埃利（1990）[1]、
雷贝洛（1991）[2]论证了规模收益不变的生产技术足以保证经
济实现内生增长。

对于一个具有 AK 生产函数的经济体，个体最大化一生效用
总和的最优规划问题为：

$$\max_{\{C\}_0^\infty} \int_0^\infty u(C)e^{-\rho t}dt \qquad (4-23)$$

$$\text{s. t. } \dot{K} = AK - C \qquad (4-24)$$

令效用函数为常相对风险规避型（Constant Relative Risk A-
version，CRRA）$u(C(t)) = \dfrac{C(t)^{1-\theta}}{1-\theta}; \theta > 0$

〔1〕 Larry E. Jones and Rodolfo Manuelli, "A Convex Model of Equilibrium Growth", NBER Working Papers 3241, *National Bureau of Economic Research*, *Inc.*, 1990.

〔2〕 Sergio T. Rebelo, "Long – Run Policy Analysis and Long – Run Growth", *Journal of Political Economy*, 1991, 99 (3): 500 – 521.

ρ 为贴现率，θ 是相对风险规避系数，定义 $\theta = - Cu''(C) / u'(C)$。

为了简化分析，设人口增长率 n、折旧率 δ 与技术进步率 g 为零。

利用汉密尔顿方程一阶条件，$\dfrac{\partial H}{\partial C} = 0$ 和 $\dfrac{\partial H}{\partial K} = - \dot{\lambda}$ 可求得：

$$\frac{\dot{C}}{C} = \frac{A - \rho}{\theta} \tag{4-25}$$

因为 $f'(K) = A$，资本的边际产品 $r = A$，为常数。依据式（4-25），消费的增长率也是一个常数，这个模型不存在转移动态。

由式（4-24）可以得到稳态增长率：

$$\frac{\dot{K}}{K} = A - \frac{C}{K} \tag{4-26}$$

若稳态时资本增长率为 $\gamma = \dfrac{\dot{K}}{K}$，则：

$$\frac{C}{K} = A - \gamma \tag{4-27}$$

这一模型的储蓄率为：

$$\frac{S}{AK} = (AK - C)/AK$$

$$= 1 - A^{-1}(C/K)$$

$$= \gamma/A \tag{4-28}$$

$$\gamma = A(S/AK) \tag{4-29}$$

可见，稳态资本增长率直接成比例于储蓄率。

容易证明：$\dfrac{\dot{Y}}{Y} = \dfrac{\dot{K}}{K} = \dfrac{\dot{C}}{C} = \dfrac{A - \rho}{\theta}$ $\tag{4-30}$

这意味着，当 $A - \rho > 0$ 时，即使没有外生给定的技术进步，经济也可以实现长期增长。

AK 增长模型的结论：（1）资本边际产品 A 上升，将引起经济增长率的永久性上升，同理，时间偏好参数和风险规避参数的下降也将提高一国经济的长期增长率。参数变动具有长期增长效应。（2）经济增长没有转移动态，一旦增长持续增长，一旦衰退持续衰退。这样一来无法解释收敛，反而意味着不同经济体收入水平将出现发散。

AK 模型揭示了放弃资本收益递减规律如何能够导致内生增长，有助于理解各国收入水平和增长率的巨大差异，但不能解释条件收敛。该模型存在明显的缺陷：一是不能预测绝对收敛或条件收敛，而条件收敛显然是一条经验规律。如果将 K 仅视为物质资本，那么 AK 生产函数显然不符合经验规律。不过，如果将 K 理解为包括人力资本在内的广义资本概念，该生产函数也还大致说得过去。二是 AK 模型直接放弃资本边际收益递减规律似乎过于突兀。不过，内生增长模型在很大程度上可以归结为 AK 模型的形式：在这些模型中，虽然在个体水平上存在收益递减，但由于外部性或溢出效应的存在，总量水平上则表现出不变收益或递增收益。AK 模型有助于理解这些更重要的模型。

（二）干中学模型

干中学模型假定知识来源于物质资本投资（Arrow，1962[1]；Romer，1990[2]），存在无成本的知识外溢。也就是说，单个厂商在投资和生产过程中得到的知识马上可以变成社会公共知识

---

〔1〕 Kenneth J. Arrow, "The Eeonomic Implication of Learning by Doing", *Review of Economic Studies*, 1962, 29: 155 – 173.

〔2〕 Paul M. Romer, "Endogenous Technological Change", *Journal of Political Economy*, 1990a, 98: s71 – s102.

的一部分。

产品生产函数采用柯布道格拉斯生产函数：

$$Y(t) = K(t)^{\alpha}[A(t)L(t)]^{1-\alpha} \quad 0 < \alpha < 1 \quad (4-31)$$

各变量定义如下：产量 $Y(t)$、资本的数量 $K(t)$、知识的数量 $A(t)$、劳动的数量 $L(t)$、资本占产出的份额 α。

模型假定劳动、知识和资本三个存量随时间变动。

$$\dot{K}(t) = sY(t) \quad (4-32)$$

$$\frac{\dot{L}(t)}{L(t)} = n$$

s 表示储蓄率，n 表示人口增长率。

当干中学是技术进步之源时，知识积累依赖于传统经济活动产生了多少新知识，依赖于资本的数量。知识作为资本生产的一种副产品而出现时，由于知识的增加量是资本增加量的函数，所以知识存量也是资本存量的函数。因此有：

$$A(t) = BK(t)^{\varphi} \quad B > 0, \varphi > 0 \quad (4-33)$$

其中 B 为转换系数，φ 表示知识生产函数的规模报酬。将式 (4-33) 带入 (4-31) 得到：

$$Y(t) = K(t)^{\alpha}[BK(t)^{\varphi}]^{1-\alpha}L(t)^{1-\alpha} \quad (4-34)$$

可见资本的贡献大于其传统贡献：增加的资本不仅通过其对生产的直接贡献来提高产量 [方程 (4-34) 中的 $K(t)^{\alpha}$ 项]，而且通过其间接推动新思想发展从而使所有其他资本更有生产力来提高产量 [方程 (4-34) 中的 $K(t)^{\varphi(1-\alpha)}$ 项]。

为分析这一经济的特性，将式 (4-34) 两边求增长率，得到：

$$\frac{\dot{Y}(t)}{Y(t)} = \alpha\frac{\dot{K}(t)}{K(t)} + \varphi(1-\alpha)\frac{\dot{K}(t)}{K(t)} + (1-\alpha)\frac{\dot{L}(t)}{L(t)}$$

$$= [\alpha + \varphi(1-\alpha)]\frac{\dot{K}(t)}{K(t)} + (1-\alpha)n \quad (4-35)$$

定义资本的增长率为 $g_K = \dfrac{\dot{K}(t)}{K(t)}$，则：

$$\frac{\dot{Y}(t)}{Y(t)} = [\alpha + \varphi(1 - \alpha)]g_K + (1 - \alpha)n \qquad (4-36)$$

定义人均产量为 $y(t) = \dfrac{Y(t)}{L(t)}$，有

$$\frac{\dot{y}(t)}{y(t)} = \frac{\dot{Y}(t)}{Y(t)} - \frac{\dot{L}(t)}{L(t)}$$

$$= [\alpha + \varphi(1 - \alpha)]g_K - \alpha n \qquad (4-37)$$

从上式可见，无论总产量的增长率，还是人均产量的增长率，都是资本增长率的增函数。

由于 $\dot{K}(t) = sK(t)$，所以 $K(t)$ 的动态学为：

$$\dot{K}(t) = sK(t)^{\alpha}[BK(t)^{\varphi}]^{1-\alpha}L(t)^{1-\alpha} \qquad (4-38)$$

两边同时除以 $K(t)$，得到：

$$\frac{\dot{K}(t)}{K(t)} = sK(t)^{\alpha-1}B^{1-\alpha}K(t)^{\varphi(1-\alpha)}L(t)^{1-\alpha} = g_K \qquad (4-39)$$

则：$\dfrac{\dot{g}_K}{g_K} = (\alpha - 1)\dfrac{\dot{K}(t)}{K(t)} + \varphi(1 - \alpha)\dfrac{\dot{K}(t)}{K(t)} + (1 - \alpha)\dfrac{\dot{L}(t)}{L(t)}$

$$= (1 - \alpha)(\varphi - 1)g_K + (1 - \alpha)n \qquad (4-40)$$

$\dot{g}_K$ 是 g_K 的函数，$\dot{g}_K = (1 - \alpha)(\varphi - 1)g_K^2 + (1 - \alpha)ng_K$

当 $g_K = \dfrac{n}{1 - \varphi}$ 时，$\dot{g}_K = 0$，g_K 达到均衡。

g_K 的动态学取决于 φ 的大小。φ 决定知识生产函数的规模报酬，知识的生产函数为：

$$A(t) = BK(t)^{\varphi} \qquad B > 0, \varphi > 0 \qquad (4-41)$$

$$A(\lambda K) = B[\lambda K(t)]^{\varphi} = \lambda^{\varphi}A$$

如果 $\varphi > 1$，$A(t)$ 规模报酬递增；如果 $\varphi = 1$，$A(t)$ 规模

报酬不变；如果 $\varphi < 1$，$A(t)$ 规模报酬递减。依据知识生产函数的规模报酬 φ 的取值，人均产量增长率具有不同的形态。

1. 如果知识生产函数的规模报酬递减（即 $\varphi < 1$），人均产量增长率将出现一个稳定性均衡。

$\dot{g}_K$ 的一阶导数为：$\dfrac{d\dot{g}_K}{dg_K} = 2(1 - \alpha)(\varphi - 1)g_K + (1 - \alpha)n$

$$(4 - 42)$$

$\dot{g}_K$ 随 g_K 的变化方式为：

$g_K < \dfrac{n}{2(1 - \varphi)}$ 时，$\dfrac{d\dot{g}_K}{dg_K} > 0,\dot{g}_K$ 单调上升；

$g_K = \dfrac{n}{2(1 - \varphi)}$ 时，$\dfrac{d\dot{g}_K}{dg_K} = 0,\dot{g}_K$ 达到极值；

$g_K > \dfrac{n}{2(1 - \varphi)}$ 时，$\dfrac{d\dot{g}_K}{dg_K} < 0,\dot{g}_K$ 单调下降。

$\dot{g}_K$ 的二阶导数为：$\dfrac{d^2\dot{g}_K}{dg_K^2} = 2(1 - \alpha)(\varphi - 1) < 0,\dot{g}_K$ 凹向横轴，

见图 4 – 15。

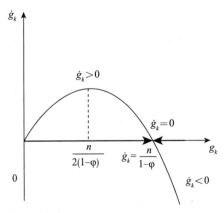

图 4 – 15 干中学模型当 $\varphi < 1$ 时资本增长率的稳定性均衡

在均衡点，$\dot{g}_K = 0$，$g_K^* = \dfrac{n}{1-\varphi}$，均衡点 g_K^* 的位置，取决于外生变量 n、φ。如果外生变量不发生变化，则均衡点的位置也不会发生变化。

由式（4 – 37），

$$\frac{d[\ln y(t)]}{dt} = \frac{\dot{y}(t)}{y(t)} = \frac{\dot{Y}(t)}{Y(t)} - \frac{\dot{L}(t)}{L(t)}$$

$$= [\alpha + \varphi(1-\alpha)]g_K - \alpha n \qquad (4-43)$$

如果其他外生变量发生变化，例如储蓄率 s 在 t_0 时点增加，所导致的结果是：g_K 上升，然后 t_1 时点之后逐渐回到其原来水平，则人均产量的对数 $\ln y$ 逐渐移至一条高于原来路径的平行路径。该外生变量 s 导致的冲击只是短期的增长效应—t_0 和 t_1 之间改变人均产量对数上升的斜率；从长期来看，还是水平效应—t_1 之后，人均产量对数上升的斜率恢复到 t_0 之前的水平，经济增长路径相当于发生了一个向上的平移，如图 4 – 16 所示。

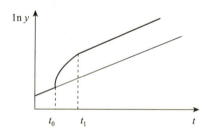

图 4 – 16　当 φ<1 时，储蓄率上升只有水平效应，没有增长效应

如果外生变量 n 或者 φ 发生变化，则均衡点的位置也相应地发生变化。

将 $g_K^* = \dfrac{n}{1-\varphi}$ 代入式（4 – 37），得到：

$$\frac{\dot{y}(t)}{y(t)} = [\alpha + \varphi(1 - \alpha)]g_K - \alpha n$$

$$= \frac{\varphi}{1 - \varphi}n$$

$$\frac{d\left[\frac{\dot{y}(t)}{y(t)}\right]}{dn} = \frac{\varphi}{1 - \varphi} > 0,$$

$$\frac{d\left[\frac{\dot{y}(t)}{y(t)}\right]}{d\varphi} = \frac{n}{(1 - \varphi)^2} > 0$$

如果 $\varphi < 1$，那么经济的长期增长率是人口增长率 n 和 φ 的增函数。当 $\varphi < 1$ 时，n 或者 φ 上升对人均产量的增长率，进而对人均产量的对数带来的影响如图 4 – 17 所示，是一个增长效应。在 t_0 时点之后，伴随着 n 或者 φ 的上升，人均产量的对数以更陡峭的斜率上升。

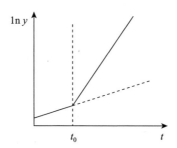

图 4 – 17 当 $\varphi < 1$ 时，φ 或者 n 上升导致的增长路径

2. 如果知识生产函数的规模报酬递增（即 $\varphi > 1$），人均产量增长率将出现一个非稳定性均衡。

$\dot{g}_K$ 的一阶导数为：$\dfrac{d\dot{g}_K}{dg_K} = 2(1 - \alpha)(\varphi - 1)g_K + (1 - \alpha)n > 0$

$\dot{g}_K$ 单调上升。

$\dot{g}_K$ 的二阶导数为：$\dfrac{d^2\dot{g}_K}{dg_K{}^2} = 2(1-\alpha)(\varphi-1) > 0$，$\dot{g}_K$ 凸向横轴，

所以 g_K 不存在均衡点，随时间不断上升，这意味着一旦开始增
长（这是必然的），就不断增长，并且增长的加速度在不断地上
升，如图 4 – 18 所示。

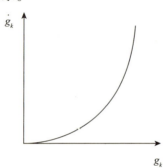

图 4 – 18　当 $\varphi > 1$ 时，资本增长率的非稳定性均衡

由于不存在均衡点，凡是影响 g_K 的因素发生变化，g_K 都会
相应地发生变化。如果储蓄率上升，不仅导致资本的增长率更
快地上升，也会导致人均产量的对数更快地增加，人均产量对
数上升的斜率越来越大，有一爆炸性增长，如图 4 – 19 所示。

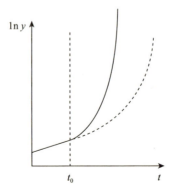

图 4 – 19　当 $\varphi > 1$ 时，储蓄率上升导致的爆炸性增长

3. 如果知识生产函数的规模报酬不变（即 $\varphi = 1$），人均产量增长率取决于人口的增长率。

$\dot{g}_K$ 的一阶导数为：$\dfrac{d\dot{g}_K}{dg_K} = 2(1-\alpha)(\varphi-1)g_K + (1-\alpha)n = (1-\alpha)n$

$\dot{g}_K$ 的二阶导数为：$\dfrac{d^2\dot{g}_K}{dg_K^2} = 2(1-\alpha)(\varphi-1) = 0$，$\dot{g}_K$ 为线性函数。

在此情况下，针对人口增长率 n 的取值，可具体分析如下两种情况：

（1）当 $n > 0$ 时，$\dfrac{d\dot{g}_K}{dg_K} = (1-\alpha)n > 0$，$\dot{g}_K$ 为单调上升的直线，此时 g_K 不存在均衡点，而是随时间不断上升，类似图 4-18 所示。由于不存在均衡点，凡是影响 g_K 的因素发生变化，g_K 都会相应地发生变化，此时储蓄率 s 的增长将导致人均产量对数上升的斜率越来越大，出现爆炸性增长，如图 4-19 所示。

（2）当 $n = 0$ 时，此时不管 g_K 的初始状况如何，g_K 都不变。$\dot{g}_K = (1-\alpha)ng_K = 0$，说明横轴上的任一点都可以实现均衡，$g_K$ 一旦确定，就不随时间改变，如图 4-20 所示。

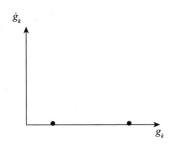

图 4-20　当 $\varphi=1$ 且 n=0 时，储蓄率上升导致的稳定性均衡

在这种情况下，$\dfrac{\dot{Y}(t)}{Y(t)}$ 有一稳定增长。

$$\frac{\dot{Y}(t)}{Y(t)} = [\alpha + \varphi(1-\alpha)]g_K + (1-\alpha)n = g_K = \frac{\dot{K}(t)}{K(t)} = \frac{\dot{y}(t)}{y(t)}$$

把 $A(t) = BK(t)$ 代入生产函数式（4 - 31），生产函数变为：

$$Y(t) = bK(t), b \equiv B^{1-\alpha}L^{1-\alpha} \qquad (4-44)$$

资本积累为：$\dot{K}(t) = sY(t) = sbK(t)$

$$g_K = sb = \frac{\dot{Y}(t)}{Y(t)} = \frac{\dot{y}(t)}{y(t)}$$

这一经济动态学是简单明了的，上述方程直接意味着 K 稳定地以速率 sb 增长。且由于产量与 K 成正比，产量也以这一速率增长。在此情况下，长期增长为内生，且取决于储蓄率。如果储蓄率 s 上升，则 g_K、$\dfrac{\dot{Y}(t)}{Y(t)}$、$\dfrac{\dot{y}(t)}{y(t)}$ 都上升，类似图 4 - 17 所示。增加的资本不仅通过其对生产的直接贡献来提高产量［生产函数方程中的 $K(t)^\alpha$ 项］，而且通过其间接推动新思想发展，从而使所有其他资本更有生产力来提高产量［K(t)$^{\varphi(1-\alpha)}$ 项］，资本的贡献大于其传统贡献。内生增长理论的开创者保罗·罗默（1986）[1]将这类模型称为"Y = AK"模型［式（4 - 44）用符号 A 而不是 b］。

干中学模型的主要结论：（1）如果知识生产函数的规模报酬递减，经济长期增长的源泉取决于人口的增长和提高知识

———————

〔1〕 Paul M. Romer, "Cake Eating, Chattering and Jumps: Existence Results for Variational Problems", *Econometrica*, July 1986, 54: 897 - 908.

生产函数的规模报酬，储蓄率的上升对经济长期增长只有水平效应，没有增长效应。（2）如果知识生产函数的规模报酬递增，这就是经济长期不断增长的源泉。一旦开始增长，就会不停地增长。储蓄率的上升、知识生产函数规模报酬的继续增加、人口增长率的提升都对人均产量的增长率起到加速的作用。（3）如果知识生产函数的规模报酬不变，在人口增长的情况下，知识生产函数规模报酬不变是经济长期增长的源泉，储蓄率的上升、人口增长率的增加对人均产量的增长率起到了加速的作用。在人口不增长的情况下，储蓄率的上升是经济长期增长的源泉。

干中学模型将经济长期增长的源泉归结为：知识生产函数的规模报酬、人口增长率、储蓄率等因素。

（三）对内生增长理论的评价

1. 内生增长理论的贡献

第一，内生增长理论的一个重要贡献就是打开了"索洛剩余"这一"黑箱"，它将"知识"或"技术"在模型中内生化，解决了经济长期增长的问题。内生增长理论认为，技术进步既是经济增长之源，又是"知识"内生积累的结果。因此，经济增长就取决于经济系统本身，而不是像新古典增长理论那样是外生的。

第二，内生经济增长理论断言"市场竞争均衡是非最优的"，这给国家干预提供了理论依据。按照这一思想，在教育、基础研究、公共设施等方面，国家将以其重要作用推动经济增长。

第三，内生增长理论认为，知识对他人、社会有溢出效应，生产知识的个人又不能内化这种效应，因而知识产出不足，这就为政府干预从短期需求向长期供给的转变提供了理论支持。而在此之前的理论，政府的作用仅仅被局限在调节总需求方面，而对供给方面如技术进步等，则无能为力。

第四，内生经济增长模型为定量研究经济增长问题开辟了新的道路，有助于以更严密的方式来研究诸如国际贸易、经济一体化、人口和经济政策等问题，以及这些问题与经济增长的联系，为政府政策运用找到了新的空间和领域，因此，受到了各国政府的高度重视。

2. 内生经济增长理论的缺陷

内生增长理论仍处于不断发展与完善之中。目前看来，内生增长理论还存在以下几个方面的不足：

第一，内生经济增长理论多式多样，其结论存在一些差异，有时甚至得出"爆炸性增长"的结论。各种不同的内生经济增长模型，都以某一个要素来建立模型而忽略或固定别的要素，而模型的稳定性通常取决于这一个变量。

第二，内生增长模型忽略了制度对经济增长的影响，从而无法利用其分析框架说明制度变迁对生产技术条件和经济增长的影响。

第三，对经济现实的分析过于数学化或模型化。尤其是在近期的文献中，数学推导和模型分析已经代替了传统的文字表述，成为一种标准的经济学概念和语言，并形成了一种类似于数学分析的理论结构。

第四，内生增长理论在生产理论上并未取得突破。虽然索洛等人在生产理论上对哈罗德的假设进行了修正，用资本和劳动的可替代性假设取代了哈罗德模型中要素替代刚性的隐含条件。从而为满足哈罗德的均衡增长条件奠定了基础。但是，内生增长理论仍以固定要素替代性生产函数和柯布－道格拉斯生产函数为基础，就此而言，内生增长理论与新古典增长模型并无本质区别。

　　第五，内生增长理论仍然无法解决总量生产函数的问题。从某种意义上看，内生增长理论是以新古典增长模型的总量分析框架为基础的，因而新古典总量生产函数存在的问题，内生增长理论同样存在。再者，相比资本总量概念的模糊问题，对人力资本的定义更是模糊的，可测性更差，而且人力资本总量的可加性迄今为止还没有得到充分的讨论。

附　录

【证明】下标 1、2 表示两期的消费，定义跨期替代弹性为：

$$\sigma = -\frac{d(C_1/C_2)/d(P_1/P_2)}{(C_1/C_2)/(P_1/P_2)}$$

由消费者均衡条件得：$\dfrac{u'(C_1)}{u'(C_2)} = \dfrac{P_1}{P_2} = \lambda$

代入得，$\sigma = -\dfrac{d(C_1/C_2)}{d[u'(C_1)/u'(C_2)]}\dfrac{u'(C_1)/u'(C_2)}{C_1/C_2}$

其中，$u'(C_1)/u'(C_2) = MRS$（边际替代率）

图解：

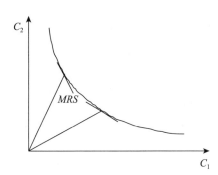

可见，$\dfrac{d(C_1/C_2)}{C_1/C_2}$ 是射线比率的变化率，$\dfrac{d[u'(C_1)/u'(C_2)]}{u'(C_1)/u'(C_2)}$ 是切线斜率的变化率。

令时间 1 趋近于 2，得到瞬时弹性 $\sigma = -\dfrac{u'(C)}{u''(C)C}$（常数相对风险回避系数）。

根据 $u[C(t)] = \dfrac{C(t)^{1-\theta}}{1-\theta}$ 有：

$u'(C) = C^{-\theta}, u''(C) = -\theta C^{-\theta-1}$，则 $\sigma = 1/\theta$。

思考题

1. 拉姆齐模型在动态转移过程中 ρ、$\ln(Y/L)$、c、k、s 的轨迹是什么？

2. 用拉姆齐模型中描述消费调整路径的欧拉方程说明利息率 r (t) 与贴现率 ρ 之间具有怎样的关系及其含义。

3. 试用戴蒙德世代交叠模型分析政府为了刺激消费，采用发行国债的扩张性财政政策的效果。

第
五
讲 | # 宏观经济模型及其 EViews 求解

一、宏观经济模型的演变

凯恩斯革命使得宏观经济学成为显学，各个国家开始开发宏观计量模型用于预测和分析。荷兰经济学家简·丁伯根（Jan Tinbergen）在 1936 年用 1923 – 1933 年荷兰的宏观经济数据为样本，建立了第一个国家宏观经济模型，模型的内生变量设有劳动、消费、商品出口、制成的消费品和生产设备的进口，以及用于消费品或生产资料生产的原材料的进口数量、价格和价值等，外生变量主要是国际环境，包括世界价格水平、各种进口品的价格水平、世界贸易量和海外投资收入。由于当时国民核算体系尚未完善发展，模型中没有存货变动、政府消费、国民或国内生产总值、间接和直接税这样的概念，也没有诸如利率、货币供给和各种形式的信贷之类的货币和金融变量，因此，模型的应用性不高。第一个比较完整的具有实用价值的宏观经济模型是劳伦斯·克莱因（Lawrence Klein）在 1950 年建立的美国战争模型，之后，他与亚瑟·戈德伯格（Arthur Goldberger）在 1955 年合作建立了 K – G 模型，这个模型作为宏观经济模型的样板，对以后模型的发展起到了极其重要的作用。克莱因通过他所发表的论著和对各国研究团体的大量指导，极大地推进了宏观经济模型的研究和使用。同时，宏观经济模型在经济波动分析和经济政策方面的贡献促使计量经济学家致力于研究更具实用性的模型。随着时间的推演，用于政策分析的宏观经济模型变得越来越庞大，逐渐包括了数百个变量和方程。比如克莱因指导研制的 1967 年建立的沃顿（Wharton）模型是一个中等规模的用于经济预测的季度模型有 76 个方程，其中随机方程 47 个，有 118 个变量，其中内生变量 76 个，外生变量 42 个。1972 年发展完成的沃顿 III 型模型有 201 个方程（其中随机方程 67 个），同年完成的沃顿年度模型则包含 346 个方程（其中随机方程 155 个）。艾伯特·安多（Albert Ando）和弗兰科·莫迪利亚尼（Franco Modigliani）指导于 1968 年由美国联邦储备局、麻省理工学院和宾夕法尼亚大学共同研制成功的 MPS（MIT – Penn – Social Science Research Council）模型是一个季度模型，共有 171 方程，其中随机方程 75 个，除 171 个内生变量外，尚有 119 个外生变量。模型以 1958 年至 1965 年季度数据为样本，采用 OLS 和 IV 法估计参数。该模型主要用于短期预测和货币金融政策评价。奥托·埃克斯坦（Otto Eckstein）指导的 1974 年由数据资源公司研制成功的 DRI（Data Resource，Inc.）模型包含 7 个主要模块，718 个方程（随机方程 379 个），内生变量 718 个，外生变量 170 个。该模型受布鲁金斯模型和 MPS 模型的共同影响，是一个将投入产出方法和计量经济学方法相结合的模型，模型中包括一个 51 个产业部门的投入产出模块。该模型仍是一个大型季度模型，以 1956 年至 1976 年季度数据为样本，采用 OLS 和 2SLS 方法估计参数，模型主要用于结构分析和政策评价。

不同时期所建立的计量模型反映了当时的理论进展。在 20
世纪 70 年代初期，结构模型风靡全球，应用这类模型进行预测
和政策分析达到顶峰，那一时期经济的稳定增长使得模型的建
立与应用取得良好的成效。但 1974 年开始发达国家经历的石油
危机使得利用结构模型进行的经济变量预测变得无效，不仅模
型对冲击无法预测，模型的效度也大大下降。1976 年卢卡斯发
表论著[1]指出"鉴于结构计量模型是由经济主体的最优决策规
则组成，而最优决策规则随着关于决策制定者变量序列的结构
变化发生系统性改变，那么政策的变化将系统地改变计量模型
的结构"，换句话说，给定经济结构下用当期和滞后解释变量估
计的行为方程不能用于预测未来。1977 年基德兰德和普雷斯科
特发表论文《规则而不是歧视：最优计划的不一致性》[2]，特
别指出利用加总的历史数据来给出政策建议和经济预测，其结
论值得怀疑，因为宏观系统本身是由大量具有能动性的微观主
体组成，如果在建立预测模型时罔顾这些微观主体应对政策和
实际市场的反映，而只是机械地进行统计意义上的数量预测，
其结果是非常不可靠的。统计方法成立的前提条件是历史再现，
也就是过去和现在具有同样的机理才会反应出同样的经济效果，
但是无论是企业还是居民甚至在面临类似经济形势下会做出不
同的反应，原因当然各异，他们有学习、试错、反馈并修正的
作用。所以过去有效的政策今天可能失灵，甚至有反效果。要

---

〔1〕　R. E. Lucas, *Econometric Policy Evaluation: A Critique*, In The Phillips Curve and Labor Markets, K. Brunner and A. H. Meltzer, Editors 1976, North Holland: Amsterdam: 19 – 46.

〔2〕　F. E. Kydland and E. C. Prescott, "Rules Rather than Discretion The Inconsistency of Optimal Plans", *Journal of Political Economy*, 1977, 85 (3): 473 – 492.

对这一问题进行模拟，宏观经济学必须寻求微观基础，从需求方和供给方的微观决策入手，刻画其面临各自约束的最优决策，然后再对各个微观主体的决策行为进行加总，得到所谓的总供给和总需求，然后利用市场出清条件求出价格、利率等影响双方的关键变量，从而决定失业、市场工资、居民收入等内生变量。在此基础上建立起来的数量关系，虽然不能说就一定反映了各个变量的真实关系，但是至少可以拿来试错。

事实上，最理想的宏观经济模型应该是通过调查每家每户以及每个企业的各种决策行为，长期跟踪，建立起一家一户和各个企业的决策函数，然后由此进行加总获得总供给和总需求，政府以此来改变利率、税率、货币发行量等变量，观察这些微观主体的反应如何，择优而为之。显然这不具有操作性。所以基德兰德和普雷斯科特（1982）[1]提出动态随机一般均衡（DSGE）模型，其所采用的策略是：从一些公认的对于微观主体的假设出发，建立模型并推导出他们的决策并进行加总，然后反过来将实际数据代入其中来进行校准。如果在现有参数下能很好解释一些重要的可观测数据，比如失业率、消费占 GDP比重、投资占 GDP 比重、实际利率等，那么就可以认为这个模型至少能很好地刻画了现有经济。然后将这套模型用作一个实验室，假设若税率提高，或者财政补贴上升，结果会如何。微观基础是基于对行为主体的偏好设定的，所以 DSGE 可以被用来分析政策变化的福利效应。

DSGE 本质上是一种方法，它可以被不同思想学派的人用来

---

〔1〕 F. E. Kydland and E. C. Prescott, "Time to Build and Aggregate Fluctuations", *Econometrica*, 1982, 50 (6): 1345 – 1370.

构建反映本学派思想主张的模型，比如对微观主体的偏好、技术、约束做出不同的假设。卢卡斯所在的理性预期学派提出著名的实际商业周期（real business cycle，RBC）模型。这里的"实际"是指这个模型的所有变量都是定义在实际变量而不是名义变量上，不考虑货币的作用。新凯恩斯主义者将一些非竞争性因素和其他摩擦因素加入模型，比如企业之间的垄断性竞争、工资调整具有刚性等，以求在数量上更好地拟合宏观经济波动。经过 20 世纪 90 年代的发展，到了 2003 年，DSGE 模型中已包含进了各种名义和实际刚性。以伍德福德（2003）[1]的教科书为代表，基于新凯恩斯主义理论的 DSGE 模型变得足够成熟，可以作为评估政策的实验室。

　　20 世纪 80 年代，克里斯托弗·西姆斯（1980）[2]、大卫·亨德里（1980）[3]和爱德华·里默（1983）[4]对结构模型提出了另一种批评，认为传统方法中线性系统的参数估计所依赖的识别条件"不可靠"（Incredible），一是对因果关系识别的理解甚少，二是计量推断往往对附设的模型设定和误差项分布不稳健。建议以"客观数据"为导向进行实证分析，并给出了更加有效的分析工具。代表性的方法包括时间序列方法、向量自回

〔1〕　M. Woodford，*Interest and Prices*：*Foundation of a Theory of Monetary Policy* 2003，New Jersey：Princeton University Press Princeton.

〔2〕　Christopher A. Sims，"Comparison of Interwar and Postwar Business Cycles：Monetarism Reconsidered"，*American Economic Review*，American Economic Association，1980，vol. 70（2）：250 – 257.

〔3〕　D. Hendry，"Econometrics – alchemy or Science"，*Economica*，1980，47：387 – 406.

〔4〕　Edward E. Leamer，"Global Sensitivity Results for Generalized Least Squares Estimates"，UCLA Economics Working Papers 296，UCLA Department of Economics，1983.

归（VAR）方法、动态最优的理性预期模型等。其中时间序列方法包括由博克斯（Geoge E. P. Box）和詹金斯（Gwilym M. Jenkins）创立的 ARIMA 模型、单位根和共积检验等方法。时间序列方法一般假定变量遵循系数不变的线性随机过程，这使得宏观经济理论与计量统计可以更好地结合起来；VAR 模型由西姆斯创立，与单变量的时间序列方法不同，VAR 方法进一步引入了其他经济变量的信息，结合理论背景对经济波动进行分解，并能够识别引起内生变量波动的外生冲击来源。所使用的基本工具包括冲击响应分析、方差分解等，很好地反映了时间序列的二阶矩特征。

尽管 DSGE 模型完整的框架对于政策分析是非常重要的优势，但是 DSGE 模型并没有完全代替其他模型。DSGE 的使用仍然仅仅是大多数中央银行政策决策中的一种辅助工具。许多中央银行同时开发几种不同的计量模型，其中包括传统的结构性模型、时间序列模型、VAR 以及 DSGE 模型。这种多种模型并存的局面是由于货币当局在决策过程中，需要权衡不同宏观经济模型的分析结果。

二、结构宏观经济模型举例

在宏观经济学研究领域，有时需处理多个原因、多个结果的关系，或者会碰到不可直接观测的潜变量，用传统的统计方法不能很好地加以解决。结构方程模型是一种建立、估计和检验因果关系模型的方法，可同时考虑并处理可观测的显在变量和无法直接观测的潜在变量。下面给出一个小型的结构宏观经济模型例子 – Klein 战争之间模型。

Klein 战争之间模型是克莱因于 1950 年建立的、旨在分析美国在两次世界大战之间的经济发展的小型宏观计量经济模型。模型规模虽小，但在宏观计量经济模型的发展史上占有重要的地位。以后的美国宏观计量经济模型大都是在此模型的基础上扩充、改进和发展起来的。以至于萨缪尔森认为，"美国的许多模型，剥到当中，发现都有一个小的 Klein"。所以，对该模型的了解与分析对于了解西方宏观计量经济模型是重要的。模型共包括 6 个内生变量、4 个外生变量，见表 5 – 1。

表 5 – 1 克莱因模型中的变量

序号	内生变量	外生变量
1	Y：收入	G：政府非工资开支
2	C：消费	W_G：政府工资
3	I：净投资	T：企业税收
4	W_P：私人工资	t：时间
5	π：利润	
6	K：年末的股本	

外生变量中除时间外，其余都是属于政府控制的变量。

模型共有 6 个方程：

消费方程：$C_t = \alpha_0 + \alpha_1 \pi_t + \alpha_2 \pi_{t-1} + \alpha_3 (W_{Pt} + W_{Gt}) + \varepsilon_{1t}$ (5 – 1)

投资方程：$I_t = \beta_0 + \beta_1 \pi_t + \beta_2 \pi_{t-1} + \beta_3 K_{t-1} + \varepsilon_{2t}$ (5 – 2)

就业方程：$W_{pt} = \gamma_0 + \gamma_1 (Y_t + T_t - W_{Gt}) + \gamma_2 (Y_{t-1} + T_{t-1} - W_{Gt-1}) + \gamma_3 t + \varepsilon_{3t}$ (5 – 3)

平衡方程：$Y_t = C_t + I_t + G_t - T_t$ (5 – 4)

定义方程：$\pi_t = Y_t - W_{Pt} - W_{Gt}$ (5 – 5)

定义方程：$K_t = I_t + K_{t-1}$ (5 – 6)

消费方程（5 - 1）描述了消费行为，总消费主要受当期收入影响，也受前期利润影响。投资方程（5 - 2）没有用产出的增长作解释变量，净投资额由前期资本和当期利润以及前期利润来解释，反映出在 30 年代美国的投资行为主要由资金决定，或者说在投资行为上还是供给导向。就业方程（5 - 3）用私人工资额作为就业的指标，将它与当期、前期的总的私人产出联系起来，就业由生产规模决定，时间趋势项考虑了日益增强的非经济因素对就业的压力。式（5 - 4）为平衡方程，而式（5 - 5）、（5 - 6）为定义方程，其含义是明确的。

利用结构式识别条件或者分析每个随机方程是否具有唯一的统计形式，可以判断该模型是可以识别的，且每个方程都具备"模型中的变量总数 - 该方程中所包含的变量数目 > 方程的个数 - 1"的条件，即每个方程都是过度识别的，所以可用多种方法，如 OLS、2SLS、FIML、LIML、3SLS 等估计模型结构参数。

以美国两次世界大战之间的 1920 - 1941 年年度数据为样本，参数的 FIML 估计量是：

$$\hat{\alpha}_0 = 16.78 \quad \hat{\alpha}_1 = 0.02 \quad \hat{\alpha}_2 = 0.24 \quad \hat{\alpha}_3 = 0.80$$

$$\hat{\beta}_0 = 17.79 \quad \hat{\beta}_1 = 0.23 \quad \hat{\beta}_2 = 0.55 \quad \hat{\beta}_3 = -0.15$$

$$\hat{\gamma}_0 = 1.60 \quad \hat{\gamma}_1 = 0.42 \quad \hat{\gamma}_2 = 0.16 \quad \hat{\gamma}_3 = -0.14$$

所有参数估计量均能通过经济含义的检验。

从消费方程 5 - 1 可知，工资收入是私人工资和政府工资之和，其消费边际倾向是 0.80，即工资增加 1 美元，消费就增加 0.80 美元；现期利润的消费边际倾向是 0.02，而前期利润的边际消费倾向是 0.24。由此可见，现期工资收入是消费的一个决定性因素。为了进一步利用该宏观经济模型进行经济结构分析，可以由上述结构式参数估计量计算简化式参数，当然也可以直接对模型的简化形式进行估计。表 5 - 2 列出了全部简化式参数。

表中政府控制变量 W_{Gt}、G_t、T_t 列中数据表示这些变量对每一个内生变量的影响乘数，当然只是短期乘数。例如，当税收 T_t 增加 10000 美元，引起消费 C_t 下降 1880 美元，投资减少 2960 美元；当政府支出 G_t 增加 10000 美元，引起收入 Y_t 增加 19300 美元，如果同时增加税收 10000 美元，收入 Y_t 减少 14840 美元，二者的平衡预算影响乘数（对收入）为二者之和，即 4460 美元。

表 5 - 2 简化式参数表

	Y_{t-1}	π_{t-1}	K_{t-1}	W_{Gt}	G_t	T_t	t	W_{Gt-1}	T_{t-1}
C_t	0.189	0.743	- 0.098	0.666	0.671	- 0.188	0.155	- 0.189	0.189
I_{t}	- 0.015	0.746	- 0.184	- 0.052	0.259	- 0.296	- 0.012	0.015	- 0.015
W_{Pt}	0.237	0.626	- 0.119	- 0.162	0.811	- 0.204	0.195	- 0.237	0.237
Y_t	0.174	1.489	- 0.283	0.614	1.930	- 1.484	0.143	- 0.174	0.174
π_t	- 0.063	0.363	- 0.164	0.224	1.119	- 1.281	- 0.052	0.063	- 0.063
K_t	- 0.015	0.746	0.816	- 0.052	0.259	- 0.296	- 0.012	0.015	- 0.015

表 5 - 3 长期均衡乘数表

	C	I	W_P	Y	π	K
W_G	0.536	0	- 0.271	0.536	- 0.192	- 1.024
G	1.323	0	1.358	2.323	0.965	5.123
T	- 0.569	0	- 0.333	- 1.569	- 1.237	- 6.564

还可以计算 3 个政府控制变量的长期均衡乘数，见表 5 - 3。由此可见，各政策变量的投资均衡乘数为 0，因为在均衡情况下，资本存量不变，没有投资发生；政府支出对收入的长期影

响乘数是 2.32，而短期乘数是 1.93，即 80% 的影响是当期发生的。

中型结构宏观经济模型的例子见本讲附录一。

大型结构宏观经济模型的例子见本讲附录二。

三、应用 EViews 估计结构宏观经济模型

结构宏观计量模型的估计方法分为两大类：单方程估计方法与系统估计方法。单方程估计方法，又称有限信息法（limited information methods），指每次只估计模型系统中的一个方程，依次逐个估计；估计时仅考虑该方程给出的有限信息。系统估计方法，又称完全信息法（full information methods），指同时对全部方程进行估计，同时得到所有方程的参数估计量。估计时同时考虑全部方程给出的信息。从模型估计的性质来讲，系统估计方法优于单方程方法；从方法的复杂性来讲，单方程方法又优于系统估计方法。

（一）单方程估计方法

一般地，基于经济理论或经验所构造出来的联立方程组模型都是结构化模型，其中有些随机方程等号的右侧包含该模型的内生变量，不能直接采用 OLS 估计其参数。一种处理方法是经由简单的代数变换（主要是移项），将所有的内生变量移到随机方程等号的左侧得到所谓的简化型模型。这样，先对关于内生解释变量的简化式方程采用 OLS 估计简化式参数，得到简化式参数估计量，然后通过参数关系体系计算得到结构式参数的估计量。若基于简化型模型参数的估计值，不能经由简化型参数与结构性参数的关系式，求解得出结构型模型参数的估计值，我们便称相应的结构型模型为"不可识别"。反之，

若基于简化型模型参数的估计值，能够经由简化型参数与结构性参数的关系式，求解得出结构型模型参数的估计值，我们便称相应的结构型模型为"可识别"。只有恰好识别的结构方程才能通过简化型模型得到参数估计。另一种处理方法是将结构模型转化为递归型联立方程，以适应 OLS 回归方法。如果联立模型 $\mathbf{B}Y + \mathbf{\Gamma}X = \mathbf{N}$ 中的 $\mathbf{B}$ 具有如下特征：

$$B = \begin{bmatrix} 1 & 0 & 0 & \cdots & 0 \\ \beta_{21} & 1 & 0 & \cdots & 0 \\ \beta_{31} & \beta_{32} & 1 & \cdots & 0 \\ \cdots & \cdots & \cdots & \cdots & \cdots \\ \beta_{g1} & \beta_{g2} & \beta_{g3} & \cdots & 1 \end{bmatrix}$$

即内生变量结构系数构成 g 阶三角阵，主对角线元素为 1。该系统中，第一个方程的内生变量可由全部先决变量确定，将其代入第二个方程，与全部先决变量一道可确定第二个方程的内生变量，依次类推。这类模型称为递归模型。

递归模型是恰好识别的，每个方程均可作为独立方程处理。前一方程的内生变量，对后一方程而言是先决变量，而后一方程的内生变量对前一方程没有影响，显示出一种单向的因果关系。只要各方程随机项互不相关，即 $Cov(\mu_{it}, \mu_{jt}) = 0$，$i \neq j$ 就可以用单方程估计方法估计参数。参数估计是无偏有效的。

递归系统模型在实际经济系统中是确实存在的。经济理论通常定义经济关系中最重要的解释变量，在这种情况下，经济关系式可以用递归系统模型充分地表达。例如，在供给导向的宏观经济系统中，总产值由前期资本存量和劳动力数量决定，它们是先决变量；国民收入由总产值决定；居民收入、财政收入由国民收入决定；消费与投资又由居民收入、财政收入决定；…如果将这些关系用一个宏观经济模型来描述，这个模型就是典型的递归系统模型。大多数情况下，模型并不是严格递归的，而是一种近似递归系统，但可以采用递归系统模型的方法去研究。

递归系统模型的 EViews 估计例题详见附录三。

（二）系统估计方法

系统估计方法，正是针对单方程方法的问题提出来的，它同时估计全部结构方程，利用了模型系统的全部信息。因此系统估计方法的参数估计量具有良好的统计特性。系统估计方法相当复杂，对求解技术要求较高，借助 EViews 软件，可以比较容易地实现对宏观经济模型的估计。下面以一个简单的 IS – LM 宏观经济模型为例，说明实现过程。

宏观经济模型结构：包含三个随机方程，分别是与产出和利率有关的消费、投资方程，与产出、利率和货币供应量有关的货币市场方程。第四个等式是国民核算支出恒等式，它确保国民收入各组成部分相加等于产出总额。

消费方程：$cn = c(1) + c(2) * y + c(3) * cn(-1)$

投资方程：$i = c(4) + c(5) * [y(-1) - y(-2)] + c(6) * y + c(7) * r(-4)$

货币市场方程：$r = c(8) + c(9) * y + c(10) * [y - y(-1)] + c(11) * [m - m(-1)] + c(12) * [r(-1) + r(-2)]$

均衡等式：$y = cn + i + g$

- cn 为实际个人消费
- i 为实际私人投资
- g 为实际政府支出
- y 为实际 GDP – 净出口
- r 为 3 个月联邦基金利率

- m 为实际货币供给（M1）
- c（i）是未知参数

该模型与典型的教科书模型不同的是其动态结构，许多变量以滞后或差分形式出现。估计程序如下：

第一步，估计随机方程中的未知系数

为了简单起见，用单方程 OLS 估计系数[1]。在 EViews 工作文件中创建三个方程对象（使用 Object/New Object……/Equation），然后进行模型设定。为了不至于混淆，根据其内生变量命名三个方程：

Equation EQCN：	cn c y cn(−1)
Equation EQI：	i c y(−1) − y(−2) y r(−4)
Equation EQR：	r c y y − y(−1) m − m(−1) r(−1) + r(−2)

这三个方程的满意估计会提供一个与数据接近的合理拟合。检验各方程是否具有异方差性、序列相关性，并进行修正。

第二步，创建模型

首先，选中要添加到模型中的随机方程，本例有三个方程式，点击鼠标右键，选择 Open as Model。EViews 将创建一个包含三个等式的未命名模型。按下 Name 按钮命名模型对象，输入名称 Model1，然后单击 OK，将模型永久保存在工作文件中。这三个估计方程现在出现在方程窗口中。每个方程占一行，依次是图标显示对象的类型、名字、方程号，以及包含的变量，见图 5 −1。

---

[1] 注意，这种方法并不是严格有效的，因为 y 作为一个自变量出现在几个方程的右边，但它在整个系统中是内生的。因此，y 与方程的残差是相关的，这违背了 OLS 估计的假设。要进行调整，需要使用某种形式的工具变量或系统估计。

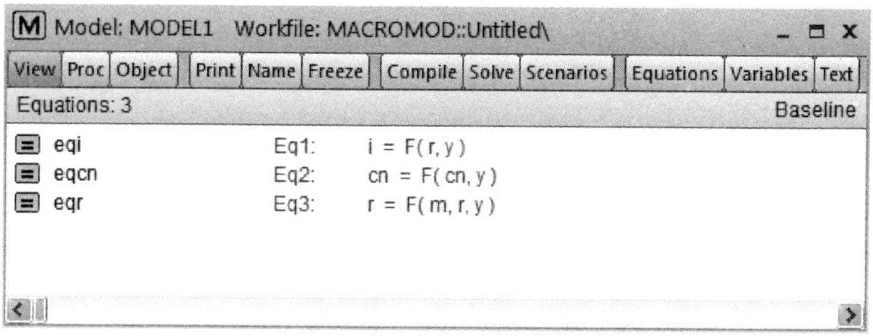

图 5 - 1 创建模型对象

双击任何一个等式会出现一个等式属性对话框。若需要，可进行属性修改。增加这三个方程为联系方程，Proc/Links/Update All Links。这意味着如果返回并重新估计一个或多个方程，模型中的所有方程自动更新。

其次，添加恒等式。要完成建模，必须加上国民账户支出恒等式。这个等式不涉及任何估计，因此不需要链接到外部对象，而是将等式作为内联文本添加进来。在方程窗口用鼠标右键点击任何地方，并选择 Insert ……。出现标题为 "Model Source Edit" 的对话框，其中包含一个标题 Enter one or more lines 的文本框，只需在文本框中输入 "Y = CN + I + G" 恒等式，然后单击 OK 将其添加到模型中，见图 5 - 2。

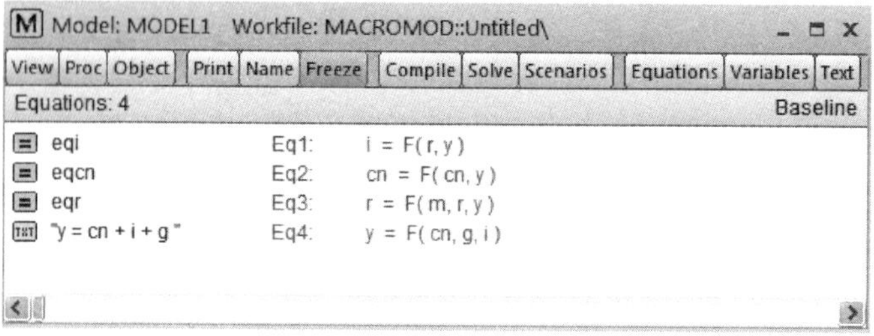

图 5 - 2 添加内联文本方程

恒等式方程出现在模型窗口中，其外观与其他方程略有不同，这表明新方程是一个内联文本方程而不是一个链接。现在模型设定已经完成了。接下来，可以进行模型的求解。

第三步，求静态解

要求解模型，只需点击模型窗口按钮栏中 Solve 按钮，出现模型求解对话框，见图 5 − 3。这个对话框有很多选项，现在只考虑基本设置。作为建模的一个练习，检查模型内生变量一阶超前预测的能力。

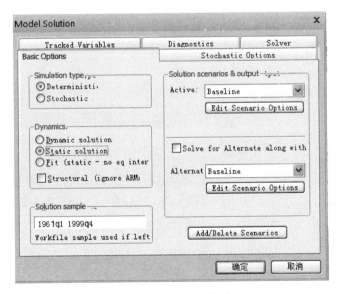

图 5 − 3　模型求解对话框

在 Dynamics 动态框中选择 Static solution 来完成模拟。注意为避免初始化解用到数据中缺损的值，考虑到有滞后内生变量，在"Solution sample"对话框，样本时间范围的起始时间要适当滞后原始样本数据的起始时间（1960Q1），这里设置为 1961Q1

到 1999Q4，允许在样本前有几个时间点以进行变量滞后。现在单击 OK 启动计算，求解模型。模型窗口将切换到 Solution Messages 视图，见图 5 – 4。

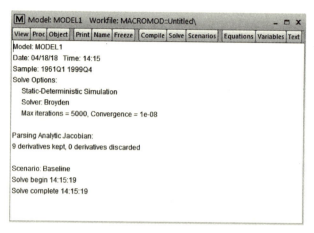

图 5 – 4　静态解输出视图

EViews 求解模型时，内生变量的结果被放置到工作文件的序列中，名字由模型的别名规则确定。由于这些序列是普通的 EViews 对象，可以使用 workfile 窗口打开序列并直接进行检验。然而，模型对象提供了一种更方便的方法，通过一个名为 Variable View 的视图来查看序列结果。

要对于已经解出的模型查看结果，选择 View/Variables，或者单击模型窗口按钮栏上的 Variables 按钮，出现变量观察窗口，见图 5 – 5。

在变量观察窗口中，一个变量占一行。行前的图标指示变量类型（内生、外生或添加因子）、变量的名称、与该变量关联的等式（如果有的话），以及对基本序列的标签（如果可用）的文字描述。变量名可以根据它的状态来着色，指示它是否被

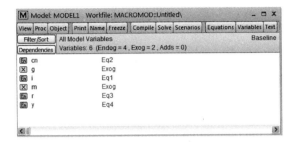

图 5 - 5　变量观察窗口

跟踪（蓝色），或者它是否被覆盖（红色）。在本模型中，CN、
I、R 和 Y 都是模型中的内生变量，而 G 和 M 是外生变量。例
如，要看模型中某一内生变量的实际值和拟合值的图表，选择
四个变量（按住 ctrl 键并单击变量名称），然后使用 Proc/Make
Graph……进入对话框，见图 5 - 6。

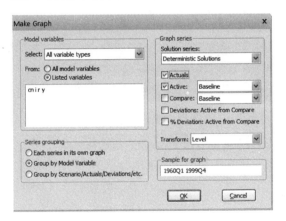

图 5 - 6　查看结果对话框

　　对话框有很多选项，保留大多数设置的默认值，只需确保
选中 Actuals 和 Active 复选框，将样本区间设置为"1960 1999"，
然后单击 OK。

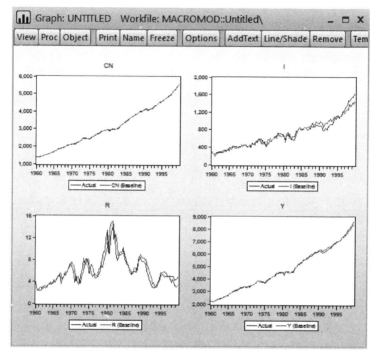

图 5 - 7 一步超前预测图示

图 5 - 7 给出一步超前预测，模型运行得相当好，处理投资能力预测在样本的后半部分显示误差较大。

第四步，求动态解

评估模型的另一种方法是检验模型预测未来多期时的表现。这种预测称为动态预测。返回到模型窗口，再次单击"Solve"按钮。在模型解对话框中的 Dynamics 部分中选择 Dynamic solution，将求解样本设置为"1985 1999"。点击 OK 求解模型。检查结果，使用 Proc/Make Graph⋯⋯，图 5 - 8 显示的为内生变量实际和基准解。

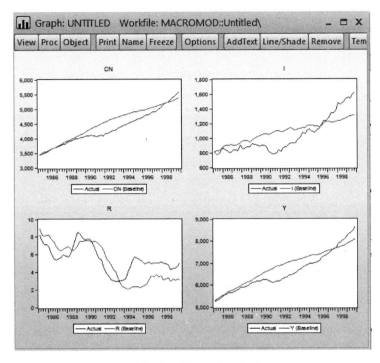

图 5 – 8　动态解输出图示

第五步，预测

当对模型拟合历史数据的性能感到满意，就可以使用模型来预测内生变量的未来值。进行预测首先是确定预测期间外生变量的值。这要基于我们对将要发生的事情的最佳猜测，通常是构建几种不同的路径，然后比较结果。

1. 填写外生变量数据

在模型中，必须为政府支出（G）和实际货币供应（M）这两个外生变量提供未来的值。这里尝试遵循历史数据的趋势构建几条路径。

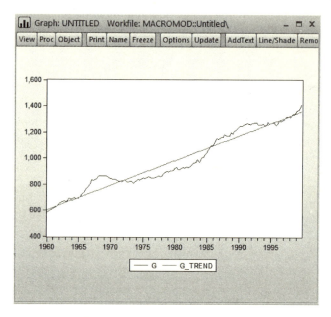

图 5 - 9 政府支出 G 的历史序列

从 G 的历史序列（图 5 - 9）来看，G 的增长率自 1960 年以来一直相当稳定，所以 G 的对数大致遵循线性趋势。在 G 偏离趋势的地方，偏差似乎遵循一种周期性模式。拟合这种行为的一个简单模型，是将 G 的对数回归到一个常数和一个时间趋势，用 AR（4）误差结构模拟周期性偏差。即下列等式，用 EQG 命名储存在 workfile 中：

$$\log(g) = 6.252335363 + 0.004716422189 * @\,trend + [\,ar(1) = 1.169491542, ar(2) = 0.1986105964, ar(3) = 0.239913126, ar(4) = -0.2453607091\,]$$

用这个方程生成 G 的一组未来值，用以执行 G 从 2000Q1 到 2005Q4 的动态预测，将结果保存回 G 序列。

图 5 - 10 显示实际货币供应量 M 的历史路径与 G 有很大的

不同，表现为稳定期后跟着加速增长。现在，假设实际货币供应停留在其最后一次观察到的历史值。

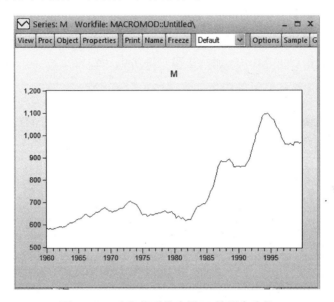

图 5 – 10　实际货币供应量 M 的历史路径

用 EViews 序列命令填写这个路径。以下几行将历史值填满 M 序列从 2000Q1 到最后一个样本观察：

smpl 2000q1 @ last

series m = m （ – 1 ）

smpl @ all

这样就设置好了预测期外生变量的值。

2. 生成内生变量预测

返回到模型窗口，点击 Solve，选择 Dynamic Solution，将预测样本设置为 2000Q1 to 2005Q4，然后点击 OK。出现解信息弹窗，表明模型已经成功求解。

检查图表中的结果，再次使用变量观察 Proc/Make Graph ……，在 Model variables 部分选择 Endogenous variables，然后设置样本区间 1995Q1 to 2005Q4（这样包括 5 年的历史数据）。只显示基准结果，取消对 Actuals 框的检查，然后点击 OK 以生成图表。在 1999Q4 中添加一条线，将历史和实际结果分开后，得到了一个显示结果的图表：

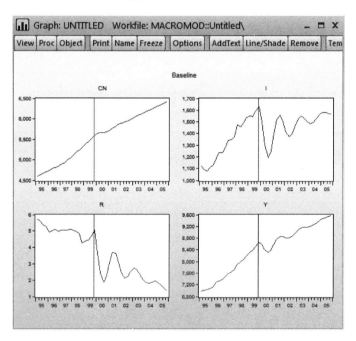

图 5–11 内生变量预测值

在结果中可观察到奇怪的行为。在预测期开始的时候，投资、GDP 和利率都出现了大幅下降。接下来约有一年的振荡期，在预测期间逐渐消失。这不是一个特别令人信服的预测。在外生变量或内生变量的历史路径中，不可能导致这种急剧下降，这表明问题可能出在方程的残差。投资等式是最有可能的，因为它在历史数据的末尾附近有一个巨大的、持续的正残差（见图 5 - 12）。在求解模型的时候，这个残差在预测期被设定为零，这可能是预测开始时投资突然下降的原因。

3. 使用添加因子模拟等式残差

解决这个问题的一种方法是改变投资等式的设定。最简单的修改是在等式中添加一个自回归成分，以减少持续性误差。一个更好的方法是尝试修改等式中的变量，以使等式为 20 世纪 90 年代投资的急剧增加提供一些解释。

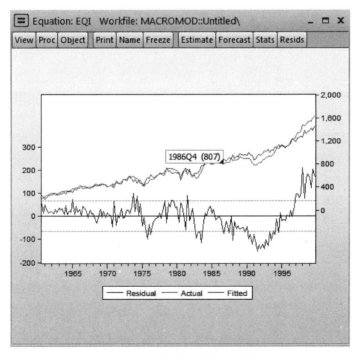

图 5 - 12　投资方程残差序列

解决这个问题的另一种方法是不改变等式，但在等式中添加一个因子以便于模拟残差的路径。为了加入添加因子，切换到模型的方程视图，双击投资方程 EQI，选择 Add factors 选项卡。在 Factor type 下，选择 Equation intercept（residual shift）。弹幕出现询问是否要创建添加因子系列，添入 I_A（如果在工作文件中还不存在这个系列 I_A），单击 OK 创建这个序列。返回到变量视图时，应该看到一个新的变量 I_A 已经被添加到模型中的变量列表中。

使用添加因子，可以指定在预测期投资方程残差的路径，在方程对象下通过检查 Actual/Fitted/Residual Graph 视图，可以看到，在历史数据的末尾，残差值围绕在大约 160 的值附近徘徊。假设在整个预测周期内残差都存在，可以用几个简单的 EViews 命令设置添加因子：

smpl 2000q1 @ last

i_a = 160

smpl @ all

添加因子完成后，可以遵循与前面所遵循的完全相同的程序，对模型重新求解，得到新的结果图形。

包括添加因子的模型的解更合理，见图 5-13。以前预测第一期的突然下降已经消除了。振荡仍然还有，但已大大削弱。

第六步，进行随机模拟

上述的求解和预测，是基于假设随机方程的设定是正确的。但在实践中，方程中估计的一些系数，不是一成不变的。怎样在拟合的结果中反映这种系数的变化？可以利用随机模拟将这些特征纳入 EViews 模型中。到目前为止，预测是针对内生变量在某一观测的点估计。一旦给模型增加了不确定性，模型的预

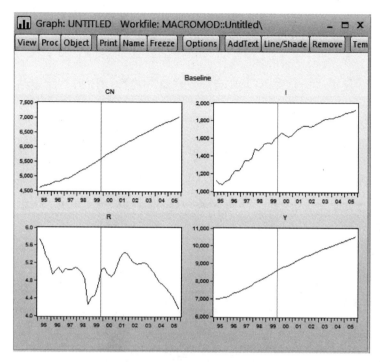

图 5 - 13　包含添加因子的预测结果

测是每个变量在每一观测点结果的一个分布，需要用适当的统
计量描述这些分布。

　　如果是线性模型（如本例），误差是正态的，那么内生变量
将遵循正态分布，每个分布的均值和标准差就足以完全描述分
布。在这种情况下，均值实际上就是模型的确定性解。如果模
型是非线性的，那么内生变量的分布就不一定是正态的。这时，
分布的分位数可能比前一、二阶矩更有用，因为这时的分布可
能有与正态情况截然不同的尾部。对于非线性模型，分布的均
值不能作为模型的确定性解。

EViews 可以很容易地计算出描述不确定环境中内生变量分布的统计量。为了模拟分布，模型对象（model object）使用蒙特卡罗方法，用伪随机数替代未知误差多次重复求解模型。该方法仅提供近似结果。然而，随着重复次数的增加，期望结果会接近它们的真实值。

就本例这一简单的宏观经济模型，使用一个随机模拟，通过在预测中添加误差上下界来显示预测结果的不确定性。在模型窗口，单击"Solve"按钮。出现模型解对话框，仿真类型选择 Stochastic，并为"2000 2005"样本期选择 Dynamic。在对话框右侧的 Solution scenarios & output 框中，确保 Active 部分的 Std. Dev. Checkbox 是检查状态。点击 OK 开始模拟。状态消息栏将显示模拟的进度。仿真完成后选择 Proc/Make Graph……显示结果。如前所述，设置 Model variables 为 Endogenous variables，并将样本设置为"1995 2005"。此外，在 Solution Series 框中选择 Mean ± 2 standard deviations，检查 Actuals 和 Active 情景框，并将后者设置为 Baseline，点击 OK 以生成图 5–14。

结果输出图中的误差界限表明，大部分的不确定性可能是由于投资方程中的残差较大，在随机模拟中产生较大的投资和利率变异。

第七步，使用情景做假设变换

模拟时需要考虑的另一个问题是，如果外生变量发生了变化会怎样影响模型的解。一种方法是直接编辑外生变量序列使其包含新的值，然后求解模型，重写结果。这种方法的问题在于，管理数据和比较不同的结果比较麻烦。

EViews 提供了一种更好的方法，使用情景模拟。可以通过覆盖模型中外生变量的一个子集，赋予它们新的值，同时其余

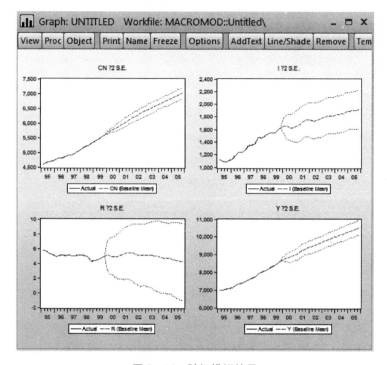

图 5 - 14　随机模拟结果

变量使用存储在实际序列中的值。当求解一个情景时，内生变量的值被分配到 workfile 序列中，用一个情景扩展设定，很容易地将模型的多组解保留在同一个工作文件中。

创建一个情景，先从模型对象菜单选择 View/Scenarios……。在 Scenario Specification 对话框将出现一个情景列表。使用此对话框选择哪一个情景是当前激活状态，或者创建、重命名、复制和删除情景。模型中始终存在两种专门情景：Actuals 和 Baseline。这两个情景是专门的，因为它们不能包含任何被覆盖变量。这两种情景的不同之处在于，"Actuals"情景将其解值直接写入与内生变量同名的 workfile 序列中，而"Baseline"情景则将其解值写入到 workfile 序列中，用附加了"_0"的扩展名。

要给模型添加新情景，只需单击"Create New Scenario"的按钮。创建使用默认名称"Scenario 1"的新情景。情景一旦创建，就可以通过重写某一外生变量来修改基于 baseline 设定的情景。要为序列 M 添加一个覆盖，首先要确定"情景 1"处于激活状态（在 Scenario Specification 对话框中突出显示），见图 5 – 15，然后单击 Overrides 选项卡并在对话框中输入"M"。点击 OK 以接受更改。

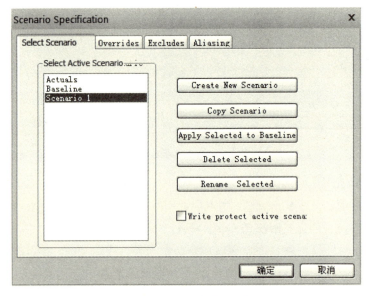

图 5 – 15　选择情景对话框

接着，退出 Scenario Specification 对话框，点击 View/Variables 回到模型的变量窗口，单击变量 M，用鼠标右键来调用变量的属性 Properties 对话框，然后在 Scenario 框，点击复选框 Use override series in scenario。将会出现一个消息，询问是否创建新的序列。点击 Yes 以创建序列，然后点击 OK 返回到变量窗口。

在变量窗口中，变量"M"现在以红色出现，表明它在激活情景中被覆盖。这意味着，在使用"情景 1"求解模型时，变量 M 将被绑定到序列 M_1，而不是 M 序列。（可以使用别名 Aliasing 选项卡来更改"_1"的扩展名。还要注意的是，如何产生覆盖，仍然需要通过复制 M 的值来在工作文件中创建系列M_1。）

在之前对 M 的预测中，假设在预测期，实际货币供应将保持不变。对于另一种情形，假设实际货币供应在预测期开始时急剧收缩，并在预测期保持这个较低的值。可以使用一些简单的命令来设置新值：

smpl 2000q1 2005q4

series m_1 = 900

smpl @ all

同前，点击 Solve 按钮求解模型。将 Simulation type 还原为确定性，"Scenario 1"是激活情景（active scenario），"Baseline"是比较情景（alternate scenario），选中 Solve for Alternate along with Active。将求解样本设置为"2002 2005"。点击 OK 求解。求解完成，使用 Proc/Make Graph …… 显示结果。首先，设置 Model variables 选择到显示 Endogenous variables。其次，将 Solution series 列表框设置为 Deterministic solutions。最后，检查 Active and Compare 求解方案复选框，确保激活情景设置为"Scenario 1"，比较场景设置为"Baseline"。将样本设置为 1995Q1 – 2005Q4，然后单击 OK，显示出图 5 – 16。

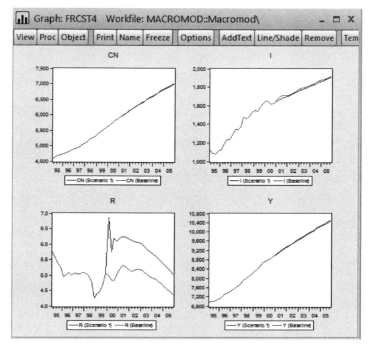

图 5 - 16   货币供应减少的影响效应

模拟结果表明，货币供应量的减少导致了利率的大幅上升，这使得投资减少，收入和消费也出现了小幅下降。总得来说，在这个模型中，货币供给变化对实体经济的预测影响相对较小。

附录一：一个中型宏观经济模型
例子——克莱因 - 戈德伯格模型

1955 年克莱因和戈德伯格以美国 1929 - 1952 年间的经济数据为样本建立的宏观经济模型是第一个具有现实应用价值的模型。

表1　克莱因－戈德伯格模型中的变量

序号	内生变量	外生变量
1	C　消费	F_R　农业出口
2	D　折旧	G　政府支出＋出口
3	F_I　进口	h　工作时间
4	I　投资	L_B　超过储备的百分比
5	i_L　长期利率	N_E　企业家数量
6	i_S　短期利率	N_G　政府雇员
7	K　资本存量	N_L　劳动力
8	L_1　居民流动资产	N_P　人口
9	L_2　企业流动资产	P_F　进口价格水平
10	M　国民收入	R_2　农业补贴
11	N_W　就业	t　时间趋势
12	P　非工资非农场收入	T_C　公司税
13	P_C　公司利润	T_E　间接税
14	p　价格水平	T_N　非工资非农业非企业税－转移支付
15	p_R　农产品价格水平	T_R　农业税－转移支付
16	Q　国内生产总值	T_W　工资税－转移支付
17	R_1　农业收入	W_2　政府工资总额
18	S_B　公司盈余	
19	S_C　公司储蓄	
20	w　工资率	
21	W_1　私人工资总额	

克莱因－戈德伯格模型中的方程：

1. 消费方程：$C = -22.26 + 0.55(W_1 + W_2 - T_W) + 0.41(P - T_C - T_N - S_C) + 0.34(R_1 + R_2 - T_R) + 0.26C_{-1} + 0.072(L_1)_{-1} + 0.26N_P$

2. 投资方程：$I = -16.71 + 0.78(P - T_C - T_N + R_1 + R_2 - T_R + D)_{-1} - 0.073K_{-1} + 0.14(L_2)_{-1}$

3. 公司储蓄方程：$S_C = -3.53 + 0.72(P_C - T_C) + 0.076(P_C - T_C - S_C)_{-1} - 0.028(S_B)_{-1}$

4. 公司利润方程：$P_C = -7.60 + 0.68P$

5. 折旧方程：$D = 7.25 + 0.10^{\frac{K+K_{-1}}{2}} + 0.044(Q - W_2)$

6. 劳动力需求方程：$W_1 = -1.40 + 0.24(Q - W_2) + 0.24(Q - W_2)_{-1} + 0.29t$

7. 生产函数：$Q - W_2 = -26.08 + 2.17[h(N_W - N_G) + N_E] + 0.16^{\frac{K+K_{-1}}{2}} + 2.05t$

8. 劳动市场调节方程：$w - w_{-1} = 4.11 - 0.74(N_L - N_W - N_E) + 0.52(p_{-1} - p_{-2}) + 0.54t$

9. 进口需求方程：$F_I = 0.32 + 0.006(M - T_W - T_C - T_N - T_R)^{\frac{p}{p_F}} + 0.81(F_I)_{-1}$

10. 农业收入方程：$R_1(p/p_R) = -0.36 + 0.054(W_1 + W_2 - T_W + P - T_C - T_N - S_C)(p/p_R) - 0.007[(W_1 + W_2 - T_W + P - T_C - T_N - S_C)(p/p_R)]_{-1} + 0.012F_R$

11. 农业与非农业价格关系式：$p_R = -131.17 + 2.32p$

12. 居民流动偏好方程：$L_1 = 0.14(M - T_W - T_C - T_N - S_C - T_R) + 76.03(i_L - 2.0)^{-0.84}$

13. 企业流动偏好方程：$L_2 = -0.34 + 0.26W_1 - 1.02i_S - $

$0.26(p - p_{-1}) + 0.61(L_2)_{-1}$

14. 短长期利率关系式：$i_L = 2.58 + 0.44(i_S)_{-3} + 0.26(i_S)_{-5}$

15. 货币市场调节方程：$100 \dfrac{i_S - (i_S)_{-1}}{i_S} = 11.17 - 0.67L_B$

16. 平衡方程：$C + I + G - F_I = M + T_E + D$

17. 定义方程：$S_B - (S_B)_{-1} = S_C$

18. 定义方程：$W_1 + W_2 + P + R_1 + R_2 = M$

19. 定义方程：$K - K_{-1} = I - D$

20. 定义方程：$h(w/p)N_W = W_1 + W_2$

21. 定义方程：$Q = M + T_E + D$

该模型是以凯恩斯主义经济理论为基础、以需求为导向，具有明显的收入 – 支出结构。尽管以现在的眼光看它存在很多问题：它缺少很多目前标准版本的很多变量，没有将生产能力标准化，出口没有内生化，也没有考虑失业的影响，也没有进行误差校正。但模型中比较注重货币金融方面的内容，在宏观计量模型的发展中占据一定的地位。

附录二：一个大型结构宏观经济模型的例子

模型假设：考虑单一产品市场，企业根据生产预期、要素生产率及其相对成本决定投资和雇佣工人；用实际的产出水平作为潜在产出；考虑库存；居民工资是 GDP 的一部分，为总就业量的函数，居民用收入进行消费，其消费量受通胀、失业风险和利率的影响；最终需求等于消费、生产性投资、非生产性投资、库存变化和政府需求；进口是国内需求的一部分，它受进口产品竞争力的影响；出口是世界需求的一部分，取决于竞

争力和可用产能，优先考虑满足国内需求；实际供应等于实际
需求；投资增加生产性资本增长，考虑折旧；工资受通胀影响，
失业影响工人谈判能力，产品价格随着成本提高而增长，利润
是销售量的函数；贸易（进出口）价格取决于出口商的成本和竞
争对手的价格；最终需求的价格等于供需平衡时的当前价格；
税收等于税率乘以税基。

表1 模型中所用的变量含义

序号	变量	释义	序号	变量	释义
1	CAP	生产能力	67	PMT	含关税的进口缩减指数
2	CI	中间消费	68	POP	适龄劳动人口
3	COG	政府消费（实际值）	69	POPAC	劳动力
4	COGV	政府消费（当前值）	70	POPT	总人口
5	COH	居民消费	71	PP	生产缩减指数
6	COMPM	进口竞争力	72	PPX	国外生产缩减指数
7	COMPX	出口竞争力	73	PQ	增加值缩减指数
8	COST	标准化的工资和资本成本	74	PROF	公司利润
9	COSTW	标准化的工资成本	75	PX	出口缩减指数
10	ER	汇率	76	Q	实际增加值
11	ERX	汇率（外生）	77	QV	名义增加值
12	EXPG	政府支出	78	R_EXPG	政府支出残差
13	FCAPF	企业融资能力	79	R_ICT	所得税率
14	FCAPG	政府融资能力	80	R_IFP	公司利润税率

续表

序号	变量	释义	序号	变量	释义
15	FCAPGP	政府融资能力（占 GDP 百分比）	81	R_IH	住房投资收入比
16	FCAPX	全球净融资能力	82	R_LW	企业雇员中长期工占比
17	FD	最终国内需求（实际值）	83	R_OIT	其他间接税率
18	FDGV	政府需求	84	R_PCOG	政府消费价格与全球需求缩减指数之比
19	FDV	最终国内需求（现值）	85	R_PCOH	居民消费价格与全球需求缩减指数之比
20	GDP	国内生产总值（不变价）	86	R_PIG	政府投资价格与全球需求缩减指数之比
21	GDPV	国内生产总值（当前价）	87	R_PIP	企业投资价格与全球需求缩减指数之比
22	HDI	居民可支配收入	88	R_REVG	政府收入残差
23	HI	居民家庭总收入	89	R_REVQ	归入 GDP 的其他居民收入
24	HRDI	实际居民可支配收入	90	R_REVX	不归入 GDP 的其他居民收入
25	I	投资	91	R_SCF	公司支付的社保基金率
26	IC	中间消费品	92	R_SCG	政府支付的社保基金比率

续表

序号	变量	释义	序号	变量	释义
27	ICT	所得税	93	R_SCW	居民支付的社保基金比率
28	IFP	企业利润税	94	R_SUBS	公司补贴与增加值的比率
29	IG	实际政府投资	95	R_TAR	本国关税税率
30	IGV	名义政府投资	96	R_TARX	外国关税税率
31	IH	居民住房投资	97	R_VAT	增值税率
32	IP	生产性投资	98	RCVAL	名义出口与进口比率
33	IR	平均借款利率	99	RCVOL	实际出口与进口比率
34	IRL	长期利率	100	RDEP	资本折旧率
35	IRM	平均债务利率	101	RELC	劳动与资本的相对成本
36	IRMX	平均债务利率（外生）	102	REM	以本币表示的汇款
37	IRS	短期利率	103	REMX	以外币表示的汇款
38	IRSR	短期实际利率	104	REVG	政府收入
39	IRST	泰勒残值利率	105	REVX	不基于 GDP 的居民收入
40	IRSX	短期利率（外生）	106	REVQ	基于 GDP 计算的居民收入
41	IRX	国外利率	107	RMVQ	基于 GDP 的居民收入

续表

序号	变量	释义	序号	变量	释义
42	K	生产性资本	108	RMARG	公司利润比率（百分比形式）
43	LF	劳动生产率趋势	109	RPROB	公司利润比率（绝对值形式）
44	LF_EC	劳动生产率趋势（外生）	110	RPROF	公司利润
45	LG	政府就业人数	111	SCF	公司社保支出
46	LP	劳动生产率	112	SCG	政府社保支出
47	LT	总就业人数	113	SCW	工人社保支出
48	LW	工资收入者人数	114	SOCB	社会福利
49	M	实际进口	115	SOCBR	社会福利（外生）
50	MARG	公司利润	116	SUBS	公司补贴
51	MV	进口	117	T	时间
52	NIF	公司支付的净利息	118	TAR	关税
53	NIG	政府支付的利息	119	TC	技术系数
54	NIG_ER	政府支付的利息（外生）	120	TD	国内总需求
55	NIX	外国支付的利息	121	TRB	贸易平衡
56	NIXD	外国支付的利息（本币）	122	TTRAD	贸易条款
57	NIXX	外国支付的利息（外币）	123	UN	失业量
58	OIT	其他间接税	124	UNR	失业率
59	PCOG	政府消费缩减指数	125	UR	产能利用率

续表

序号	变量	释义	序号	变量	释义
60	PCOH	居民消费缩减指数	126	URD	目标产能利用率
61	PFD	最终消费缩减指数	127	VAT	增值税
62	PFDXT	去除增加值税的最终消费缩减指数	128	WAGE	工资
63	PGDP	GDP 缩减指数	129	WAGEF	公司支付的工资
64	PIG	政府投资缩减指数	130	WAGEG	国内服务人员的工资
65	PIP	公司投资缩减指数	131	WR	工资率
66	PM	进口缩减指数，不含关税	132	XV	出口（名义）

此宏观结构模型包括六个模块：生产模块、价格模块、居民模块、企业核算模块、国际贸易模块和政府支出模块，内生变量用大写字母，外生变量用小写字母。

一、生产模块

［1］GDP = FD + X − M（供求均衡状态时以固定价格表示的GDP）

［2］Q = GDP − r_vat0 ∗ FD/（1 + r_vat0）（除去税收和关税的增加值，这里 r_vat0 是基年增值税率）

［3］LOG(CAP) = f(LF, K)（生产能力为就业和资本的函数）

［4］UR = Q/CAP（生产能力利用率等于单位生产能力实现的产量）

［5］LF = f(Q, lp, LF(−1))（就业量为增加值、自然劳动

生产率及其自身趋势的函数）

　　[6] LW = r_lw * LF （工资收入者是企业就业量的一个份额）

　　[7] LT = LF + lg （总就业量包括公务员）

　　[8] LP = Q/LF （劳动生产率为单位就业人员创造的产量）

　　[9] IP = f(IP(-1), K, K(-1), Q, UR, RPROF) （生产性投资是上一期生产性投资、增加值、产出缺口、企业利润和利率的函数）

　　[10] K = K(-1) * (1 - rdep) + IP （当期资本等于上期资本除去折旧加上当期投资）

　　[11] IC = f(Q, IC(-1)) （库存变化是增加值的函数）

　　[12] POPAC = f(LT, pop, POPAC(-1), LT * pop) （劳动力是就业量和适龄人口的函数）

　　[13] UN = POPAC - LT （失业人数）

　　[14] UNR = UN/POPAC * 100 （失业率）

二、价格模块

　　[15] COSTW = WR * (1 + r_scf)/LP （每单位产出的工资成本包括企业缴纳的社会保险）

　　[16] PQ = f(COSTW, UR) （增加值缩减指数是工资成本和产出缺口的函数）

　　[17] PP = (PQ + tc * PFDXT)/(1 + tc) （生产价格等于增加值价格和扣除税的最终需求价格的加权）

　　[18] FDV = GDPV + MV - XV （名义最终需求等于需求 - 供给）

　　[19] PFD = FDV/FD （最终需求缩减指数 = 名义最终需求/

实际最终需求）

[20] PFDXT = PFD * (1 + r_vat0)/(1 + r_vat)（扣除增值税的最终需求缩减指数）

[21] PCOH = r_pcoh * PFD（居民消费缩减指数与最终需求缩减指数的占比关系）

[23] PIG = r_pig * PFD（政府投资缩减指数与最终需求缩减指数的占比关系）

[24] WR = f(PCOH, PQ, LP, UNR)（工资率是 CPI，增加值缩减指数、劳动生产率和失业率的函数）

[25] COST = (WR * LF * (1 + r_scf) + c_cost * PIP * K(−1))/Q（标准化成本包括一个给定的资本份额）

[26] PX = f(PP, ppx * ER, t)（出口价格是生产价格、以本币表示的国外生产价格和时间趋势的函数）

[27] PM = f(ppx * ER, PP, t)（进口价格的函数式同出口，但是反向作用）

[28] ER = erx（名义汇率或不变汇率是外生的）

或

[28] ER = f(PCOH, ppx)（汇率是 CPI 和国外生产价格的函数）

[29] IRS = irsx（短期实际利率或不变利率是外生的，或遵循泰勒规则）

或

[29] IRS = f(irsr, PCOH)（短期利率是短期实际利率和 CPI 的函数）

或

[29] IRS = f(irst, PCOH, UR)（短期利率是泰勒残值、CPI

和生产能力利用率的函数）

[30] IRL = f(IRS)（长期利率是短期利率的移动平均）

[31] IR = f(IRS, IRL)（平均利率是短期利率与长期利率的加权）

[32] IRM = f(IRM(-1), IR)（过去名义借债利率通过新借款加以修正）

[33] RELC = WR * (1 + r _ scf)/PIP/IR/100 - @ pchy (PCOH) + rdep)（劳动和资本的相对成本按照传统的公式计算，这里 @pchy 在 EViews 中代表年增长率）

三、居民模块

[34] REM = remx * ER（汇率用于换算国外汇款）

[35] REVX = r_revx * PFD（一部分居民收入是外生的，是最终消费的一定比例）

[36] REVQ = R_REVQ * QV（另一部分居民收入是名义增加值的一定比例）

[37] SOCB = socbr * PCOH * popt（以购买力表现的人均社会福利是外生的）

[38] WAGEG = WR * lg（公务员获得的是平均工资率）

[39] WAGE = WAGEF + WAGEG（总工资等于公务员工资加企业支付的工资）

[40] SCW = r_scw * WAGE（工人缴纳的社会保险）

[41] HI = WAGE - SCW + REVQ + REVX + SOCB + REM（家庭总收入）

[42] ICT = r_ict * HI（所得税是家庭总收入的一定比例）

[43] HDI = HI - ICT（居民可支配收入 = 总收入减所得税）

[44] HRDI = HDI/PCOH（实际居民可支配收入 = 居民可支配收入/CPI）

[45] IH = R_IH * HRDI（居民投资是实际可支配收入的一部分）

[46] COH = f(HRDI, UNR, PCOH, IRS, t)（居民消费是实际可支配收入、失业、通胀、实际短期利率和以前消费的函数）

四、企业核算模块

[47] QV = PQ * Q（名义增加值）

[48] GDPV = QV + VAT + TARIFF（名义 GDP，以当前市场价计）

[49] PGDPM = GDPMV/GDPM（GDP 缩减指数 = 以当期市场价计 GDP/以不变价计 GDP）

[50] WAGEF = WR * LW（企业支付的工资 = 工资率 * 工人数量）

[51] SUBS = r_subs * QV（企业补贴是增加值的一定比例）

[52] MARG = PQ * Q * (1 + r_subs − r_oit) − WAGEF * (1 + r_scf)（企业利润）

[53] RMARG = MARG/Qv（企业利润率）

[54] IFP = (MARG − REVQ) * r_ifp（利润税收）

[55] NIF = f(NIF(−1), IRM, IR, FCAPF)（企业支付的净利息取决于上期利息、新旧债利率和融资能力）

[56] PROF = MARG − REVQ − IFP − NIF（企业收益等于企业利润减去居民工资、税收和利息支出）

[57] RPROF = PROF/(PIP * K(−1))（收益率 = 企业收益/

企业当期资本总额）

［58］RPROB = MARG/(PIP * K(-1))（收益率 = 企业利润/企业当期资本总额）

［59］FCAPF = PROF - PIP * IP - PFD * IC（融资能力 = 企业收益 - 企业投资缩减指数 * 生产性投资 - 最终消费缩减指数 * 中间消费品投资）

［60］I = IP + IH + ig（总投资 = 生产性投资 + 居民投资 + 政府投资）

五、国际贸易模块

［61］PMT = PM * (1 + r_tar)/(1 + r_tar0)（进口价格包括关税，这里 r_tar0 是基年关税税率，PMT 是含关税的进口缩减指数，PM 是不含关税的进口缩减指数）

［62］COMPM = PMT/PP（进口价格竞争力）

［63］D = COH + IP + IH + IC + cog + ig（最终需求）

［64］CI = TC * Q（中间消费品）

［65］TD = FD + CI（国内总消费）

［66］M = f(TD, UR, COMPM)（进口是总需求、产能利用率和进口价格竞争力的函数）

［67］COMPX = PX * (1 + r_tarx)/(1 + r_tarx0)/(PPX * ER)（出口价格竞争力等于含关税的出口价格与本币表示的外国价格之比）

［68］MV = PM * M（名义进口 = 进口缩减指数 * 实际进口）

［69］XV = PX * X（名义出口 = 缩减指数 * 实际出口）

［70］RCVAL = XV/MV（出口与进口的比率，当期价格）

〔71〕RCVOL = X/M（出口与进口的比率，不变价格）

〔72〕TTRAD = PX/PM（贸易条件）

〔73〕TRB = XV − MV（贸易平衡）

〔74〕NIXD = f(NIXD(−1), IRM, IR, TRB)（对国外以本币支付的利息是上期利息、已有债务利率、新利率和贸易平衡的函数）

〔75〕NIXX = f(NIXX(−1), IRMX, ER, TRB)（以外币表示的利息还是汇率、国外利率的函数）

〔76〕NIX = NIXD + NIXX（支付的总利息）

〔77〕FCAPX = TRB − NIX（全球净融资能力）

六、政府支出模块

〔78〕VAT = r_vat * PFD * FD/(1 + r_vat)（增值税）

〔79〕SCF = r_scf * WAGEF（企业缴纳的社会保险）

〔80〕OIT = r_oit * (QV − oit)（其他间接税）

〔81〕TAR = r_tar * MV（关税）

〔82〕SCG = r_scg * WAGEG（政府支付的社会保险）

〔83〕REVG = SCF + SCG + SCW + OIT + IFP + ICT + VAT + TAR + r_revg * QV（政府收入）

〔84〕IGV = ig * PIG（政府投资，以当期价格表示）

〔85〕PCOG = PFD * r_pcog（政府消费缩减指数）

〔86〕COGV = cog * PCOG（政府消费，以当期价格表示）

〔87〕FDGV = COGV + IGV（政府总需求）

〔88〕NIF = f(NIF(−1), IRM, IR, FCAPG)（利息是上期利息，利率和政府融资能力的函数）

〔89〕EXPG = FDGV + WAGEG + SUBS + SOCB + NIG + SCG +

r_expg * QV（政府支出）

　　[90] FCAPG = REVG - EXPG（政府融资能力）

　　[91] FCAPGP = 100 * FCAPG/GDPMV（融资能力占 GDP 的百分数）

附录三：应用 EViews 估计递归系统模型

考虑一个包含产出、通胀、利率三变量的递归系统模型：

$$y_t = a_{11}^1 y_{t-1} + a_{12}^1 \pi_{t-1} + a_{13}^1 i_{t-1} + \varepsilon_{1t} \tag{1}$$

$$\pi_t = a_{21}^0 y_t + a_{21}^1 y_{t-1} + a_{22}^1 \pi_{t-1} + a_{23}^1 i_{t-1} + \varepsilon_{2t} \tag{2}$$

$$i_t = a_{31}^0 y_t + a_{32}^0 \pi_t + a_{31}^1 y_{t-1} + a_{32}^1 \pi_{t-1} + a_{33}^1 i_{t-1} + \varepsilon_{3t} \tag{3}$$

上述模型具有惯性响应，利率对产出缺口的影响滞后一期；当期利率对通胀没有影响；货币当局利用利率规则对当期产出缺口和通胀做出响应。ε_{1t} 为需求冲击，ε_{2t} 为供给冲击，ε_{3t} 为货币利率冲击。

拟合递归模型最简单的方法是先估计 VAR 之后利用乔分解（Cholesky decomposition），但下面的方法更常用。

一、基本估计方法

EViews 书写一个递归系统为：

$$Az_t = lags + B\eta_t \tag{4}$$

这里 lags 是 $A_1 z_{t-1} + \cdots\cdots + A_p z_{t-p}$，$\mathbf{A}$ 可以被理解为建立结构方程中行为关系间的约束，$\mathbf{B}$ 用于建立与脉冲响应联系的约束。因为 EViews 不允许约束 $\mathbf{A}_j$，$j = 1, 2, \cdots\cdots, p$，只能指定 $\mathbf{A}$ 和 $\mathbf{B}$，先不考虑滞后项，重写式（4）为 $Ae_t = Bu_t$，这里 $u_t = \eta_t$ 是冲击，具有单位方差（比较 ε_t 为非单位方差），这个表达式

的逻辑来自单变量递归形式 $Az_t = A_1z_{t-1} + B\eta_t$，代入 VAR 中的 $z_t = B_1z_{t-1} + e_t$，A（$B_1z_{t-1} + e_t$）$= A_1z_{t-1} + B\eta_t$ 整理得：$Ae_t = (A_1 - AB_1) z_{t-1} + B\eta_t$，由 $B_1 = A_0^{-1}A_1$，则 $AB_1 = A_0B_1 = A_1$，$Ae_t = B\eta_t = Bu_t$，相应地，应用 EViews 求解前要么设定初始矩阵 A、B，要么设定等式 $Ae_t = Bu_t$。

先估计 VAR（2），然后选择 Proc→Estimate Structural Factorization，出现图 1。

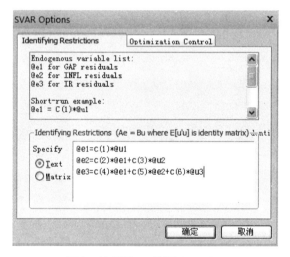

图 1　给 EViews 填写 $Ae_t = Bu_t$

选择 text 或者 matrix，前者用于描述 A、B，而后者产生 $Ae_t = Bu_t$。采用第一种方法的第一步是进行正交化，将式（1）－（3）进行正交化，$\varepsilon_{jt} = \sigma_j\eta_{jt} = \sigma_ju_{jt}$，$A$ 和 B 为：

$$A = \begin{bmatrix} 1 & 0 & 0 \\ -a_{21}^0 & 1 & 0 \\ -a_{31}^0 & -a_{32}^0 & 1 \end{bmatrix}, B = \begin{bmatrix} \sigma_1 & 0 & 0 \\ 0 & \sigma_2 & 0 \\ 0 & 0 & \sigma_3 \end{bmatrix}$$

因为要写出等式 $Ae_t = Bu_t$，然后让 EViews 执行最大似然估计求出（A_j，B）中的未知参数，EViews 中将约束性未知参数用 C 表示，设计如下：

$$A = \begin{bmatrix} 1 & 0 & 0 \\ C(2) & 1 & 0 \\ C(4) & C(5) & 1 \end{bmatrix}, \quad B = \begin{bmatrix} C(1) & 0 & 0 \\ 0 & C(3) & 0 \\ 0 & 0 & C(6) \end{bmatrix}$$

以此填写图 1。点击 OK，EViews 执行最大似然估计，结果见图 2，给出估计系数 C，对数似然值和估计的 **A**、**B** 矩阵：

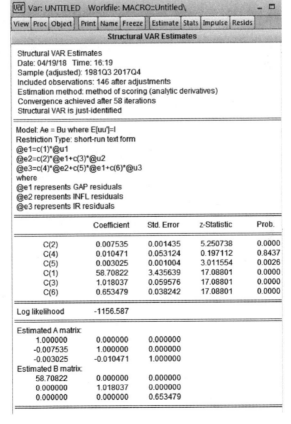

图 2　EViews 估计结构模型的 **A**、**B** 矩阵的最大似然估计结果

要获得脉冲响应，点击 Impulse→ Impulse Definition→Structural Factorization，得到乔分解同样的结果。

如果选择第二种方法 Matrix，直接对 EViews 描述 **A**、**B**。回到 Eviews 页面的顶部用 Object → New Object →Matrix - Vector Coef，产生一个空白矩阵，点击 OK，设置行数和列数（本例是 3×3），点击 OK，出现图 3。

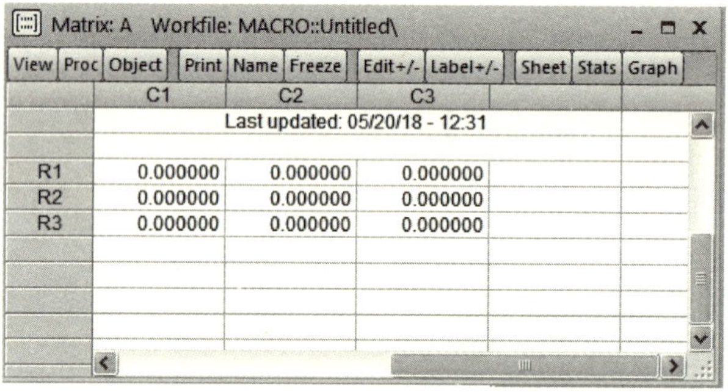

图3　一个矩阵对象的例子

用 Edit +／- 键编辑这个列表，如图 4。

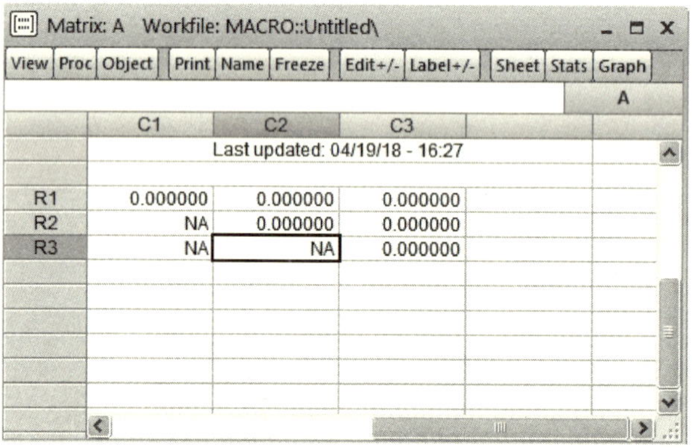

图4　A 矩阵的一个例子

这里"NA"意味着矩阵中需要估计的未知值，然后点击 Name 命名，称之为 **A**。同样的步骤产生一个矩阵 **B**。

$$\begin{bmatrix} & C1 & C2 & C3 \\ R1 & NA & 0 & 0 \\ R2 & 0 & NA & 0 \\ R3 & 0 & 0 & NA \end{bmatrix}$$

冲击响应可用于观察在不同的预测范围对变量的冲击，执行冲击响应后，选择 View → Variance Decomposition，用递归 SVAR（2）拟合，由需求冲击解释的通货膨胀的方差部分是 15.92，供给/成本冲击解释的份额是 75.85，而货币冲击是 8.24，见图 5。

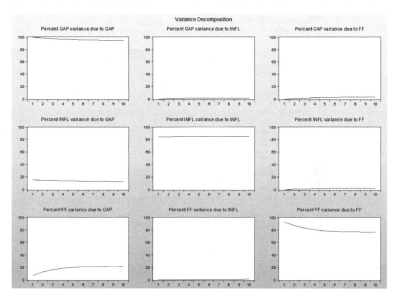

图 5　方差分解图示

估计递归模型的另一种方法是直接使用 EViews 中的 System 对象。在工作文件窗口，点击 Object→New Object……，填写图6 中的对话框，命名系统对象 Macro - sys。

假设 SVAR 模型有两阶滞后，系统对象需要用 EViews 代码填充，见图 7。

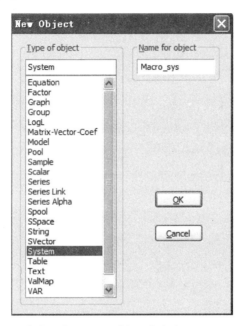

图 6 产生一个 System 对象，命名为 Chomor－sys

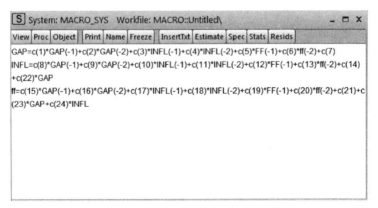

图 7 在 EViews 系统对象中定义宏观经济模型

当期系数（ a_{21}^0, a_{31}^0 和 a_{32}^0 ）的占位符是 C（22），C（23）和 C（24），点击 Estimate，选择 Full Information Maximum Likelihood，使用有约束的对角协方差矩阵，见图 8。

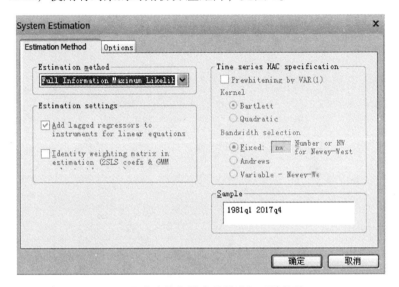

图8　用完全信息最大似然进行系统估计

对应的 SVAR 模型中的 A、B 矩阵分别是

$$A = \begin{bmatrix} 1 & 0 & 0 \\ -C(22) & 1 & 0 \\ -C(23) & -C(24) & 1 \end{bmatrix} = \begin{bmatrix} 1 & 0 & 0 \\ -0.007535 & 1 & 0 \\ -0.003025 & -0.010471 & 1 \end{bmatrix}$$

$$B = \begin{bmatrix} 0.56363 & 0 & 0 \\ 0 & 0.68947 & 0 \\ 0 & 0 & 0.61882 \end{bmatrix}$$

结果见图 9。

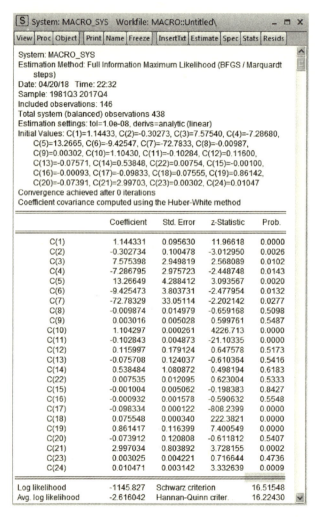

图 9　宏观经济模型完全信息最大似然估计的对角协方差矩阵

　　因为模型是完全识别的，意味着用一个用户设定的冲击矩阵 $\mathbf{A}^{-1}\mathbf{B}$ 进行累积的 VAR 能计算出冲击响应。见图 10。

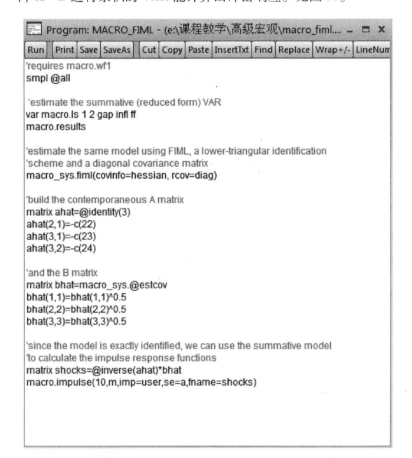

```
'requires macro.wf1
smpl @all

'estimate the summative (reduced form) VAR
var macro.ls 1 2 gap infl ff
macro.results

'estimate the same model using FIML, a lower-triangular identification
'scheme and a diagonal covariance matrix
macro_sys.fiml(covinfo=hessian, rcov=diag)

'build the contemporaneous A matrix
matrix ahat=@identity(3)
ahat(2,1)=-c(22)
ahat(3,1)=-c(23)
ahat(3,2)=-c(24)

'and the B matrix
matrix bhat=macro_sys.@estcov
bhat(1,1)=bhat(1,1)^0.5
bhat(2,2)=bhat(2,2)^0.5
bhat(3,3)=bhat(3,3)^0.5

'since the model is exactly identified, we can use the summative model
'to calculate the impulse response functions
matrix shocks=@inverse(ahat)*bhat
macro.impulse(10,m,imp=user,se=a,fname=shocks)
```

图 10　计算冲击响应函数的 EViews 程序

冲击响应结果见图 11。

　　在图 11 中对利率冲击的脉冲响应表明，在利率上升的情况下，通胀和产出对利率上升的反应是正的，而不是像理论预期的那样为负。这个例子说明递归模型的解可能产生一些反常现

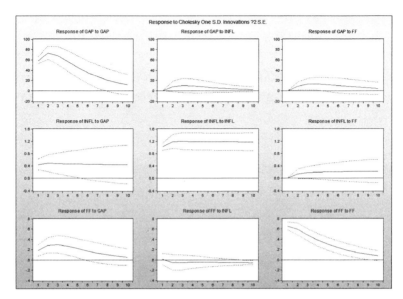

图 11　宏观经济模型完全信息最大似然估计所得脉冲响应函数

象，比如：

价格反常——货币政策冲击对通胀有正作用；

汇率反常——提高利率的冲击使得货币贬值而不是升值。

要消除这些反常通常需要重新设定 SVAR，当变量是稳定的时间序列时有四种方法可以尝试：

（1）在系统中添加变量，即加入更多的冲击。本例中利率规则隐含的是货币供应方程，但系统模型中没有货币需求方程，因此，可以给系统增加一个货币变量，比如使用 M1，M2，非借入外汇储备（NBR），或者货币指数，这些都是在许多文献中用过的变量。西姆斯（1980）[1]为解决价格反常问题在模型中尝

〔1〕　Christopher A. Sims, "Macroeconomics and Reality", *Econometrica*, *Econometric Society*, 1980, vol. 48（1）: 1－48.

试加入石油价格或更一般的大宗商品价格等影响政策设定和通胀的因素，他的研究证实，给方程添加因子的确可以消除一些反常。

（2）改变变量的形式。比如模型中是使用 GDP，产出缺口，还是使用 GDP 增长率，或在结构方程中对对数 GDP 使用时间趋势，需要斟酌。西奥达尼（2004）[1] 用美国国会预算办公室数据测度 SVAR 中美国的产出缺口，相比使用产出水平，大大减轻了价格反常问题。

（3）改变模型设定。比如使用非递归系统或对冲击影响施加约束。克姆和鲁比尼（2000）[2] 通过允许汇率对利率的当期影响来解决汇率反常问题，那样模型不再是递归的。

（4）引入潜在变量，使现在的冲击多于可观察变量数。这样做的原因是，使用标准的 SVAR 意味着冲击数量等于可观察变量的数量，如果潜在的变量没有被放置在系统中，那么来自可观察的脉冲响应是更多的冲击次数的组合，这可能会导致冲击识别困难，引起价格反常。卡斯特洛诺沃和苏里科（2010）[3] 的研究则认为系统的一些不确定性，即存在"太阳黑子"冲击是造成价格反常问题的根源。

〔1〕　Paolo Giordani, "An Alternative Explanation of the Price Puzzle", *Journal of Monetary Economics*, Elsevier, 2004, vol. 51 (6)：1271 – 1296, September.

〔2〕　Soyoung Kim & Nouriel Roubini, "Exchange Rate Anomalies in the Industrial countries：A Solution with a Structural VAR Approach", *Journal of Monetary Economics*, *Elsevier*, 2000, vol. 45 (3)：561 – 586.

〔3〕　Efrem Castelnuovo & Paolo Surico, "Monetary Policy, Inflation Expectations and the Price Puzzle", *Economic Journal*, *Royal Economic Society*, 2010, vol. 120 (549)：1262 – 1283.

二、对冲击响应施加约束

对冲击响应施加一个零当期约束，即一个冲击对一个变量的当期影响是零，以一个三变量的 VAR 和 SVAR 冲击之间的关系为例：

$$e_t = A_0^{-1} \eta_t = \overline{A} \eta_t = \begin{bmatrix} \overline{a}_{11} & \overline{a}_{12} & 0 \\ 0 & \overline{a}_{22} & 0 \\ \overline{a}_{31} & \overline{a}_{32} & \overline{a}_{33} \end{bmatrix} \eta_t$$

这里 $\overline{A}$ 就是 B，具有元 $\{b_{ij}\}$，施加一个约束，$b_{ij} = 0$ 意味着 e_{it} 不依赖于 η_{jt}。

假设货币政策冲击 η_{3t} 对产出（由 e_{1t} 表示）和通胀（由 e_{2t} 表示）没有当期影响；需求冲击 η_{1t} 对通胀没有当期影响，这意味着：

$$e_{1t} = \overline{a}_{11} \eta_{1t} + \overline{a}_{12} \eta_{2t} \tag{5}$$

$$e_{2t} = \overline{a}_{22} \eta_{2t} = \varepsilon_{2t} \tag{6}$$

$$e_{3t} = \overline{a}_{31} \eta_{1t} + \overline{a}_{32} \eta_{2t} + \overline{a}_{33} \eta_{3t} \tag{7}$$

这个冲击约束模型中有六个未知参数，因此是完全可识别的。它也与前面递归模型拟合有完全相同的似然函数（在观测上是等价的）。因此，不可能在递归模型和基于数据匹配的冲击约束模型之间进行选择。需要其他标准来证明选择哪一个具有合理性。

施加零约束，依据 EViews 程序，式（5）－式（7）意味着

$$B = A_0^{-1} \begin{bmatrix} * & * & 0 \\ 0 & * & 0 \\ * & * & * \end{bmatrix}$$，在 EViews 中 VAR 页面，Proc→Estimate

Structural Factorization→Text 填写：

@ e1 = c（1）* @ u1 + c（2）* @ u2

@ e2 = c（3）* @ u2

@ e3 = c（4）* @ u1 + c（5）* @ u2 + c（6）* @ u3

用 SVAR 估计方法得到估计结果见图 12。

Var: UNTITLED　Workfile: MACRO::Untitled　　_　□　X

View | Proc | Object | Print | Name | Freeze | Estimate | Forecast | Stats | Impulse | Resids | Zoo

Structural VAR Estimates

Structural VAR Estimates
Date: 04/20/18　Time: 22:57
Sample (adjusted): 1981Q3 2017Q4
Included observations: 146 after adjustments
Estimation method: method of scoring (analytic derivatives)
Convergence achieved after 1 iterations
Structural VAR is just-identified

Model: Ae = Bu where E[uu']=I
Restriction Type: short-run text form
@e1=c(1)*@u1+c(2)*@u2
@e2=c(3)*@u2
@e3=c(4)*@u1+c(5)*@u2+c(6)*@u3
where
@e1 represents FF residuals
@e2 represents GDP residuals
@e3 represents INFL residuals

	Coefficient	Std. Error	z-Statistic	Prob.
C(1)	0.659063	0.038569	17.08801	0.0000
C(2)	0.132417	0.055092	2.403547	0.0162
C(3)	64.96178	3.801601	17.08801	0.0000
C(4)	0.034127	0.084910	0.401926	0.6877
C(5)	0.420457	0.088425	4.754933	0.0000
C(6)	1.025682	0.060023	17.08801	0.0000

Log likelihood	-1173.699

Estimated A matrix:
1.000000	0.000000	0.000000
0.000000	1.000000	0.000000
0.000000	0.000000	1.000000

Estimated B matrix:
0.659063	0.132417	0.000000
0.000000	64.96178	0.000000
0.034127	0.420457	1.025682

图 12　约束 SVAR 模型的输出

结果中的 A_0 矩阵为

$$\begin{bmatrix} 1 & 0.16689 & 0.0 \\ 0.0 & 1 & 1 \\ -0.49429 & -0.02583 & 1 \end{bmatrix}$$

注意本例中 SVAR 表达式 $e_t = a_0^{-1}\Gamma u_t$ ，这里 Γ 是一个含有结构误差的标准离差的对角矩阵。EViews 报告最终估计 $A_0^{-1}\Gamma$ 作为"估计的" **B** 矩阵，A_0 的估计需要推导。首先，将估计的 **B** 矩阵求逆，产生 $\Gamma^{-1}A_0$；其次，由于它的对角元不是 1，需要每一行除对角元的值。图 12 估计的 **B** 矩阵求逆得：

$$\Gamma^{-1}A_0 = \begin{bmatrix} 1.517306 & 0 & 0.0 \\ 0.0 & 0.015394 & 0.0 \\ -0.050483 & 0 & 0.974961 \end{bmatrix}, \text{再正交化得到：}$$

$$A_0 = \begin{bmatrix} 1 & 0.16689 & 0.0 \\ 0.0 & 1 & 0.0 \\ -0.49429 & -0.02583 & 1 \end{bmatrix}$$

图 13 给出在此约束下对利率冲击的脉冲响应，尽管加了约束，仍然存在价格和产出异常问题。

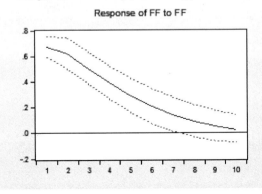

Response to Cholesky One S.D. Innovations ?2 S.E.

Response of FF to FF

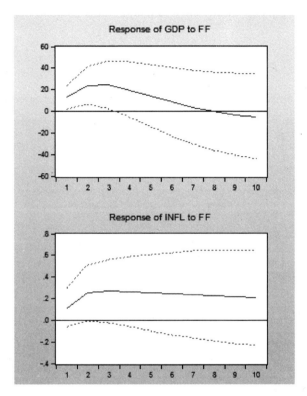

图 13　假设货币和需求冲击为零效应的利率响应

现在考虑零脉冲响应对一个一般的 SVAR 的含义。由式（6）知 $z_{jt} = e_{jt} + lags$，$z_{2t} = lags + \varepsilon_{2t}$，$\varepsilon_{2t}$ 是结构等式 z_{2t} 的误差，所以，$a_{21}^0 = 0$，$a_{23}^0 = 0$ 意味着这样一个结构系统：

$$z_{1t} = a_{12}^0 z_{2t} + a_{13}^0 z_{3t} + lags + \varepsilon_{1t} \tag{8}$$

$$z_{2t} = lags + \varepsilon_{2t} \tag{9}$$

$$z_{3t} = a_{31}^0 z_{1t} + a_{32}^0 z_{2t} + lags + \varepsilon_{3t} \tag{10}$$

这样，第 1 个和第 3 个等式需要工具变量，先从第 3 个等式开始，需要两个与 ε_{3t} 无关的工具。从（5）式知，很明显 e_{1t} 不

依赖 ε_{3t}（因为 ε_{3t} 是 η_{3t} 的倍数），由（6）式知，e_{2t} 也不依赖 ε_{3t}。所以，e_{1t} 和 e_{2t} 能作为（10）式中 z_{1t} 和 z_{2t} 的工具。因为不知道 e_{1t} 和 e_{2t}，必须用 VAR 的残差 $\hat{e}_{1t}$ 和 $\hat{e}_{2t}$ 作为工具。当然式（8）可以用 OLS 估计，因为没有内生变量。

Quick→Estimate Equation，选择 LS – Least Squares（NLS and ARMA）。在模型设定窗口填写：

gap gap(-1) gap(-2) infl(-1) infl(-2) ff(-1) ff(-2)

点击 OK，给出参数估计。保存残差到工作文件中，点击 Proc →Make Residual Series →OK，得到残差 $\hat{e}_{1t}$，给残差命名 "res1"；对通胀变量 infl 重复这一过程，给出残差 $\hat{e}_{2t} = \hat{\varepsilon}_{2t}$（当方程没有内生变量时，VAR 和结构误差是相同的），注意这些残差是自动保存到序列 "eps2"，图 14 显示程序。

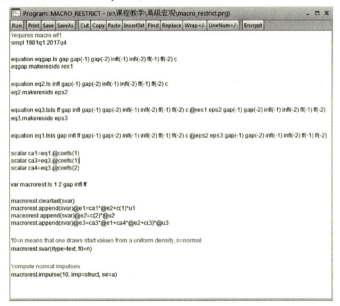

图14　设置约束模型的工具变量并计算脉冲响应

对于第（3）式利率方程，用 $\hat{e}_{1t}$ 和 $\hat{\varepsilon}_{2t}$ 作为 z_{1t} 和 z_{2t} 的工具变量。在屏幕呈现 OLS 估计结果后，点击 Estimate，在适当选择后，进行估计，然后填写模型设定：

ff gap infl gap(−1) gap(−2) infl(−1) infl(−2) ff(−1) ff(−2)

不选择 LS option，代之以选择 TSLS − Two − Stage Least Squares（TSNLS and ARMA），弹出 Instrument List 对话框，填入：

res1 eps2 gap(−1) gap(−2) infl(−1) infl(−1) ff(−1) ff(−1)

得到工具变量的估计结果后，用 Proc→Make Residual Series 用于产生含有方程残差的序列。称为"eps3"，重复第 1 个等式的过程，模型定义为：

gap infl ff gap(−1) gap(−2) infl(−1) infl(−2) ff(−1) ff(−2)

所用的工具是：

eps2 eps3 gap(−1) gap(−2) infl(−1) infl(−2) ff(−1) ff(−2)

参数估计结果为：

$$A_0 = \begin{bmatrix} 1 & .1669 & 0 \\ 0 & 1 & 0 \\ -.494 & -.0258 & 1 \end{bmatrix}, \quad B = \begin{bmatrix} .5788 & 0 & 0 \\ 0 & .7404 & 0 \\ 0 & 0 & .6596 \end{bmatrix}$$

B 的对角元就是估计的方程误差的标准离差。工具变量法估计的参数与图 12 报告的用 SVAR 方法估计的结果是一致的。最后，不用下拉菜单的方法，用 EViews 的程序代码也可以做，见图 14。

注意，如果第 1 个冲击对第 k 个变量的当期效应为零，意味着第 k 个等式 VAR 残差能用作估计第 l 个结构方程的工具（VAR 工具原则）。

工具变量方法的一个重要特征是它对结构 VAR 自动施加一个隐性约束 $a_{13}^0 = 0$，这一约束确保 e_{1t}（第 1 个等式的 VAR 残差）不受 η_{3t} 的影响。通过设定，e_{2t} 和 e_{3t}（VAR 残差）正交于

z_{3t}。加入滞后变量作为工具变量，z_{3t} 被工具化，$z_{3t} - lags = \varepsilon_{3t}$，由假设不影响 z_{1t}。另一种设定 $a_{13}^0 = 0$ 方法，是对 $A_0^{-1} =$

$$\begin{bmatrix} * & * & 0 \\ 0 & * & 0 \\ * & * & * \end{bmatrix}$$ 求逆，A_0 内 0 元的位置具有与 A_0^{-1} 同样的结构，

或将方程重新整理成递归结构，得到 $a_{13}^0 = 0$。

通过再设定模型以便能将 VAR 残差与捆绑约束 $a_{13}^0 = 0$ 结合起来，VAR 工具原则也可以在 System 估计中使用。

$$z_{1t} = a_{12}^0 (z_{2t} - lags) + lags + \varepsilon_{1t} \tag{11}$$

$$z_{2t} = lags + \varepsilon_{2t} \tag{12}$$

$$z_{3t} = a_{31}^0 (z_{1t} - lags) + a_{32}^0 (z_{2t} - lags) + lags + \varepsilon_{3t} \tag{13}$$

图 15 给出 EViews 执行代码，C（22），C（23）和 C（24）对应于当期参数估计 a_{12}^0, a_{31}^0 和 a_{32}^0。

图15 对等式（11）–（13）进行 EViews 系统设定代码

用 OLS 估计系统对象产生输出，见图 16，估计得 a_{12}^0, a_{31}^0 和 a_{32}^0 与用工具变量法获得的相应值是匹配的。

最后，可以用完全信息最大似然 FIML 估计受约束系统和对角协方差矩阵选项，所需系统对象代码见图 17，结果见图 18，与工具变量法估计结果一致。

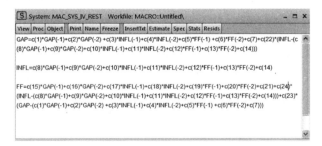

图 16　等式（11）-（13）的非线性最小二乘估计

FF=c(15)*GAP(-1)+c(16)*GAP(-2)+c(17)*INFL(-1)+c(18)*INFL(-2)+c(19)*FF(-1)+c(20)*FF(-2)+c(21)+c(24)*(INFL-(c(8)*GAP(-1)+c(9)*GAP(-2)+c(10)*INFL(-1)+c(11)*INFL(-2)+c(12)*FF(-1)+c(13)*FF(-2)+c(14)))+c(23)*(GAP-(c(1)*GAP(-1)+c(2)*GAP(-2) +c(3)*INFL(-1)+c(4)*INFL(-2)+c(5)*FF(-1) +c(6)*FF(-2)+c(7)))

图 17　等式（8）-（10）的 EViews 系统模型设定代码，假设 $a_{13}=0$

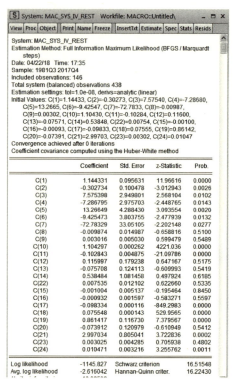

图 18　等式（8）–（10）的 FILM 估计，假设 $a_{13} = 0$

练习题

设计一个宏观经济模型并应用 Eviews 软件估计。

第六讲 | 实际经济周期、可计算一般均衡与动态随机一般均衡模型

对于经济的短期波动，凯恩斯在 1936 年出版的《就业、利息和货币通论》一书中认为，经济发展必然会出现一种始向上，继向下，再重新向上的周期性运动，并具有明显的规则性，即经济周期，也称为商业周期。在凯恩斯的逻辑里，资本主义发生危机的一个重要原因是有效需求不足，从而生产过剩，爆发危机。20 世纪 60 年代末到 70 年代初，西方国家出现了经济停滞、高失业率和高通货膨胀交织并存的现象，即"滞胀"现象。此时凯恩斯的"需求管理"政策已无力解决当时的难题：用其治理通货膨胀，则经济增长率下降、失业率上升；用其刺激经济增长，则通货膨胀加剧。有些学者甚至将滞胀归结于凯恩斯主义赤字政策的结果，认为赤字的增加刺激了需求扩大，从而拉动了价格的上涨，而价格的上升又会使成本升高，尤其是工人工资的提高，这样又使得供给减少，产量下降，同时价格又会上升到一个更高的水平。理论的困难和政策的无效严重动摇了凯恩斯主义的统治地位，在此背景下，西方经济学其他派别纷纷对凯恩斯主义进行抨击和责难，而真正动摇了凯恩斯主义的则是新古典宏观经济学派，其货币经济周期理论成为正统凯

恩斯主义最主要的挑战者。

早期的新古典宏观经济学代表人物卢卡斯最早在 1972 年发表的《预期和货币中性》[1]一文中提出了货币周期模型，1975 年在其发表的《一个均衡的经济周期模型》[2]一文中作了扩展和补充。卢卡斯认为，货币对产量和其他经济变量有重要影响，货币因素是经济波动的初始根源。这一理论将货币冲击分为预期到的和未预期到的，认为是未预期到的货币供给的冲击引起了经济波动。当中央银行出乎公众意料地增加货币供给时，由于公众对此没有察觉，所以厂商和工人很有可能认为这种价格变化是个别市场的需求提高引起的。于是，厂商会提高产量，工人有可能提高工作量。当所有市场的厂商和工人都这样行动时，实际产量就会偏出正常水平，在短期内引起经济波动。另一方面，如果货币冲击是意料之内的，则不会产生任何影响，因为经济当事人这时不会产生任何错觉。

尽管货币周期理论对于解释经济波动中的一些极端情形有一定的说服力，然而到了 20 世纪 80 年代，该模型同样陷入了理论和实践上的困境。在理论上，人们不断地对它的假设和结论提出疑问，例如，巴罗和格罗斯曼（1971）[3]认为货币经济周期理论无法对消费和闲暇在经济周期的反向运动做出解释；格

---

〔1〕 Robert E. Lucas, "Expectations and the Neutrality of Money", *Journal of Economic Theory*, 1972, vol. 4: 103 – 24.

〔2〕 Robert E. Lucas, "An Equilibrium Model of the Business Cycle", *Journal of Political Economy*, 1975, vol. 6: 105 – 121.

〔3〕 R. J. Barro, and, H. I. Grossman, "A General Disequilibrium Model of Income and Employment", *American Economic Review*, 1971, vol. 61: 82 – 93.

罗斯曼（1989）[1]认为模型中关于信息的假说是难以置信的，价格变动过程中的信息滞后，并不是非常重要的影响因素。在实践上，对该模型一次严重的打击来自里根执政时期。里根上台时宣布为了降低通货膨胀率而将实行减缓货币增长率的政策。按说这种事先公布的政策算是被预期到的，不应该引起衰退，但结果衰退还是发生了。

20世纪70年代，世界范围内出现了两次与石油价格上涨有关的供给冲击，使宏观经济学家更加注意到了供给因素在解释经济波动中的重要性，货币经济周期理论逐步被实际经济周期理论（Real Business Cycle，简称RBC）取代。实际经济周期理论认为，货币对产量没有重要影响，引起经济波动的不是货币因素，而是实际因素，包括生产技术的革新、新产品的开发、气候的变化、原材料和能源价格的变化等，它们主要是通过移动生产函数来发挥作用的。这是实际冲击，属于供给冲击。实际产量变动的原因在于总供给曲线的移动，而不是总需求曲线的移动。实际冲击具有连续性，经济对持续的实际变化作出反应，厂商适应这些变化来变动价格和工资，以生产想要生产的数量，雇佣想要雇佣的工人数量。工人适应实际工资的变化来提供想要提供的工作时数。

在实际经济周期理论中，生产函数的变动导致反映劳动边际生产率变动的劳动需求曲线变动，从而导致劳动力市场供求均衡点的变动，即实际工资和就业量的变动。如图6-1所示。

---

[1] Sanford J. Grossman, "The Informational Role of Prices", The MIT Press. IS-BN 0 - 262 - 07121 - 5, 1989.

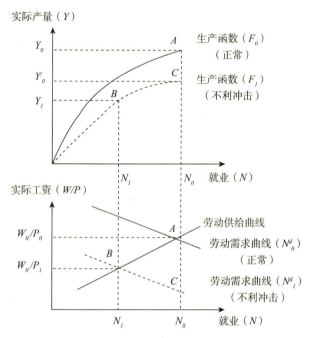

图 6-1 生产函数变动导致劳动力市场供求均衡变动

在图 6-1 中，上图 F_0 表示正常状态下的生产函数，F_1 表示出现不利冲击时的生产函数。当发生不利冲击时，例如当出现恶劣天气时，生产函数从 F_0 下降到 F_1，这表示每个工人的生产率下降了。与此相适应，下图中的劳动需求曲线从 N_0^d 下降到 N_1^d。具有正斜率的劳动供给曲线同正常状态下的劳动需求曲线（N_0^d）的交点 A 决定的实际工资为 W_0/P_0，就业量为 N_0。这条劳动供给曲线同出现不利冲击时的劳动需求曲线（N_1^d）的交点 B 决定的实际工资为 W_0/P_1，就业量为 N_1。图 6-1 的下图说明，在正常状态下，经济在 A 点上运行，产量为 Y_0，就业量为 N_0，实际工资为 W_0/P_0。不利冲击使均衡点从点 A 移动到点 B，引起衰退，产量从 Y_0 下降到 Y_1，就业量从 N_0 下降到 N_1，实际工资从 W_0/P_0 下降到 W_0/P_1，如果劳动供给曲线不具有正斜率，而是位于 N_0 上的通过点 A 和点 C 的一条垂线，发生不利冲击时的均衡点就不在点 B 而在点 C，这时就业量不下降，产量下降的幅度较小，从 Y_0 下降到 Y'_0。

关于经济波动的传导机制，需要建立模型予以刻画。

一、实际经济周期模型

典型的实际经济周期（RBC）模型构建在这样一个经济基础之上：经济人口由无限期生存的相似的家庭组成，产品生产也由相似的厂商完成，同时假设产出和要素市场都是完全竞争的，家庭出售资本给厂商，同时出售劳动力。每一个阶段，厂商在生产函数的约束下选择资本和劳动力，并最大化利润。生产函数是规模报酬不变的，并常常受到随机的技术冲击的影响。一个理性预期的均衡解即在使要素和产出市场出清下求得以下序列：消费、资本、劳动力、产出、工资以及工资的租赁价格。

（一）基本模型

假设一个经济由大量相同的、具有无限期界的家庭组成，每个家庭在 t 时试图最大化家庭一生效用的期望现值：

$$E_t\left[\sum_{t=1}^{\infty}\beta^{t-1}U(C_t,1-N_t)\right]$$

$E_t[\cdot]$ 表示基于 $t=1$ 期信息的条件期望，$0<\beta<1$ 是代理的折现因子，C_t 表示消费，N_t 是家庭在 t 时提供的劳动时间，$(1-N_t)$ 是闲暇时间（代理的时间禀赋正则化为1）。

每个家庭面临的产出函数形式是：

$Y_t = Z_t F(K_t, N_t)$，其中 Y_t 表示产出，Z_t 是技术冲击，K_t

是资本存量。

在代表性家庭的初始资本存量给定的情况下，他们必须决定提供多少劳动，以及购买多少消费和投资。家庭必须能够预测工资和资本租赁价格的未来路径。假设这些预测都是理性预期的，则实际商业周期模型就是下面的帕累托优化问题：

$$\max E_t \left[\sum_{t=1}^{\infty} \beta^{t-1} U(C_t, 1 - N_t) \right]$$

subject to：

$$C_t + I_t = Z_t F(K_t, N_t) \equiv Y_t \tag{6-1}$$

$$K_{t+1} = K_t(1 - \delta) + I_t$$

$$Z_{t+1} = Z_t^{\rho} \varepsilon_{t+1}$$

K_t 为给定量

I_t 是 t 期投资，$0 < \delta < 1$ 是资本折旧率。最后一个方程是外生技术冲击假设的自回归过程：自相关系数是 $0 \leqslant \rho \leqslant 1$。假设技术冲击平均值是 1，标准方差是 σ_ε。方程（6 - 1）中的第一个约束方程是经济资源约束，第二个是资本存量的运算法则。

用动态规划方法来求解这个无限期问题。

（二）求解的一般过程

第一步，推导均衡条件。每一时期，代表性家庭都要进行决策：给定了初始时期的资本存量和当前的技术冲击，选择消费、劳动力和投资。假设效用函数具有时间可分性，也就是说时间 t 的消费和劳动力选择不会影响其他时间消费和休闲的边际效用。把最大化问题转化为下面的动态规划问题：

t 时期的状态变量：(K_t, Z_t)

t 时期的控制变量：(C_t, N_t, K_{t+1})

$$v(K_t, Z_t) = \max_{(C_t, K_{t+1}, N_t)} \{ U(C_t, 1 - N_t) + \beta E_t [v(K_{t+1}, Z_{t+1})] \}$$

subject to　$C_t + K_{t+1} = Z_t F(K_t, Z_t) + K_t(1 - \delta)$

and　$Z_{t+1} = Z_t^\rho \varepsilon_{t+1}$　　　　　　　　　　　　　　　　　　　$(6-2)$

要得到上述问题的一个解必须满足下面的必要条件和资源约束：

（S1）　$U_{2,t} = U_{1,t} Z_t F_{2,t}$

（S2）　$U_{1,t} = \beta E_t \{ U_{1,t+1} [Z_{t+1} F_{1,t+1} + (1 - \delta)] \}$

（RC）　$K_{t+1} = Z_t F(K_t, N_t) + K_t(1 - \delta) - C_t$

S1 表示期内有效条件（劳动－休闲权衡），它暗示了劳动与消费之间的边际替代率一定等于劳动的边际产量。其中 $U_{i,t}$（$i = 1, 2$）表示效用对第 i 项的导数在（$C_t, 1 - N_t$）的取值；$F_{i,t}$（$i = 1, 2$）含义解释与前者类似。S2 代表了跨期有效条件，左边是用效用表示的投资在更多资本上的成本，右边则代表预期边际效用回报。在最优解时，这些成本和回报必须相等。RC 为资源约束等式。

为简化分析起见，假设效用函数具有下面的形式：

$$U(C_t, 1 - N_t) = \ln C_t + A(1 - N_t) ; F(K_t, N_t) = K_t^\alpha N_t^{1-\alpha}$$

则三个均衡条件成为：

$C_t = [(1 - \alpha) Z_t K_t^\alpha N_t^{-\alpha} / A]$

$C_t^{-1} = \beta E_t \{ C_{t+1}^{-1} [\alpha Z_{t+1} K_{t+1}^{\alpha-1} N_{t+1}^{1-\alpha} + (1 - \delta)] \}$　　　$(6-3)$

$K_{i+1} = Z_t K_t^\alpha N_t^{1-\alpha} + K_t(1 - \delta) - C_t$

这是经济社会中的一个稳定均衡，其假设技术冲击是固定的，因此不存在不确定性，即 $Z_t = 1$ 对所有的 t 成立：并且资本、劳动和消费的值都是固定的，$K_t = \overline{K}$, $N_t = \overline{N}$, $C_t = \overline{C}$ 对所有的 t 成立。将这些稳定状态条件代入（$6-3$），通过求解可以得到稳态值：

（SS1）　$\overline{C} = ((1 - \alpha)/A) \overline{K}^\alpha \overline{N}^{1-\alpha}$

（SS2）　$\beta^{-1} - 1 + \delta = \alpha \overline{K}^{\alpha-1} \overline{N}^{1-\alpha} = \alpha(\overline{Y}/\overline{K})$

（SS3）　$\delta \overline{K} = \overline{K}^{\alpha} \overline{N}^{1-\alpha} - \overline{C} = \overline{Y} - \overline{C}$

$\overline{Y}$ 表示稳定状态的产出水平。

给模型选择参数集合（δ，β，A，α）的值，使模型稳定状态解的行为符合数据的长期特征（这一过程叫做校准，Callbartion）。依据数据的长期特征（即没有周期性）有：

（1）（$1-\alpha$）= 劳动产出占总产出的平均比率；

（2）$\beta^{-1} - 1$ = 平均无风险实际利率；

（3）给定（α，β），用（SS2）选择 δ 使得产出与资本比率与观察结果一致；

（4）参数 A 决定了花在工作上的时间。这个结论可以从下面的推导得到：将（SS1）两边同时乘以 $\overline{N}$，将表达式变形得到 $\overline{N} = \left[(1-\alpha)/A \right] (\overline{Y}/\overline{C})$，从稳定状态的资源约束条件（SS3）可以推出 $\dfrac{\overline{Y}}{\overline{C}} = \dfrac{1}{1 - \delta \left(\dfrac{\overline{K}}{\overline{Y}} \right)}$，因此，通过前三步选择参数的过程可以得到产出和消费的比率，因此，A 的选择决定了 $\overline{N}$，即劳动时间。

汉森和莱特（1992）[1]选择美国二战后数据进行参数测定，得出的典型参数值是：劳动力产出比率是 64%，因此 $\alpha = 0.36$；年无风险利率是 0.04%，因此 $\beta = 0.99$；资本产出比率（产出是基于季度数据衡量的）为 10，因此 $\delta = 0.025$；30% 的时间用来工作，因此 $A = 3$。

---

〔1〕 Gary D. Hansen & Edward C. Prescott, "Recursive Methods for Computing Equilibria of Business Cycle Models", *Discussion Paper*, Institute for Empirical Macroeconomics 36, Federal Reserve Bank of Minneapolis, 1992.

第二步，线性化。普雷斯科特（1986）[1]证明代表性家庭决策问题的解是存在且唯一的。但是不存在解析解，解由一系列资本、消费、劳动的策略函数组成。为使模型能够运行，要找到一个近似的数值解。最简单的方法之一是对这三个均衡条件以及技术冲击的运动方程在状态值（$\overline{C}$，$\overline{N}$，$\overline{K}$，$\overline{Z}$）附近做线性逼近（如取一阶泰勒展开式）。

对于期内有效条件 S1：

$$C_t = [(1-\alpha)/A] Z_t K_t^\alpha N_t^{-\alpha}$$

在稳定状态（$\overline{C}$，$\overline{N}$，$\overline{K}$，$\overline{Z}$）做线性化展开：

$$(C - \overline{C}) = \alpha[(1-\alpha)/A]\overline{K}^{\alpha-1}\overline{N}^{-\alpha}(K_t - \overline{K}) - \alpha[(1-\alpha)/A]\overline{K}^\alpha\overline{N}^{-\alpha-1}$$

$$(N_t - \overline{N}) + [(1-\alpha)/A]\overline{K}^\alpha\overline{N}^{-\alpha}(Z_t - \overline{Z})$$

$$= \alpha[(1-\alpha)/A]\overline{K}^\alpha\overline{N}^{-\alpha}\frac{(K_t - \overline{K})}{\overline{K}} - \alpha[(1-\alpha)/A]\overline{K}^\alpha\overline{N}^{-\alpha}\frac{N_t - \overline{N}}{\overline{N}}$$

$$+ [(1-\alpha)/A]\overline{K}^\alpha\overline{N}^{-\alpha}\frac{Z_t - \overline{Z}}{\overline{Z}} \quad\quad (6-4)$$

注意在最后一个表达式里，所有变量均被表示为稳定状态离差百分比的形式（头两项调整了各自的倒数，而最后一项则利用了稳定状态时 $\overline{Z}=1$ 的事实）。因为稳定状态条件 $\overline{C} = [(1-\alpha)/A]\overline{K}^\alpha\overline{N}^{1-\alpha}$，上式两边均除以这一条件，就可以得到消费关于稳定状态的离差百分比形式。用 $\tilde{x}$ 表示变量与稳定状态的离差百分比，方程（6-4）可以写作：

$$\tilde{C}_t = \alpha\tilde{K}_t - \alpha\tilde{N}_t + \tilde{Z}_t \quad\quad (6-5)$$

对于跨期有效条件 S2：

〔1〕 Edward C. Prescott, "Theory Ahead of Business Cycle Measurement", *Quarterly Review*, Federal Reserve Bank of Minneapolis, 1986, issue Fall: 9-22.

$$C_t^{-1} = \beta E_t \{ C_{t+1}^{-1} [\alpha Z_{t+1} K_{t+1}^{\alpha-1} N_{t+1}^{1-\alpha} + (1-\delta)] \}$$

同样地，在稳定值进行线性展开，并用稳定状态离差变量表示，得到：

$$-\overline{C}^{-1} \widetilde{C}_t = -\beta \overline{C}^{-1} [\alpha \overline{K}^{\alpha-1} \overline{N}^{1-\alpha} + (1-\delta)] E_t(\widetilde{C}_{t+1}) + \beta \overline{C}^{-1} \alpha(\alpha-1) \overline{K}^{\alpha-1}$$

$$\overline{N}^{1-\alpha} E_t(\widetilde{K}_{t+1}) + \beta \overline{C}^{-1} \alpha(1-\alpha) \overline{K}^{\alpha-1} \overline{N}^{1-\alpha} E_t(\widetilde{N}_{t+1}) + \beta \overline{C}^{-1} \alpha \overline{K}^{\alpha-1} \overline{N}^{1-\alpha} E_t(\widetilde{Z}_{t+1})$$

用 $\overline{C}$ 乘方程两边，并利用稳定状态条件（SS2）：

$$1 = \beta [\alpha \overline{K}^{\alpha-1} \overline{N}^{1-\alpha} + (1-\delta)]$$

得出：

$$-\widetilde{C}_t = -E_t(\widetilde{C}_{t+1}) + \beta(\alpha-1)\alpha \overline{K}^{\alpha-1} \overline{N}^{1-\alpha} E_t(\widetilde{K}_{t+1})$$

$$+\beta(1-\alpha)\alpha \overline{K}^{\alpha-1} \overline{N}^{1-\alpha} E_t(\widetilde{N}_{t+1})$$

$$+\beta\alpha \overline{K}^{\alpha-1} \overline{N}^{1-\alpha} E_t(\widetilde{Z}_{t+1}) \tag{6-6}$$

对于资源约束条件，同前面的步骤一样，在稳定状态附近线性化资源约束得到：

$$\widetilde{K}_{t+1} = [\alpha \overline{K}^{\alpha-1} \overline{N}^{1-\alpha} + (1-\delta)] \widetilde{K}_t + (1-\alpha) \overline{K}^{\alpha-1} \overline{N}^{1-\alpha} \widetilde{N}_t +$$

$$\overline{K}^{\alpha-1} \overline{N}^{1-\alpha} \widetilde{Z}_t - (\overline{C}/\overline{K}) \widetilde{C}_t \tag{6-7}$$

对于技术冲击过程，按照方程（6-1）所描述的自回归过程进行线性化得到：

$$\widetilde{Z}_{t+1} = \rho \widetilde{Z}_t + \widetilde{\varepsilon}_{t+1} \tag{6-8}$$

对两边取期望，得

$$E_t(\widetilde{Z}_{t+1}) = \rho \widetilde{Z}_t \tag{6-9}$$

第三步，求解

方程（6-5）、（6-6）、（6-7）、（6-9）刻画了一个理性

预期均衡，可以写成一个向量期望差分方程。令 $u_t = \begin{Bmatrix} \widetilde{C}_t \\ \widetilde{K}_t \\ \widetilde{N}_t \\ \widetilde{Z}_t \end{Bmatrix}$ 表示

一个向量，则方程的线性系统可以写作：

$$Au_t = BE_t(u_{t+1}) \qquad (6-10)$$

矩阵 A 和 B 分别是：

$$A = \begin{Bmatrix} 1 & -\alpha & \alpha & -1 \\ -1 & 0 & 0 & 0 \\ -\overline{C}/\overline{K} & \alpha \overline{K}^{\alpha-1}\overline{N}^{\alpha-1}+1-\delta & (1-\alpha)\overline{K}^{\alpha-1}\overline{N}^{1-\alpha} & \overline{K}^{\alpha-1}\overline{N}^{1-\alpha} \\ 0 & 0 & 0 & \rho \end{Bmatrix}$$

$$B = \begin{Bmatrix} 0 & 0 & 0 & 0 \\ -1 & \beta(\alpha-1)\alpha \overline{K}^{\alpha-1}\overline{N}^{1-\alpha} & \beta(1-\alpha)\alpha \overline{K}^{\alpha-1}\overline{N}^{1-\alpha} & \beta\alpha \overline{K}^{\alpha-1}\overline{N}^{1-\alpha} \\ 0 & 1 & 0 & 0 \\ 0 & 0 & 0 & 1 \end{Bmatrix}$$

方程（6-10）两边同乘以 A^{-1}，得到：

$$u_t = A^{-1}BE_t(u_{t+1}) \qquad (6-11)$$

矩阵 $A^{-1}B$ 可被分解为：

$$A^{-1}B = Q\Lambda Q^{-1} \qquad (6-12)$$

其中 Q 是一个矩阵，它的向量是 $A^{-1}B$ 的特征向量，Λ 是一个对角矩阵，它的对角元素是 $A^{-1}B$ 的特征值。利用这一分解并用 Q^{-1} 左乘方程（6-11）的两边，得到：

$$Q^{-1}u_t \equiv d_t = \Lambda E_t(Q^{-1}u_{t+1}) \qquad (6-13)$$

注：定义的（4×1）向量 d_t 的元素是（4×4）矩阵 Q^{-1} 行

向量各元素与（4×1）向量 u，各元素的线性组合。由于 Λ 是一个对角矩阵，方程（6-13）暗示四个独立的方程：

$$d_{i,t} = \lambda_i E_t(d_{i,t+1}); \quad i = 1,2,3,4 \qquad (6-14)$$

由于方程（6-14）必须每一期都成立，通过不断迭代直到 T 期得到：

$$d_{i,t} = \lambda_i^T E_t(d_{i,t+T}); \quad i = 1,2,3,4 \qquad (6-15)$$

λ 是与四个均衡条件［方程（6-5）至（6-8）］相联系的四个不同的特征值。由于条件之一是与外生技术冲击方程［方程（6-8）］，其中一个特征值是 ρ^{-1}。同样，矩阵 A 和 B 的第一行是由期内有效条件决定的；由于这不是一个动态关系，其中一个特征值是零。剩下的两个特征值必包括单位值1，因为由随机增长框架推出的鞍点路径均衡必定包括这一结果。由方程（6-15）知，期望差分方程稳定的，理性预期解是与值小于1的特征值相联系的。即，如果 $\lambda_i > 1$，则不断迭代将导致 $d_{i,t} \to \infty$，这就不是一个可行的均衡。此外，为了使方程（6-15）对所有的 T 均成立（同样取右边的极限），在 $\lambda_i < 1$ 的稳定状态，一定有 $d_{i,t} = 0$；这一限制提供了合意的解。即，$d_{i,t}$ 规定了（$\tilde{C}_t$，$\tilde{K}_t$，$\tilde{N}_t$，$\tilde{Z}_t$）与一个理性预期解一致的线性关系。［向量 d_i 的元素是（4×4）矩阵 Q^{-1} 行向量各元素与（4×1）向量 u_t 各元素的线性组合。］

（三）一个参数化的例子

为求解一个参数化的 RBC 模型，设置以下参数值：

（$\beta = 0.99$，$\alpha = 0.36$，$\delta = 0.025$，$A = 3$）。这意味着稳定状态值是：

（$\bar{C} = 0.79$，$\bar{K} = 10.90$，$\bar{N} = 0.29$，$\bar{Y} = 1.06$）。这些值意味着代表性家庭将30%的时间用在工作上，资本产出比率接近

10（产出是季度数据）。剩下的参数值决定了技术冲击的行为。依据索罗残差定义 $Z_t = \ln Y_t - \alpha \ln K_t - (1 - \alpha) \ln N_t$。$Z_t$ 序列可以按照一个线性趋势来进行回归（这与固定技术进步的假设一致）。残差即技术冲击 Z_t。麦可格兰坦（1996）[1] 对美国 1960.1 - 1994.4 期间的季度数据进行拟合，得到 Z_t 的序列相关系数一个估计（参数 ρ）大小为 0.95，技术冲击的方差估计为 0.007。技术冲击的方差是与求解模型的线性解不相关的，但是，当模型的解被用来在模拟经济中产生人工的时间序列时，必须约定这一参数的值。

这些值生成了下面的 A、B 矩阵：

$$
\begin{Bmatrix}
1 & -0.36 & 0.36 & -1 \\
-1 & 0 & 0 & 0 \\
-0.072 & 1.010 & 0.062 & 0.098 \\
0 & 0 & 0 & 0
\end{Bmatrix}
\begin{Bmatrix}
\tilde{C}_t \\
\tilde{K}_t \\
\tilde{N}_t \\
\tilde{Z}_t
\end{Bmatrix}
=
\begin{Bmatrix}
0 & 0 & 0 & 0 \\
-1 & -0.022 & 0.022 & 0.035 \\
0 & 1 & 0 & 0 \\
0 & 0 & 0 & 1
\end{Bmatrix}
$$

上式左乘 A^{-1}，得到：

$$
\begin{Bmatrix}
\tilde{C}_t \\
\tilde{K}_t \\
\tilde{N}_t \\
\tilde{Z}_t
\end{Bmatrix}
=
\begin{Bmatrix}
1 & 0.022 & -0.022 & -0.035 \\
0.23 & 0.94 & -0.0051 & -0.27 \\
-2.55 & 0.87 & 0.057 & 2.75 \\
0 & 0 & 0 & 1.05
\end{Bmatrix}
E_t
\begin{Bmatrix}
\tilde{C}_{t+1} \\
\tilde{K}_{t+1} \\
\tilde{N}_{t+1} \\
\tilde{Z}_{t+1}
\end{Bmatrix}
$$

〔1〕　Ellen R. McGrattan, 1996, "Solving the Stochastic Growth Model with A Finite Element Method", *Journal of Economic Dynamics and Control*, Elsevier, vol. 20 (1 - 3): 19 - 42.

接下来，将 $A^{-1}B$ 分解为 $Q\Lambda Q^{-1}$，并左乘 Q^{-1}，得到：

$$Q^{-1}u_t = \begin{Bmatrix} -2.18 & -0.048 & 0.048 & 24.26 \\ 0 & 0 & 0 & 23.01 \\ -2.50 & 1.36 & 0.056 & 1.10 \\ -2.62 & 0.94 & -0.94 & 2.62 \end{Bmatrix} \begin{Bmatrix} \tilde{C}_t \\ \tilde{K}_t \\ \tilde{N}_t \\ \tilde{Z}_t \end{Bmatrix} = \Lambda E_t(Q^{-1}u_{t+1}) =$$

$$\begin{Bmatrix} 1.062 & 0 & 0 & 0 \\ 0 & 1.05 & 0 & 0 \\ 0 & 0 & 0.93 & 0 \\ 0 & 0 & 0 & 0 \end{Bmatrix} E_t \begin{bmatrix} -2.18 & -0.048 & 0.048 & 24.26 \\ 0 & 0 & 0 & 23.01 \\ -2.50 & 1.36 & 0.056 & 1.10 \\ -2.62 & 0.94 & -0.94 & 2.62 \end{bmatrix} \begin{Bmatrix} \tilde{C}_{t+1} \\ \tilde{K}_{t+1} \\ \tilde{N}_{t+1} \\ \tilde{Z}_{t+1} \end{Bmatrix}$$

矩阵 Λ 中的项（即 $A^{-1}B$ 的特征值）决定了解的大小。第二个对角项是 ρ^{-1}。

Λ 矩阵的第四行是与期内有效条件相联系的。这些值等比例于矩阵 A 中的一行给定的值；将所有的项除以（-2.62）得到了原来的期内有效条件。矩阵 Λ 中剩下的两项是与稳定状态解的鞍点路径性质相关的。

因为稳定理性预期解是与小于 1 的特征值相联系的，因此 Q^{-1} 矩阵的第三行提供了我们寻找的线性约束。即，理性预期解是：

$$-2.50\tilde{C}_t + 1.36\tilde{N}_t + 0.056\tilde{K}_t + 1.10\tilde{Z}_t = 0$$

或者：$\tilde{C}_t = 0.54\tilde{N}_t + 0.02\tilde{K}_t + 0.44\tilde{Z}_t$ \qquad (6-16)

资本运动法则（矩阵 A 的第三行决定了其参数值）以及期内有效条件提供了额外两个均衡条件：

$$\widetilde{K}_{t+1} = -0.07\widetilde{C}_t + 1.01\widetilde{K}_t + 0.06\widetilde{N}_t + 0.10\widetilde{Z}_t \qquad (6-17)$$

$$\widetilde{N}_t = -2.78\widetilde{C}_t + \widetilde{K}_t + 2.78\widetilde{Z}_t \qquad (6-18)$$

接下来可以用随机数值产生一系列技术冲击，上面的方程就可以用来模拟生成资本、消费、劳动力和产出的时间序列。

方程（6-16）至（6-18）刻画了模型的解，给定初始的资本水平，并产生一条外生技术冲击路径（$\widetilde{Z}_t$），这些方程将生成（$\widetilde{C}_t$，$\widetilde{K}_t$，$\widetilde{N}_t$）的时间序列。另外两个宏观经济学感兴趣的序列，即产出和投资序列，可以通过线性化生产函数和资源约束得到。

具体地，对产出来说，线性化假设的柯布-道格拉斯生产函数（即 $Y_t = Z_t K_t^{\alpha} N_t^{1-\alpha}$ 并使用测定值 $\alpha = 0.36$）得到下面的方程：

$$\widetilde{Y}_t = \widetilde{Z}_t + 0.36\widetilde{K}_t + 0.64\widetilde{N}_t \qquad (6-19)$$

最后，均衡时的条件产出等于消费和投资之和，对其做线性逼近，可以表达为下面的离差形式：

$$\hat{I}_t = \frac{\bar{Y}}{I}\widetilde{Y}_t - \frac{\bar{C}}{I}\widetilde{C}_t \qquad (6-20)$$

使用数值解中的稳定状态值，投资方程成为：

$$\hat{I}_t = \frac{1.06}{0.27}\widetilde{Y}_t - \frac{0.79}{0.27}\widetilde{C}_t = 0.92\widetilde{Y}_t - 0.92\widetilde{C}_t \qquad (6-21)$$

因此，这一经济的均衡由下列方程刻画：

$$\widetilde{C}_t = 0.54\widetilde{N}_t + 0.02\widetilde{K}_t + 0.44\widetilde{Z}_t$$

$$\widetilde{K}_{t+1} = -0.07\widetilde{C}_t + 1.01\widetilde{K}_t + 0.06\widetilde{N}_t + 0.10\widetilde{Z}_t$$

$$\widetilde{N}_t = -2.78\widetilde{C}_t + \widetilde{K}_t + 2.78\widetilde{Z}_t$$

$$\widetilde{Y}_t = \widetilde{Z}_t + 0.36\widetilde{K}_t + 0.64\widetilde{N}_t$$

$$\tilde{I}_t = 0.92\tilde{Y}_t - 2.92\tilde{C}_t$$

$$\tilde{Z}_t = 0.95\tilde{Z}_{t-1} + \tilde{\varepsilon}_t$$

为了得到模型下的各时间序列，先要产生技术冲击扰动 $\tilde{\varepsilon}_t$ 的一个序列，假设其均值为零，方差与实际观察到的一致，即如前所述，方差为 0.007。接下来，初始化 $\tilde{Z}_t = 0$ 并使用一个随机数生成器来生成扰动，从而产生技术冲击。然后，假设所有剩下的值最开始处于稳定状态（意味着所有的初始值设为零），可以解上面的方程组，并得到内生变量的时间路径。接下来可以把人工产生的各种变量的时间路径画出来，与实际变量路径进行比较。从中可以发现 RBC 产生的路径与实际路径的拟合度、相似度等。

实际经济周期研究方法现在有广泛的应用，它被使用在货币经济学、国际经济学、公共财政、劳动力经济学、资产定价等各个领域。在早期真实经济周期理论中，"技术冲击"是一个重要的假定，不过，进入 20 世纪 90 年代，实际经济周期理论逐渐突破"技术冲击"的限制，拓宽到供给冲击的各个方面，详见金姆和洛嘉尼（1992）[1]；诺特博格和伍德福德（1996）[2]；奥海宁（1997）[3]；雷拜罗（2005）[4]；

---

〔1〕 In - Moo Kim and Prakash Loungani, "The Role of Energy in Real Business Cycle Models", *Journal of Monetary Economics*, 1992, 29: 173 - 189.

〔2〕 Julio J. Rotemberg, and Michael Woodford, "Imperfect Competition and the Effects of Energy Price Increases", *Journal of Money, Credit, and Banking*, 1996, 28: 549 - 577.

〔3〕 L. E. Ohanian, "The Macroeconomic Effects of War Finance in the United States: World War II and the Korean War", *American Economic Review*, 1997, 87: 23 - 40.

〔4〕 S. Rebelo, "Real Business Cycle Models: Past, Present and Future", *The Scandinavian Journal of Economics*, 2005, 107: 217 - 238.

夏默（2009）[1]等。

实际经济周期模型的理论意义：首先，其方法论上的特点就是把经济增长和经济波动的研究方法结合在一起。因此，RBC 模型被大多宏观经济学家视为当今最好的经济周期模型。其次，BRC 模型从微观经济主体的最优化行为出发建立模型，使实际商业周期建立在坚实的微观经济基础之上。这一方法，已经成为现代宏观经济分析的主要分析方法。当然，实际商业周期理论模型也存在缺陷，主要表现在模型构造上既没有考虑政府的作用，也完全忽略了货币对经济的影响，由于这两点都脱离了实际情形，使其对经济周期的解释能力大打折扣。

随着时代的发展，RBC 模型在很多方面都获得了很大的改进，但它还是以瓦尔拉斯的完全竞争一般均衡理论作为其核心框架。这使得其忽略了现实中普遍存在的市场非完全竞争性以及由此导致的价格不完全灵活调整，即存在价格（一般商品价格、工资等）粘性。与此同时，RBC 模型中宏观经济政策（财政政策和货币政策）的作用微乎其微，这与大量货币政策有效性实证研究相悖。这些直接促使了 20 世纪 90 年代出现的将 RBC 理论和新凯恩斯主义假设（价格粘性和垄断竞争）进行融合的动态随机一般均衡（DSGE）模型的发展。

二、可计算一般均衡模型

1970 年代的石油冲击使西方许多国家都陷入了巨大的困境，并对国际货币体系产生重大影响。IMF 要求对油价大幅上涨产

〔1〕 Robert Shimer, "Convergence in Macroeconomics: The Labor Wedge", *American Economic Journal: Macroeconomics*, 2009, 1 (1): 280 – 297.

生的经济影响进行分析。由于计量经济模型依赖于过去稳定的石油价格的数据，所得出的回归系数非常小，以致产生误导的结论：石油冲击将不会对经济活动产生大的影响。但事实上石油冲击引发了 1930 年代以来最严重的经济衰退。这使得大家对可计算一般均衡（Computable general equilibrium，CGE）模型开始重视起来。世界上第一个 CGE 模型是约翰森在 1960 年提出的[1]，但直到 70 年代 CGE 模型才得以显著发展，因为 CGE 模型能借助工资变动对石油价格上涨造成的成本上升情况进行分析。与其他早期的实证模型不同，CGE 模型是一个基于新古典微观理论且内在一致的宏观经济模型，它可以很好地刻画经济主体对价格变动的反应，比如因为价格上升，消费者可能寻找替代品或改变偏好，厂商可能会改变生产计划等。虽然 CGE 模型可能也会有误差，但它不会犯计量经济模型纯粹依赖数据的错误。

斯卡夫（1973）[2]建立起一般均衡解的存在性、唯一性、最优化和稳定性等纯理论工作与 CGE 模型间最直接的联系，借助模型在数理上解的存在性定理，他给计算特定的均衡模型设计了一个算法，这个算法有明确的收敛特征，可以通过有限的步骤算出一组方程的解。通过社会核算矩阵（SAM）或投入产出表数据给出一个初解，从这个初解出发一定可以求解方程，进而分析诸如税收、关税等政策变动的影响，从而把模型应用到实际层面。因为 CGE 模型可以用来全面评

[1] L. Johansen, "A Multisectoral Study of Economic Growth, Contributions to Economic Analysis 21", North – Holland Publishing Company, 1960: x + 177.

[2] Herbert Scarf, *The Computation of Economic Equilibria*, Yale University Press, New Haven, 1973.

估政策的实施效果，越来越多的发展中国家以及发达国家开始运用该模型来评估能源危机以及税收和贸易政策改革的效果。

（一）基本模型

考虑一个小国开放完全竞争的经济，这里给出一个基于 Salter – Swan 模型扩展的四部门经济的一般均衡模型。模型中有四个部门：生产者、消费者、政府和国外部分。生产者在技术可行性和基本要素禀赋约束下使利润最大化；消费者在总体预算约束条件下，使效用最大化；政府通过税收获得收入，用于政府财政支出等调控经济的行为；模型包括一个简单的资本市场，将储蓄转化为投资。均衡是一个充分就业的均衡，要素和商品价格完全由供需决定。模型中所用符号的含义见表 6 – 1。

1. 生产模块

生产部门决定国内和出口生产之间的资源最优分配。假设总产出为 X_s，变量 X_d 和 X_e 分别代表供应给国内市场和出口的产出量。假设总产出在短期不变，意为所有基本生产要素全部得到有效使用。因此，生产可能性前沿由（6 – 22）式给出，为一常弹性转移函数（CET），产出弹性为 $\omega = \dfrac{1}{\varphi - 1}$。

$$X_s = A_x [\alpha (X_e)^\varphi + (1 - \alpha)(X_d)^\varphi]^{1/\varphi} \qquad (6-22)$$

因为假定生产者利润最大化，在技术转移约束和国内外可能的市场机会下，最优出口内销比由下式给出：

$$\frac{X_e}{X_d} = \left[\left(\frac{1-\alpha}{\alpha} \right) \frac{P_e}{P_d} \right]^{\frac{1}{\varphi - 1}} \qquad (6-23)$$

国内出口价格由 6 – 24 决定，由汇率 R、出口补贴 t_e 和出口

的世界价格 p_e^f 决定：

$$P_e = R(1 + t_e) p_e^f \qquad (6-24)$$

总产出的名义值由 6 – 25 给出，这里 P_x 代表国内生产总值缩减因子：

$$P_x X_s = (P_e X_e + P_d X_d) \qquad (6-25)$$

GDP 的最优值可以被定义为下列包络函数：

$$GDP = \max\{ P_e X_e + P_d X_d \quad s.t. \ X_s = A_x [\alpha (X_e)^\varphi + (1 - \alpha)(X_d)^\varphi]^{1/\varphi} \}$$

这意味着缩减因子具有下列表达式：

$$P_x = A_x^{-1} [\alpha^{-\omega}(P_e)^{(\omega+1)} + (1 - \alpha)^{-\omega}(P_d)^{(\omega+1)}]^{\frac{1}{\omega+1}}$$

2. 消费模块

对消费部门的分析是假设最小化复合消费品的成本，进口量和国内产品消费总量具有常弹性替代特性。消费品供给总函数为式 6 – 26，替代弹性为 $\sigma = \dfrac{1}{1+\rho}$。

$$Q_s = B_q [\beta (Q_m)^{-\rho} + (1 - \beta)(D_x)^{-\rho}]^{-\frac{1}{\rho}} \qquad (6-26)$$

进口与国内消费品的最优比例由国内产品对进口品的相对价格决定：

$$\frac{Q_m}{D_x} = \left[\left(\frac{\beta}{1-\beta} \right) \frac{P_d}{P_m} \right]^{\frac{1}{1+\rho}} \qquad (6-27)$$

进口商品的国内价格：

$$P_m = R(1 + t_m) p_m^f \qquad (6-28)$$

总消费品的名义价值：

$$P_q Q_s = (P_m Q_m + P_d D_x) \qquad (6-29)$$

居民总收入等式：

$$Y_h = \left(P_x X_s - \frac{t_d}{1+t_d} P_d X_d \right) + P_q T_{hg} + R T_{hf} \qquad (6-30)$$

居民对消费品的需求等式：

$$Q_h = \frac{(1-s_h)(1-t_h)Y_h}{P_q} \tag{6-31}$$

用类似于 GDP 缩减因子的方法，消费价格指数可以写成：

$$P_q = B_q^{-1} [\beta^{\sigma}(P_m)^{(1-\sigma)} + (1-\beta)^{\sigma}(P_d)^{(1-\sigma)}]^{\frac{1}{1-\sigma}}$$

总需求等式：

$$Q_d = Q_h + Q_g + Q_i \tag{6-32}$$

3. 政府模块

政府总收入等式：

$$Y_g = t_m R p_m^f Q_m + \frac{t_d}{1+t_d} P_d X_d + t_h Y_h \tag{6-33}$$

总储蓄等式：

$$S = s_h Y_h + S_g + R S_f \tag{6-34}$$

4. 均衡模块

国内商品供给等于其需求：

$$X_d = D_x \tag{6-35}$$

总需求等于总供给：

$$Q_s = Q_d \tag{6-36}$$

国外储蓄等于进口的世界市场价值减去出口的世界市场价值：

$$\pi_m Q_m - p_e^f X_e - T_{hf} = S_f \tag{6-37}$$

政府储蓄是政府收入与政府支出包括转移支付和补贴之差：

$$S_g = Y_g - P_q Q_g - P_q T_{hg} - t_e R p_e^f X_e \tag{6-38}$$

投资总额等于储蓄总额

$$P_q Q_i = s \tag{6-39}$$

表 6 -1   一般均衡模型中符号含义

序号	符号	含义	序号	符号	含义
1	X_s	总产出（市场价）	15	Q_i	投资需求
2	X_d	国内供给量	16	p_e^f	出口的世界价格
3	X_e	出口	17	p_m^f	进口的世界价格
4	P_e	出口品国内价格	18	R	汇率
5	P_x	国内生产总值缩减因子	19	Y_n	居民总收入
6	P_d	国内生产价格	20	S_f	贸易平衡的当地货币等价物
7	P_m	进口品国内价格	21	ω	生产弹性
8	P_q	消费价格指数	22	σ	消费替代弹性
9	Q_s	总消费品供给	23	t_e	出口补贴
10	Q_m	进口	24	t_m	进口关税
11	Q_d	总消费品需求	25	t_h	所得税
12	D_x	国内消费品	26	T_{hg}	政府转移支付
13	Q_h	私人需求	27	T_{hf}	以外币表示的国外转移支付
14	Q_g	政府需求			

（二）数据模拟

可计算一般均衡模型的模拟是基于以下的均衡机制：（1）总消费品数量给定，因此消费者价格指数外生定为1；（2）国内市场通过调整国内销售价格达到均衡；（3）要素市场的出清假设是通过要素价格调整达到，因此 X_s 是外生的；（4）贸易平衡是外生的，通过调整汇率，使外汇市场达到平衡；（5）对于政府部门，收入来自税收，支出是外生的；（6）投资是储蓄推动的。基本数据见表6 -2。

表 6 - 2 样本国社会核算矩阵

	生产活动	商品	居民	政府	投资	国外	收入合计
生产活动		1040070				569942	1610012
商品			1042148	132219	325334		1042148
居民	1538826					19246	1558072
政府	71186	12005	110845				194036
储蓄			405079	61817		-141562	325334
国外		447626					447626
支出合计	1610012	1499701	1558072	194036	325334	447626	

数据来源：世界银行。

数据模拟应用 EViews 程序，包括四个基本组成部分。第一部分建立社会核算矩阵 SAM；第二部分设定 CGE 模型；第三部分初始化变量，根据设定的出口转移弹性值和进口替代弹性值，在五种不同的情况下校准模型；最后生成基础解并执行要求的模拟。

1. 建立社会核算矩阵 SAM

（1）首先，使用命令创建一个名为 DMR2018 的工作文件。由于我们没有处理时间序列，所以选择 U 作为 "undated" 的选项。将工作文件的范围设置为 5，设计用 5 个不同的弹性值设置五种情景下求解和模拟模型。

WORKFILE DMR2018 U 5

（2）基准数据处理

用 EViews 中的矩阵对象的语法设置社会核算矩阵 SAM，由于在 SAM 中有 6 个账户，创建一个 7×7 矩阵，其中第七个元素代表合计。使用下列标签：（a）ACT（Activity）；（b）COM（Commodity）；（c）HHD（Household）；（d）GOV（Government）；（e）SVI（Capital Account）；（f）ROW（World）；（g）TOT（Total）。下面两个命令声明矩阵和相关列向量：

```
MATRIX(7,7) SAM
FOR % AC ACT COM HHD GOV SVI ROW TOT
VECTOR(7) V{% AC}
NEXT
```

下面 20 个命令是用基年数据给列向量赋值。每一列总值等于账户中前面各项之和。

```
VACT(3)=1538826
VACT(4)=71186
VACT(7)=@ SUM(VACT)
VCOM(1)=1040070
VCOM(4)=12005
VCOM(6)=447626
VCOM(7)=@ SUM(VCOM)
VHHD(2)=1042148
VHHD(4)=110845
VHHD(5)=405079
VHHD(7)=@ SUM(VHHD)
VGOV(2)=132219
VGOV(5)=61817
VGOV(7)=@ SUM(VGOV)
VSVI(2)=325334
VSVI(7)=@ SUM(VSVI)
VROW(1)=569942
```

```
VROW(3)=19246
VROW(5)=-141562
VROW(7)=@SUM(VROW)
```

下面的循环语句是将列向量组成SAM，为了避免工作文件杂乱，每个向量在放置进SAM后将被删除。

```
! COL =1
FOR % AC ACT COM HHD GOV SVI ROW
COLPLACE(SAM,V{%AC},!COL)
DELETE V{%AC}
! COL =!COL+1
NEXT
```

下面的循环分别计算行加总，并将结果放置到列向量VTOT. 一旦列向量放置到SAM后它也被删除。

```
! NRWS =@ROWS(SAM)
FOR ! R =1 TO (!NRWS-1)
ROWVECTOR RV{!R}=@ROWEXTRACT(SAM,!R)
VTOT(!R)=@SUM(RV{!R})
DELETE RV{!R}
NEXT
COLPLACE(SAM,VTOT,!NRWS)
DELETE VTOT
```

用FREEZE命令将矩阵转换为表，并在一个循环内同时标注行和列，下面的块程序可以完成它。

```
FREEZE(IDTABSAM) SAM
SETLINE(IDTABSAM,3)
SETCOLWIDTH(IDTABSAM,1,12)
```

```
! COL = 2
! RW = 4
FOR % LB ACTIVITY COMMODITY HOUSEHOLD GOVERNMENT
SAVING WORLD TOTAL
SETCELL(IDTABSAM,1,! COL,% LB,"C")
SETCELL(IDTABSAM,! RW,1,% LB,"L")
! COL = ! COL + 1
! RW = ! RW + 1
NEXT
```

2. 设定 CGE 模型

模型设定的第一步是用关键词"MODEL"后加名称声明模型对象，如下面的语句：model DMR。一旦声明了模型，用 AP-PEND 命令输入相关的等式。

```
MODEL DMR
'***** Production Side *****
'Exports are Derived from the CET Function
DMR.APPEND XE = XD * ((PE/PDT) * (1 - alpha_x)/alpha_
x)^(1/(phi_x - 1))
'Domestic Sales as a Residual
DMR.APPEND XD = XS - XE
'Domestic price of exports
DMR.APPEND PE = EXR * PWE * (1 + te)
'Producer Price of Composite Output (GDP Deflator)
DMR.APPEND PX = (PE * XE + PDT * XD)/XS
'Price of Domestic Good
```

DMR.APPEND PDT * XD = (PQ * QQ − PM * QM)'Tax inclusive

DMR.APPEND PD = PDT/(1 + td)'Before tax

'***** Consumption Side *****

'Domestic Price of Imports

DMR.APPEND PM = EXR * PWM * (1 + tm)'Domestic price of imports

'Supply of and Demand for Composite Consumption Good defined from Armington Aggregation

of Imports and Demand for Domestically Supplied Good

DMR.APPEND QQ = b_q * (beta_q * QM^(− rho_q) + (1 − beta_q) * XD^(− rho_q))^(−1/rho_q)

'Imports are derived from Armington Aggregation

DMR.APPEND QM = XD * ((PDT/PM) * beta_q/(1 − beta_q))^(1/(1 + rho_q))

'Price of Composite Consumption Good

'DMR.APPEND PQ = (CONS_hh + CONS_gov + INV)/QQ Numeraire

'***** Government Account *****

DMR.APPEND TARIFF = (tm * PWM * EXR * QM)

DMR.APPEND INDTAX = (td * PDT/(1 + td) * XD)

DMR.APPEND HHTAX = ytx_hh * Y_hh

DMR.APPEND Y_gov = TARIFF + INDTAX + HHTAX − (te * PWE * EXR * XE)

'***** Household Income and Savings *****

```
DMR.APPEND Y_hh = PX * XS - INDTAX + (EXR * TR_hh_row)
'Indirect production taxes are paid
to the government
DMR.APPEND SAV_hh = mps_hh * (1 - ytx_hh) * Y_hh
DMR.APPEND CONS_hh = (1 - mps_hh) * (1 - ytx_hh) * Y_
HH / PQ
'*****Aggregate Savings*****
DMR.APPEND SAVTOT = SAV_hh + (EXR * FSAV) + SAV_gov
'*****System Constraints and Closure*****
'Full capacity is assumed so that XS is made exoge-
nous
'Domestic Demand Constraint Implicitly defined
through XD
'Material Balance for Composite Consumption Good
Implicitly defined through QQ
'Fiscal Balance
DMR.APPEND SAV_gov = (Y_gov - PQ * CONS_gov)
'Balance of Payments in Local Currency
DMR.APPEND EXR * FSAV = (PM * QM / (1 + tm) - PE * XE -
(EXR * TR_hh_row))
'Investment - Savings Balance
DMR.APPEND INV = SAVTOT / PQ
```

3. 校准、初始化和求基准解

以上所述的数学模型用到几个参数（位移、份额和弹性），
需要指定这些参数的值以使模型能与 SAM 给出的基准数据相

容，这一过程称为校准。在这个过程中，结构参数的值被表示为模型相关变量的函数。用变量的基准数据计算得到结构参数的值，然后使用结构参数值求解模型，就得到基准解。

　　下面的语句模块做两件事情，使用由字符串变量控制的一个循环来声明所有变量，字符串变量的值对应于变量的名称，以及其余的语句将初始值分配给已声明的变量。

```
'Declare Variables
FOR % VR CONS_gov CONS_hh XD EXR FSAV HHTAX INDTAX
INV mps_hh omega_x PD
PDT PE PM PQ PWE PWM PX QQ QM SAV_gov SAV_hh SAVTOT
sigma_q TARIFF TD TE
TM TR_hh_row XE XS Y_gov Y_hh ytx_hh MT 'MT stands
for imports inclusive of tariffs to use
in calibration
SERIES % VR
NEXT
EXR = 9311 'LCU ( Rupiah ) per US $ , period average
( from LDB on line )
FSAV = SAM(5 ,6 )/EXR
te = 0
PM = 1
XD = SAM(1 ,2 )
SERIES ITX = SAM(4 ,1 )
td = ITX /( XD - ITX )
PD = 1 /( 1 + td )
```

```
PDT = PD * (1 + td)
INDTAX = td * PD * XD
QM = SAM(6,2) + SAM(4,2)' Imports inclusive of tar-
iff
TARIFF = SAM(4,2)
tm = TARIFF / (PM * QM - TARIFF)
PE = 1
PWE = PE / ((1 + te) * EXR)
PWM = PM / ((1 + tm) * EXR)
PQ = 1
PX = 1
XS = SAM(1,7)
TR_hh_row = SAM(3,6) / EXR
Y_hh = (PX * XS - INDTAX + (EXR * TR_hh_row))
HHTAX = SAM(4,3)
XE = SAM(1,6)
ytx_hh = HHTAX / Y_HH
QQ = SAM(2,7)
INV = SAM(2,5)
Y_gov = TARIFF + INDTAX + HHTAX - (te * PWE * EXR * XE)
CONS_gov = SAM(2,4)
SAV_gov = SAM(5,4)
SAV_hh = SAM(5,3)
mps_hh = SAV_hh / ((1 - ytx_hh) * Y_hh)
CONS_hh = (1 - mps_hh) * (1 - ytx_hh) * Y_hh / PQ
SAVTOT = SAV_hh + SAV_gov + (EXR * FSAV)
```

　　为了方便校准，创建一个卫星模型来做这项工作，命名模型为 CALIBER。由于校准模型要为产出弹性（omega）和替代弹性（sigma）设定 5 组不同的值，使用 FILL 命令产生这两个序列。这些参数是经济对冲击和政策响应的关键决定因素。用第一个命令声明校准模型。接下来的两个命令创建了 5 个不同的结构情景。APPEND 语句指定校准模型。最后，将场景设置为 ACTUALS，并调用求解语句 SOLVE 将解的值赋给参数。

```
MODEL CALIBER
omega_x.fill 0.2,0.5,0.75,2,5'Different values
of export transformation elasticity for sensitiv-
ity analyis
sigma_q.fill 0.2,0.5,1.26,2,5'Different values
of trade substitution elasticity;
CALIBER.APPEND rho_q=(1/sigma_q)-1
CALIBER.APPEND phi_x=(1/omega_x)+1
CALIBER.APPEND alpha_x=1/((PDT/PE)*(XE/XD)^
(1/omega_x)+1)'Share for the CET
function
CALIBER.APPEND a_x=XS/(alpha_x*XE^phi_x+(1-
alpha_x)*XD^phi_x)^(1/phi_x)'Scale
factor for the CET function
CALIBER.APPEND beta_q=((PM/PDT)*(QM/XD)^(1+
rho_q))/(1+
(PM/PDT)*(QM/XD)^(1/sigma_q))'Share factor
for the CES function
```

```
CALIBER.APPEND b_q=QQ/(beta_q*QM^(-rho_q)+(1
-beta_q)*XD^(-rho_q))^(-1/rho_q)
'Scale factor for the CES function
CALIBER.SCENARIO ACTUALS
CALIBER.SOLVE(s=d,d=s,o=n)
CALIBER.MAKEGROUP CALGRP @ ENDOG
FREEZE(CALTAB) CALGRP
```

4. 模拟求解

下面程序中前三个语句得到模型 DMR 的基准解。第一个命令设置解的选项如下：（1）s = d（确定性解）；（2）d = s（静态解）；（3）c = 1e - 15（收敛标准）；（4）o = n（Newton 解算法）。最后两个命令产生一个名为 BASELINE 的表，包含所有内生变量的实际和基准解的值。

```
DMR.SOLVEOPT(s=d,d=s,c=1e-15,o=n)
'*****Baseline Solution*****
DMR.SCENARIO(c) BASELINE
SOLVE DMR
DMR.MAKEGROUP(a) BASEGRP @ ENDOG
FREEZE(BASELINE) BASEGRP
'*****An Increase in the World Price of Export **
***
SERIES PWE_tot=1.20*PWE
DMR.SCENARIO(n,a=tot) BOOM
DMR.OVERRIDE PWE
SOLVE DMR
DMR.MAKEGROUP(c) BOOMGRP @ ENDOG
```

```
FREEZE(BOOMTAB) BOOMGRP
'*****An Increase in the Tariff Rate*****
SERIES tm_tar = 1.50*tm
DMR.SCENARIO(n, a = tar) TARIFFUP
DMR.OVERRIDE tm
SOLVE DMR
DMR.MAKEGROUP(c) TARGRP @ ENDOG
FREEZE(TARITAB) TARGRP
'END OF PROGRAM
```

表 6 - 3　基准解

Omega	Sigma	EXR	PD	PX	RPD	RPX	XD	XE	QM	QQ
0.2	0.2	1.00	1.00	1.00	1.00	1.00	75.00	25.00	25.00	100.00
0.5	0.5	1.00	1.00	1.00	1.00	1.00	75.00	25.00	25.00	100.00
2	2	1.00	1.00	1.00	1.00	1.00	75.00	25.00	25.00	100.00
5	5	1.00	1.00	1.00	1.00	1.00	75.00	25.00	25.00	100.00
5000000	5	1.00	1.00	1.00	1.00	1.00	75.00	25.00	25.00	100.00

数据来源：模拟计算求得。EXR 为汇率；PD 为国内销售价格；PX 为 GDP 缩减指数；RPD 为基于国内销售价格的实际汇率；RPX 为基于 GDP 缩减指数的实际汇率；XD 为国内销售额；XE 为出口；QM 为进口；QQ 为合计。

表 6 - 3 确认了模型校准是成功的，因为基准解再现了在 SAM 中观察到的值。

对外部冲击的结构调整：当一个经济体遭受冲击（无论是外因还是政策冲击），它的结构可能会发生重大变化，这种变化可能会对产出产生重大影响。首先考虑出口增加的影响，将外生变量贸易差额 BOT 从 0 增加到 10，这种情况 EViews 由以下六行代码处理实现。

```
SERIES BOT_ftr =10
DMR.SCENARIO(n, a = ftr) Foreign Transfer Increase
DMR.OVERRIDE BOT
DMR.SOLVE
DMR.MAKEGROUP(c) FTGRP @ ENDOG
FREEZE(DUTCH) FTGRP
```

上面的代码主要所做的是：（1）指定一个名为"*Foreign Transfer Increase*"的场景；（2）创建覆盖变量 BOT __ftr 来保存外生变量的新值；（3）指定 BOT 作为场景的覆盖系列；（4）再次求解模型；（5）将结果存储在一个名为 FTGRP 的组中（选项 c 使 EViews 包含来自比较场景的值；（6）把该组变成一个名为"DUTCH"的表。

通过比较基准解（BOT = 0）和 BOT = 10 时的解能评价出口增加的影响。在模型情景下这样做不用覆盖以前的数据，不同场景之间数据的区别是基于别名规则。这条规则需要修改模型变量的名称，通过在后面加下划线跟一个字母后缀。该规则由场景语句中的"a"选项指定。本例中，选项被声明为 a = ftr（用于出口增加）。EViews 使用这个后缀修改内生变量的名称。需要注意的是，在调用 override 命令之前，必须使用适当的后缀创建被覆盖的外部变量。否则，EViews 会发出错误消息。

表6-4 出口增加对产出和经济结构的影响

Omega	Sigma	EXR	PD	PX	RPD	RPX	XD	XE	QM	QQ
0.2	0.2	0.43	1.21	1.04	0.36	0.42	78.06	21.94	31.94	108.08

续表

Omega	Sigma	EXR	PD	PX	RPD	RPX	XD	XE	QM	QQ
0.5	0.5	0.71	1.11	1.02	0.64	0.70	77.67	22.33	32.33	108.99
2	2	0.91	1.04	1.01	0.87	0.90	76.63	23.37	33.37	109.61
5	5	0.96	1.02	1.00	0.94	0.96	75.92	24.08	34.08	109.80
5000000	5	0.96	1.02	1.00	0.94	0.96	76.08	23.92	33.92	109.81

注：符号含义同表6-3。

表6-4根据出口转移（omega）和进口替代（sigma）弹性的假设价值，在5个不同的结构情景下，在经济基础上增加了相当于基年GDP的10%的国外转移产生的福利和结构影响。根据所选择的指标QQ，相比基准情景，明显的是产出全部得到提高。同时，转移弹性和替代弹性越高，产出增加得越多。

对贸易条件恶化的分析类似于外汇流入的情况。下一段代码实现了进口价格增长10%的情形，表6-5给出了相应的仿真结果。

```
SERIES PWM _tot =1.10
DMR.SCENARIO( n , a =tot ) Terms of Trade Schock
DMR.OVERRIDE PWM
DMR.SOLVE
DMR.MAKEGROUP( c ) TOTGRP @ ENDOG
FREEZE( DETOT ) TOTGRP
```

表6-5　贸易条件恶化对产出和经济结构的影响

Omega	Sigma	EXR	PD	PX	RPD	RPX	XD	XE	QM	QQ
0.2	0.2	1.13	0.92	0.97	1.23	1.16	74.34	25.66	23.32	97.49

Omega	Sigma	EXR	PD	PX	RPD	RPX	XD	XE	QM	QQ
0.5	0.5	1.02	0.96	0.98	1.06	1.04	74.64	25.36	23.05	97.59
2	2	0.95	0.99	0.98	0.96	0.97	75.44	24.56	22.32	97.70
5	5	0.93	0.99	0.98	0.94	0.95	76.01	23.99	21.81	97.78
5000000	5	0.93	0.99	0.98	0.94	0.95	76.17	23.83	21.66	97.79

注：符号含义同表 6 - 3。

由于不利贸易条件的冲击，同样数量的出口只能购买较少的进口。为了增加出口以支付更昂贵的进口，必须使汇率贬值（国内商品价格相对于出口商品的价格下降）。这将促使资源从国内产品生产部门转移到出口部门。是否真正的贬值取决于与贸易条件变化有关的收入和替代效应的相对重要性。表 6 - 5 的结果表明，当进口替代弹性小于 1 时，收入效应将主导替代效应，出口部门扩张，国内部门收缩。当替代弹性等于 1 时，没有经济结构上的变化。当这个弹性大于 1 时，替代效应主导收入效应，出口部门收缩，而国内部门则扩张。

上述讨论表明，应对外部冲击的政策要取决于经济结构。当进口替代弹性小于 1 时，政策建议是将实际汇率贬值以减轻贸易冲击不利条件的影响。否则，主张实际汇率升值用国内商品替代较昂贵的进口商品，这将导致贸易总额的收缩。

三、动态随机一般均衡模型

动态随机一般均衡（DSGE）模型并不是某个具体的模型，而是一个宏观经济学模型的开发平台。凡是加入这个平台的模型，都须满足一般均衡和微观基础的标准，并具备良好的一致性。其中引用率较高的常见基准模型有诺特博格和伍德福德（1997）[1]、伍德福德和沃尔什（2005）[2]、沃尔什（2003）[3]、克里斯蒂亚诺（2005）[4]和斯梅茨和伍特斯（2007）[5]等文献提出的模型。

DSGE 模型在研究方法上沿袭了 RBC 模型，这种沿袭体现在以下四个方面[6]：其一，注重微观基础，即总体宏观经济表现应该是微观个体理性选择结果的综合；其二，强调一般均衡，经济总是处于均衡之中，不只是单个市场单独的均衡而是各个市场相互作用的均衡，也不是代表性个体某个阶段的最优决策均衡而是代表性在每个阶段的最优决策均衡；其三，遵循理性预期，代表性个体进行的是跨期决策，需要对未来进行预期，这种预期应该是理性的；其四，关注随机冲击，将经济波动看作是各经济变量针对随机冲击反应的动态变化过程。同时 DSGE 模型也成功引入了新凯恩斯主义的两项关键假设：垄断竞争和

〔1〕 Julio Rotemberg and Michael Woodford, "An Optimization – Based Econometric Framework for the Evaluation of Monetary Policy", A chapter in NBER *Macroeconomics Annual* 1997, Volume 12: 297 – 361 from National Bureau of Economic Research, Inc.

〔2〕 Michael Woodford (a1) and Carl Walsh, "Interest and Prices: Foundations of a Theory of Monetary Policy", *Macroeconomic Dynamics*, June 2005, Vol. .9, Issue 3: 462 – 468.

〔3〕 Carl Walsh, *Monetary Theory and Policy*, The MIT Press, 2003.

〔4〕 Lawrence J. Christiano and Martin Eichenbaum, and Charles L. Evans, "Nominal Rigidities and the Dynamic Effects of a Shock to Monetary Policy", *Journal of Political Economy*, 2005, Vol. 113 (1): 1 –45.

〔5〕 Frank Smets and Rafael Wouters, "Shocks and Frictions in US Business Cycles: A Bayesian DSGE Approach", *American Economic Review*, June 2007, Vol. 97 (3): 586 – 606.

〔6〕 本部分参选自高阳：《现代经济周期理论述评与批判》，载《南开经济研究》2015 年第 1 期。

价格粘性。垄断竞争使得厂商不再是价格接受者，而是价格决定者，价格变成了内生的。价格粘性强调产品和要素等价格不能像 RBC 模型那样进行灵活的调整。这使得 DSGE 模型能够将总需求和总供给结合起来分析，而不是像 RBC 模型那样只关注供给面，总需求的引入凸显了宏观经济政策的作用，使之具备了很强的预测能力和政策分析能力。DSGE 模型的这些特点让其脱颖而出，很多国家的中央银行（如美国、英国等）和一些国际金融机构（如 IMF）都建立了用于政策分析的 DSGE 模型。

一个典型的随机动态一般均衡模型[1]一般具备三个基本假设条件：

（1）垄断竞争：在该模型中，厂商处于垄断竞争行业中，因此对价格有决定权；价格是内生的可控变量。

（2）名义刚性：由于价格调整成本的存在，经济中的产品（例如最终消费品）价格和要素价格（例如工资）不能完全灵活变动，相反，具有一定的黏性或刚性。

（3）由于名义价格刚性的存在，短期货币政策非中性。这一点也正是新凯恩斯主义 DSGE 模型的主要政策主张。

下面以沃尔什（2003）[2]以及加里（2008）[3]的模型为例介绍新凯恩斯主义 DSGE 模型最为基础的框架结构。假定经济中存在三类行为主体——家庭、（垄断竞争）厂商以及中央银行。家庭通过向厂商供给劳动获得工资收入，并且拥有一定数量的

〔1〕 方福前、王晴：《动态随机一般均衡模型：文献研究与未来展望》，载《经济理论与经济管理》2012 年第 11 期。

〔2〕 C. Walsh, *Monetary Theory and Policy*, MA：MIT Press, 2003.

〔3〕 Jordi Gali, *Monetary Policy, Inflation and Business Cycle：An Introduction to the New Keynesian Framework*, Princeton, NJ, Princeton University Press, 2008.

货币和厂商发行的债券，也就是厂商由家庭所有。厂商处于垄断竞争行业（市场），单个厂商各自生产具有一定差异性的产品并为自己的产品定价。和传统模型一致，假定家庭的目标是最大化其一生的预期总效用，而厂商的目标是最大化其预期总利润。

（一）家庭行为方程

为了描述家庭的行为，首先需要选定一种特定形式的效用函数。在大量 RBC 模型中，货币政策对实际变量没有影响，或者说货币的作用仅限于计价单位。但对于新凯恩斯主义 DSGE 模型，凸显货币的作用。因此在建模过程中要考虑如何定义货币需求函数。常见的做法是将实际的均衡货币量纳入效用函数。假定效用函数是可分的，因此可将代表性家庭的目标写成如下最大化期望终生总效用问题：

$$E_t \sum_{i=0}^{\infty} \beta^i \left[\frac{C_{t+i}^{1-\sigma}}{1-\sigma} + \frac{\gamma}{1-b} \left(\frac{M_{t+i}}{P_{t+i}} \right)^{1-b} - \chi \frac{N_{t+i}^{1+\eta}}{1+\eta} \right] \qquad (6-40)$$

$$C_t = \left[\int_0^1 c_{jt}^{\frac{\theta-1}{\theta}} dj \right]^{\frac{\theta}{\theta-1}} \qquad (6-41)$$

其中 C_t 为最终消费品，M_t/P_t 是实际的货币存量（P_t 为当期经济的价格总水平），N_t 是劳动时间。这里不失一般性的假设代表性家庭每一期拥有 1 单位劳动的禀赋，劳动带来负效用。σ、b 和 η 分别决定了消费、货币余额以及闲暇的跨期替代弹性；γ 和 χ 决定了三者之间的期内替代弹性；而式（6-41）关于消费品 C_t 的表达来源于商品的异质性。家庭的最优化问题可以分两步来实现：消费一定量商品的支出最小化以及一定预算约束条件下的效用最大化。假设家庭消费一定量的消费品 C_t，代表性家庭的问题是通过选择差异性消费品来实现支出最小化。为了描述家庭的消费品，首先需对垄断竞争市场做出概括，因为经济中垄断竞争厂商的产品虽然具有差异性，但更具有替代性。假设经济中存在连续为 1 的厂商连续流，c_j 代表厂商 j 的产品。$\theta > 1$ 是家庭对单个厂商个体产品的需求弹性。将家庭选择消费品的支出最小化决策与其预算约束相结合就能得出解这个最优化问题所需要的欧拉方程：

$$C_t^{-\sigma} = \beta(1 + i_t)E_t(\frac{P_t}{P_{t+1}})C_{t+1}^{-\sigma} \tag{6-42}$$

$$\frac{\gamma(M_t/P_t)^{-b}}{C_t^{-\sigma}} = \frac{i_t}{1 + i_t} \tag{6-43}$$

$$\frac{\chi N_t^{\eta}}{C_t^{-\sigma}} = \frac{w_t}{P_t} \tag{6-44}$$

式（6-42）-（6-44）直接描述了家庭的最优化行为。式（6-42）描述了消费的跨期最优配置；式（6-43）描述了持有货币的机会成本应等于货币和消费的边际替代率，也就是货币需求方程；式（6-44）表示闲暇的机会成本（实际工资）应等于闲暇和消费的边际替代率，也就是家庭的劳动供给方程。这三个欧拉方程，是推导新凯恩斯主义 IS 曲线的重要基础。

（二）厂商行为方程

描述厂商的行为需要体现两个方面的内容：垄断竞争和价格刚性。对于垄断竞争的描述，通常的做法是沿用迪克西特和斯蒂格利茨（1977）[1]的模型。而如何准确地表现价格黏性是新凯恩斯主义 DSGE 模型的重要内容之一，争议较大。这里采

〔1〕 A. Dixit and J. Stiglitz, "Monopolistic Competition and Optimum Product Diversity", *American Economic Review*, 1977, 67 (3).

用卡尔弗（1983）[1]的定价模型相对简单实用。为了体现价格刚性假设，每一期有 ω 部分的厂商被随机选定，他们需维持价格不变，即当期的产品价格等于上一期的价格；另有（1 - ω）部分的厂商可以重新给自己的产品定价。ω 用于度量名义价格刚性。这就决定了厂商的决策过程是跨期的动态过程，因为厂商在 t 期的定价行为不仅影响当期的利润，还可能影响到未来几期的利润。与家庭的优化行为相似，厂商的最优化行为也可以概括为两部分。首先单个厂商面对家庭的需求 c_{jt} 要实现生产一定量产品的成本最小化，随后通过选择价格 p_{jt} 来实现预期总利润的最大化。最终经济中的通货膨胀率，即新凯恩斯主义菲利普斯曲线可以表示为：

$$\pi_t = \beta E_t \pi_{t+1} + \kappa \hat{\varphi}_t \qquad (6-45)$$

新凯恩斯主义菲利普斯曲线意味着实际边际成本是驱动通货膨胀的力量。其中 $\hat{\varphi}_t$ 是以偏离稳态的百分比表示的实际边际成本；κ 为常数。当厂商调整价格时必须考虑到对未来的通胀预期，因为厂商在随后几期可能无法继续调整价格。用迭代方法可以得到更加直观的结果：通胀率是当期和未来实际边际成本贴现后的现值。

$$\pi_t = \kappa \sum_{i=0}^{\infty} \beta^i E_t \hat{\varphi}_{t+i} \qquad (6-46)$$

式（6-46）说明通胀率依赖于实际边际成本而没有说明通胀和产出缺口或者就业缺口有关系。从此式可以进一步得出通胀和产出缺口之间的直接联系：

---

[1] Guillermo A. Calvo, "Staggered Prices in a Utility - Maximizing Framework", *Journal of Monetary Economics*, 1983, 12 (3).

$$\pi_t = \beta E_t \pi_{t+1} + \kappa y_t \tag{6-47}$$

其中，$y_t = Y_t - Y_t^*$ 为通常所说的产出缺口。

这样就通过求解家庭和厂商的最优化行为得到了新凯恩斯主义菲利普斯曲线。类似的过程可以得到新凯恩斯主义 IS 曲线。因为这一简单的经济中没有政府支出，且劳动是唯一的生产投入，因此市场出清条件意味着消费等于产出。将式（6-47）在稳态附近进行对数线性化可得：

$$y_t = E_t y_{t+1} - \frac{1}{\sigma}(\iota_t - E_t \pi_{t+1}) \tag{6-48}$$

其中，$\iota_t = i_t - r_t^*$，r_t^* 为自然利率。将产出缺口引入上式即可得到附加预期的"前瞻性"的 IS 曲线[1]：

$$y_t = E_t y_{t+1} - \frac{1}{\sigma}(\iota_t - E_t \pi_{t+1}) + u_t$$

其中，$u_t = E_t Y_{t+1}^* - Y_t^*$ \hfill （6-49）

这样就从最基础的家庭偏好和厂商技术出发，用数量模型推导出和本科宏观经济学教材相类似的菲利普斯曲线和 IS 曲线。从这个意义上说，这个具备微观基础的简单模型为凯恩斯主义宏观经济学和货币政策分析提供了数量和结构上的依据，DSGE 模型也为凯恩斯主义的思想和政策主张注入了时代特征。

（三）中央银行行为方程

为了简化分析，这里暂时假设中央银行只执行简单的货币政策以实行一定的政策目标，而非作为最优化主体而存在。至于中央银行遵循哪种货币政策规则假设并不唯一。例如，一种

---

[1] F. Canova, *Methods for Applied Macro Research*, Princeton, NJ, Princeton University Press, 2007.

较为常用的假设是可以使用简单的泰勒规则[1]，即：

$$i_t = \rho + \varphi_\pi \pi_t + \varphi_y Y_t + v_t \qquad (6-50)$$

将式（6-47）、式（6-48）和式（6-50）整合就可以得出代表整个经济动态均衡条件的矩阵方程，从而得出整个经济的最优配置，模拟货币政策冲击以及技术冲击对整个经济的影响。

（四）政策分析与评估

中央银行用名义利息率作为货币政策的工具，通过选取利率的时间序列 $\{i_t\}_{t=0}^{\infty}$ 来最大化下面的目标函数：

$$\max -\frac{1}{2}E_0\left\{\sum_{i=0}^{\infty}\beta^i[\alpha y_{t+i}^2 + \pi_{t+i}^2]\right\} \qquad (6-51)$$

负号表示中央银行希望最小化福利损失，1/2 是为了计算的简便。这样的目标函数意味着中央银行盯住两个指标：自然产出和零通胀。被选取的政策工具是短期利率，相应的政策设计就是刻画利率如何调节和设定以适应当前的经济形势。但是目标变量不仅依赖于当期的政策也依赖于对未来政策的预期，因此有必要考虑央行对未来政策的承诺是否必要，这是克拉里达等（1999）[2]的重要贡献之一，他们通过分别刻画坚持规则（rule）和相机抉择（discretion）政策条件下的最优政策来比较两种政策体制的效果。

---

〔1〕 当然，在建模过程中，中央银行的行为可以用更为复杂的模型所代替，中央银行的目标也可以被其他规则所刻画。例如如果假设中央银行使用外生的利率规则，式（6-50）可以改写成：$i_t = r_t^*$；如果假设中央银行使用"前瞻性"的规则，式（6-50）可以改写成：$i_t = r_t^* + \varphi_\pi E_t[\pi_{t+1}] + \varphi_y E_t[Y_{t+1}]$。

〔2〕 R. Clarida, J. Gali, M. Gertler, "The Science of Monetary Policy: A New Keynesian Perspective", *Journal of Economic Literrature*, 1999, 37 (4).

在相机抉择的条件下，中央银行的行为可以用如下最优化问题概括：

$$\max_{\{x_t, \pi_t, i_t\}_{t=0}^{\infty}} -\frac{1}{2}E_t\left\{\sum_{i=0}^{\infty}\beta^i\left[\alpha y_{t+i}^2 + \pi_{t+i}^2\right]\right\} \qquad (6-52)$$

$$s.\ t. \qquad y_t = E_t y_{t+1} - \frac{1}{\sigma}(i_t - E_t\pi_{t+1}) + u_t$$

$$\pi_t = \beta E_t\pi_{t+1} + \kappa y_t$$

因为这里不存在内生的状态变量，中央银行每一期都可以根据经济形势重新设置利率，因此这个动态问题可以转化成静态问题来求解。克拉里达等（1999）的结论是：当存在成本推动型通货膨胀时，短期内存在通胀和产出变动之间的权衡；最优政策已包含了通胀目标，因为它要求通胀水平应趋近目标值；在最优政策下，为了应对预期通胀的增加，名义利率应该提高足够大的幅度以提高实际利率；最优政策要求调整利率来完全抵消需求冲击，但完全容纳供给冲击。用类似的方法可以得到存在承诺的规则条件下政策安排的特征：如果中央银行想把实际产出提高到自然产出以上，在相机抉择的条件下就会出现通胀率长期高于目标水平并且不能带来任何产出增长的情况，即通胀偏差（inflation bias）；但是在承诺存在的情况下，并且如果当前的价格设定依赖对未来的预期的话，这种通胀偏差就可以获得缓解。

（五）DSGE 模型的特色与应用

DSGE 模型的特点可以概括为如下三点。首先，与瓦尔拉斯一般均衡理论、应用一般均衡（applied general equilibrium, AGE）模型和可计算的一般均衡（computable general equilibrium, CGE）模型中的静态模型不同，新凯恩斯主义 DSGE 模型是

"动态随机"模型。从微观层面来讲，"动态"强调的是家庭（或厂商）的决策过程是一种跨期决策。行为人当期的决策可能对未来几期造成影响，因此行为人的问题可以归结为跨期最优化。而从宏观层面来说，"动态"指的是模型本身研究宏观经济在长期是如何发展变化的。"随机"则是考虑到经济受随机冲击的影响这一事实，DSGE 模型自诞生以来主要用来模拟宏观经济中各种类型的冲击，这些冲击分别体现在生产率（技术）、劳动供给、偏好和货币政策等方面。至于 DSGE 模型的"一般均衡"框架，那是因为模型从最原始的经济学假设和前提出发，分别刻画消费者和生产者的最优化行为，而后利用市场出清条件得出总体均衡时的价格和资源配置。

其次，DSGE 模型强调逻辑上的一致性，因此具备较好的预测能力和政策分析能力。与20世纪70年代以及随后流行的传统的宏观经济计量（预测）模型不同，DSGE 模型明确界定了偏好、技术和体制。这就明确了经济当事人"需要什么"，"能够生产什么"以及"以什么方式交易"。理论上讲，能够通过求解 DSGE 模型来预测一个经济体实际上生产了什么，交易了什么和消费了什么；也能够对体制结构（包括政策）的变革效果做出有效的预测。由于 DSGE 模型是建立在经济当事人偏好的假设之上，因此，DSGE 模型可以用来评价政策调整的福利效果。新凯恩斯主义 DSGE 模型的另一个优势便是它只包含一些为数不多的变量，与传统的计量模型相比，所要求的数据信息相对较少。DSGE 所拥有的数量分析特征使其迅速成名并且相继成为一些中央银行评析宏观政策的模型依据。

最后，DSGE 模型与中央银行政策分析关系密切。总体上来说，DSGE 模型的出现除了受"卢卡斯批评"的影响外，也是因中央银行分析货币政策的效果的需要而产生。近年来，越来越多的中央银行转向按照目标规则来制定货币政策。央行的这种"自我意识"的兴起可以被 20 世纪 90 年代广泛采用的通货膨胀目标制所证实。中央银行实践的改变迫切需要经济学界为这种类型的货币政策体制提供理论基础和方法支持。具体说来，中央银行的政策制定者们关心两件事情：一是为了实现某种目标应该如何开展系统性的行动，他们需要经济理论为其提供一套系统的运作方法；二是如何将政策承诺传导给公众。新凯恩斯主义 DSGE 模型的出现和发展恰好满足了中央银行的上述需要，并且很多研究也证明了新凯恩斯主义 DSGE 模型确实是比较有效的定量模型，可以用于政策分析。美联储开发了 SIGMA 模型，用来分析货币政策引发的经济冲击的影响；IMF 等机构也尝试着建立自己的 DSGE 模型。

尽管 DSGE 的建模思想和方法论已经被主流经济学家们所接受，但是作为一个发展中的模型，它还广受争议。一是 DSGE 模型理论自身还有待成熟。例如，理论工作者还应考虑如何成功地将金融市场上存在的一些关键问题纳入模型。例如：附加价格黏性的资产选择，利率的期限结构，货币风险溢价等。二是 DSGE 所用到的校准方法和参数估计方法也存在着进一步完善的空间。例如，贝叶斯估计本身就存在两个问题：如果似然函数包含的信息很少的话，那么先验分布就可能扭曲结果；而对结构性参数的后验估计依赖于某些特定的分析算法（例如 Metropolis Hasting 算法），一方面这会给重复验证他人结果带来一定的困难，另一方面使研究者可以通过调整参数取值或先验分布来达到自身预想的结果。这导致研究结果具有更大的人为操控性，所构建的模型也进一步脱离了现实。

一些新凯恩斯主义 DSGE 模型由于模型结构的原因，其中相当一部分行为参数的识别是很弱的，一些参数与微观经济的证据不吻合。

思考题

1. 试依据中国经济实际，建立一个实际经济周期模型并求解。

2. 试依据中国经济实际，建立用于分析金融机构、消费者、企业行为的 DSGE 模型，并进行政策分析。

失业理论

宏观经济学通常把失业分为以下四种类型：

摩擦性失业：摩擦性失业（frictional unemployment）是指因季节性或技术性原因而引起的失业，即由于经济在调整过程中，或者由于资源配置比例失调等原因，难以避免地因等待转业而造成的短期、局部性失业。摩擦性失业量的大小取决于劳动力流动性的大小、寻找工作所需要的时间和成本、就业信息渠道是否畅通。劳动力流动量越大、越频繁，寻找工作所需要的时间和成本越大，就业信息渠道越不畅通则摩擦性失业量越大。反之，则相反。

结构性失业：结构性失业（structural unemployment）是指劳动力的供给与需求不匹配所造成的失业。其特点是既有失业，又有职位空缺。结构性失业产生的主要原因是劳动力在各个部门之间的转移和流动需要成本。转移成本高低取决于两个方面的因素：一是不同产业部门之间的差异程度；二是劳动者的初始人力资本及培训机制。

周期性失业：周期性失业（cyclical unemployment）又称为总需求不足的失业，是由于整体经济的支出和产出水平下降，即总需求不足而引起的短期失业，它一般出现在经济周期的萧条阶段。可以用紧缩性缺口来说明这种失业产生的原因。紧缩性缺口是指实际总需求小于充分就业的总需求之间的差额。

自然失业：自然失业（natural unemployment）也被称为充分就业，是指在现有工作条件和工资水平下，所有愿意工作的人都能工作的失业量。自然失业率是一个不会造成通货膨胀的失业率（Non-accelerating Inflation Rate of Unemployment，NAIRU），即劳动力市场处于供求稳定状态的失业率。在实际生活中，由于劳动力市场中的信息不对称，劳动者工作转换等原因，自然失业总是存在的。自然失业可以分为摩擦性失业和结构性失业。

多年来以菲利普斯曲线为主要分析工具研究失业和劳动力市场问题占据着失业理论的主导。但这种总量分析观对过去几十年中西方国家持久性的失业现象并没有给出令人满意的回答。人们逐渐认识到，与产品市场相比，劳动力市场因劳动力具有明显的差异性而存在着诸多特殊的方面。对于失业问题，不能简单地理解为劳动力的超额供给，因为即使是一个失业问题相当严重的经济也可能存在大量的空岗。在典型的新古典失业理论模型中通常将劳动力假设为同质的，并把劳动力市场抽象地看成是统一的和无摩擦的，这种分析与现实经济存在着太大的差距。因此，自 20 世纪 80 年代以来，为了弥补这种总量分析的缺陷并对新古典失业理论进行必要的补充和修正，各种失业理论得到蓬勃的发展。本讲介绍三种典型的失业理论。

一、贝弗里奇曲线[1]

贝弗里奇曲线（Beveridge Curve）是反映劳动力市场中失业与空缺岗位（以下简称空岗）之间存在着负相关关系的曲线。它是由英国的经济学家威廉·贝弗里奇（William Beveridge）于1944年发现的。他在《一个自由社会中的充分就业》[2]一书中首先注意到了失业（unemployment）与空岗（vacancies）之间存在着稳定的相互关系，并利用一条曲线来描述它们之间的这种稳定关系。后来，这条曲线被称为贝弗里奇曲线，有时也称 UV 曲线。并与菲利普斯曲线一起成为西方经济学家研究失业和劳动力市场问题的起点。

（一）贝弗里奇曲线方程

推导贝弗里奇曲线的起点是匹配函数，可描述如下：

$$M = M(U,V) \quad M_U > 0 \quad M_V > 0 \qquad (7-1)$$

其中，M 表示雇用或工作匹配的数量，U 表示失业工人的数量，V 表示空岗的数量。该匹配函数包含了使正在寻找工作的工人与正在搜寻所需工人的雇主之间相互匹配的技术有效性的全部内容。这一函数关系的内涵可以说既简单又直观：随着正在搜寻所需工人的雇主和正在寻找工作的工人数量的增加，实际雇用的数量就会上升。经济所覆盖的规模越大，在某一既定的时间里，成功雇用的量就越大，因为有更多的企业和工人在劳动力市场搜寻对方。我们可以用规模报酬不变的柯布－道格拉

---

〔1〕 本部分引自张德远：《贝弗里奇曲线及其在中国的应用》，载《数量经济技术经济研究》2004 年第 5 期。

〔2〕 W. H. Beveridge, *Full Employment in a Free Society*, London: Geoprge Allen & Unwin, 1944.

斯（Cobb – Douglas）匹配函数来描述上述匹配关系，则式（7 - 1）就可表示为：

$$M = AU^\gamma V^{1-\gamma} \qquad (7-2)$$

式中 A 为匹配技术参数。在均衡情况下，工作的分离数量（S）将等于工作匹配的数量（M）。将这一情况应用到以上等式并在等式两边同除以劳动力总量（L）则有：

$$\frac{S}{L} = A \left[\frac{U}{L}\right]^\gamma \left[\frac{V}{L}\right]^{1-\gamma} \qquad (7-3)$$

上式以对数形式重新表述如下：

$$ln(s) = A' + \gamma ln(u) + (1-\gamma)ln(v) \qquad (7-4)$$

其中，s 为工作分离率（S/L）；u 为失业率（U/L）；v 为空岗率（V/L）；A' 表示截距。当分离率和截距确定的情况下，式（7 - 4）就是用于描述失业率与空岗率之负相关关系的贝弗里奇曲线。

（二）贝弗里奇曲线的用途

贝弗里奇曲线的首要用途是作为一种实用的工具将失业分为不同的类型。贝弗里奇曲线可以用来区别需求不足引起的失业与结构性失业和摩擦性失业。这种区分可以通过图 7 - 1 来说明。当需求不足引起的失业率为 0 的时候，$U = V$，即图中的 45°线所描述的点，这时总体的失业率为 U_0。如果所观察到的失业率为图中的 U_1，则 $U_1 - U_0$ 就是需求不足引起的失业，在这种情况下我们可以通过相应财政或货币政策减缓或消除这种失业，失业率将趋向于 U_0。但如果这种措施力度过大，则有可能导致失业率沿着贝弗里奇曲线移动到 $U = V$ 线的左边，这时存在的失业都可被看作是结构性或摩擦性的失业，因为这时劳动力市场存在着充足的就业岗位。在存在大量空岗的情形下，失业者不能实现就业的主要原因是劳动力市场上的制度性因素和信息不完整所造成的，其主要表现为结构性的失业或摩擦性的失业。

贝弗里奇曲线的第二种用途是用来表明劳动力市场的运作效率的变化。当贝弗里奇曲线移动，即公式（7-4）中匹配技术参数 A′发生变动，则表明劳动力市场失业者与空岗相匹配的能力发生变化。贝弗里奇曲线越是向原点移动，表明劳动力市场的运作效率越高。反之，则表明运作效率越差。引起这种移动的主要因素是劳动力市场调节机制的功能性障碍的变化，如劳动力市场的分割，劳动力市场的信息不完整以及劳动力市场的有关制度性因素的变化等，这种变化通常是通过劳动力市场的搜寻努力、搜寻效率和失业者群体特征的变化来反映的。

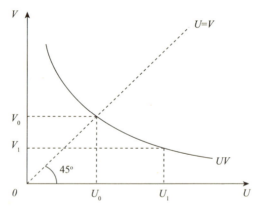

图 7-1 对失业类型的分解

贝弗里奇曲线的第三种用途是，其斜率是影响宏观经济管理效率的一个十分重要的标志。根据布兰卡德和戴蒙德（1989）[1]对美国贝弗里奇曲线的研究发现，美国贝弗里奇曲线的（$1-\gamma$）

〔1〕 O. J. Blanchard and P. Diamond, "The Beveridge Curve", *Brookings Papers on Economic Activity*, 1989, 1: 1-76.

和（γ）分别大致在 0.6 和 0.4 左右，他们的估计表明，当失业率比较高时，失业率每下降 1 个百分点，空岗率大致上升 0.3 个百分点；而当失业率比较低时，失业率每下降 1 个百分点，空岗率大致也将上升 1 个百分点。这表明在失业率较低时，针对失业的宏观经济政策的有效性将会下降。此外，根据马兰沃（1987）[1]与海宁和劳伦特（1987）[2]的研究，如果贝弗里奇曲线比较平缓，估计的结构性失业和摩擦性失业的人数就比较多。因而，各个国家在不同的时期由于其贝弗里奇曲线斜率的不同而采取同样的失业政策将带来不同的效果。

索罗（2000）[3]为了检验欧洲持续的高失业并不主要是因为劳动力市场刚性所致的结论对贝弗里奇曲线进行了仔细的分析。他认为贝弗里奇曲线的位置是反映劳动力市场是否存在刚性的良好标志。如果劳动力市场是完全灵活的，即不存在任何影响具有某种技能的失业者与对应空岗相匹配的障碍，则贝弗里奇曲线正好与坐标轴原点相交。劳动力市场上任何限制工人流动或工资灵活性的刚性因素都将迫使贝弗里奇曲线离开原点。比较美国、法国和德国的贝弗里奇曲线，美国的贝弗里奇曲线先反向移动，然后返回原处，这表明美国存在着劳动力市场的匹配问题。而相反，失业率一直居高不下的法国和德国则没有这种迹象。因此，索罗得出结论拒绝欧洲的失业是由于劳动力

---

〔1〕 E. Malinvaud, La courbe de Beveridge, in flexibilite, mobilitee et stimulants economiques, colloque annuel de l' AFSE, Nathan, 1987.

〔2〕 P. Y. Henin and T. Laurent, Indexation des salaries et rigidit es salariales, mimeo, 1987.

〔3〕 Robert Solow, "Unemployment in the United States and in Europe – A Contrast and the Reasons", *CESifo Working Paper Series* 231, CESifo Group Munich, 2000.

市场刚性所引起的解释，并主张这种失业应归因于限制性的宏观经济政策导致的就业机会创造不足。

莱亚德（1997）[1]对英国近二十年贝弗里奇曲线的移动进行了分析，认为引起贝弗里奇曲线移动的因素除了劳动力市场结构性因素以外，失业回滞效应（hysteresis effect）也是一个很重要的因素。失业回滞是指，在经济周期不同阶段产出波动对就业具有非对称影响：在衰退阶段，产出下降会以较大的力度传导到就业市场，引发严重的失业问题；但在经济回复阶段，产出回升不一定会立即带动就业回升，不仅传导时滞更长，力度较之于衰退周期也要弱很多。所以一旦经济回落，它所引发的失业问题很难在经济回升阶段得到彻底铲除，类似于物理学的磁滞现象，所以称为失业回滞现象。

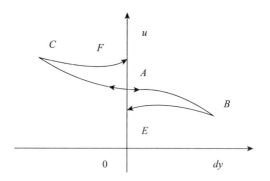

图 7 - 2　存在失业回滞的失业率与贝弗里奇曲线

图 7 - 2 显示存在失业回滞情况下，贝弗里奇曲线与失业回滞之间的关系。当经济中存在失业回滞情况时，一次负向的外

〔1〕　R. Layard, " Preventing Long – Term Unemployment: An Economic Analysis", in Snower, D. J. and G. de la Dehesa（eds.）, *Unemployment Policy: Government Options for the Labour Market*, Cambridge University Press, 1997.

部冲击，会导致实际失业率上升，即周期性失业增加，从均衡点 A 移动到点 C，经过一段时间后，随着经济的复苏和增长，实际失业率不会回复到自然失业率水平，表现为下一时期贝弗里奇曲线的向外移动，经济中的失业回滞会破坏劳动力市场的自我调节作用，实际出现的情况是，因周期性失业人数增加而导致的实际失业率上升，并不会随经济复苏下降，其中一部分失业人口会转变为长期失业，由此导致自然失业率从点 A 变动到点 F，最终出现自然失业率上升，实际失业率表现为高失业率长期持续性现象，这也就是失业回滞现象。

这种失业回滞效应的发生可能源于失业者人力资本量的恶化、失业者搜寻能力的降低，也可能是因为部分潜在的雇主对失业者有不利的看法等。失业回滞效应其本质是从时间序列的角度来考察失业率的自相关性，认为失业不仅取决于当前各种产生失业的因素，如政府的宏观经济政策、技术进步、劳动者技能等，而且还在相当程度上取决于过去的失业情况。

二、职业搜寻理论

费尔普斯等（1970）[1]提出的职业搜寻理论认为，在信息不充分的条件下，工作搜寻者通过搜寻活动来逐渐了解工资分布，通过比较工作搜寻的边际成本和可能获得的边际收益来决定是否继续搜寻。

1. 理论假设

（1）劳动力市场的信息是不完全的；

---

〔1〕　E. S. Phelps et al., *Microeconomic Foundations of Employment and Unemployment*, Nonon, 1970.

（2）工资有差别，搜寻时间与高薪成正比；

（3）失业是找高薪工作的一种投资；

（4）失业是有成本的。

2. 职业搜寻理论模型[1]

用 $W_m(T)$ 表示职业搜寻者期待的工资水平，它是搜寻时间 T 的递增函数，即 $\frac{\partial W_m(T)}{\partial T} > 0$，但是由于职业搜寻时间的边际收益递减，搜寻收益的二阶导数小于零，即 $\frac{\partial^2 W_m(T)}{\partial T^2} < 0$，用 $C_m(T)$ 表示搜寻成本，它也是时间 T 的递增函数，即 $\frac{\partial C_m(T)}{\partial T} > 0$，并且由于职业搜寻时间的边际成本递增，搜寻成本的二阶导数大于零，即 $\frac{\partial^2 C_m(T)}{\partial T^2} > 0$。

根据这些假定，我们可以在工资水平 $W_m(T)$ 和成本水平 $C_m(T)$ 与搜寻时间 T 构成的二维空间画出工资曲线和成本曲线（图7-3）。

从图7-3可以看出，W_m 和 C_m 都是时间的递增函数，前者是凹函数，后者是凸函数，W_m 随着时间的延长，其上升的幅度越来越小，而 C_m 随着时间的延长，上升的幅度越来越快。

在时间 T^* 位置上作出一条垂直的虚线，我们可以在 W_m 和 C_m 两条曲线上找到两个点 A 和 B，在 A 和 B 两点上所做切线正好是平行的，这说明在时间 T^* 上，工资随搜寻时间延长上升的斜率恰好等于成本随时间延长而上升的斜率，职业搜寻时间的

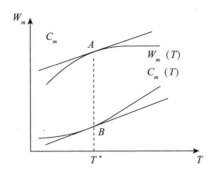

图7-3 搜寻收益曲线和搜寻成本曲线

边际收益等于边际时间成本，即这一点就是寻找工作所花费的最优时间。因为如果搜寻时间小于 T^*，搜寻收益的上升幅度大于成本上升的幅度，继续搜寻的净收益为正，因而是合理的，如果搜寻时间大于 T^*，搜寻成本的上升幅度大于收益上升的幅度，多余搜寻时间的净收益为负，因而不应该继续搜寻。

职业搜寻理论认为搜寻者期待着工资水平随着他搜寻时间的延长而不断上升，但事实上，更多的情况下是他搜寻职业一开始就对工资水平有一个起码的"心理价位"，即他至少必须找到一个工资不能低于某个基数的工作，同样地，对于搜寻职业所花费的时间他也有一个心理准备。因此，当他在市场上寻找工作时，如果雇主开出的工资条件超过他预定的"价位"，他就接受这个工作，否则他就拒绝接受。于是这个"心理价位"的工资水平就被称之为"保留工资"（reserved wages）。"保留工资"概念能使我们建立以下均衡：在"保留工资"水平，就业者接受工作所得到的满意程度与其处于失业状况而得到的满足程度是等价的。因此，当劳动力市场上雇主提供的工资低于保留工资时，他宁愿失业，继续寻找工作；当雇主提供的工资高于保留工资时，他才愿意接受这个工作，退出失业队伍，成为就业者。而决定保留工资的主要因素有三方面：①搜寻者所观察到的劳动力市场上工资分布的情况；②寻找到超过"保留工资"水平的职业所需花费的时间；③搜寻职业时所需要花费的成本。显然，当这些影响因素发生变化时，保留工资水平也会随着变化。按照保留工资理论，当搜寻者预期的保留工资偏高，高于实际的市场均衡工资时，就出现自愿性失业。

三、效率工资理论

效率工资理论由索罗（1979）[1]、夏皮罗和斯蒂格利茨（1984）[2]等学者提出，可用它来解释为什么厂商不愿意在不扩大工资规模的条件下，采取降低平均工资，以雇用更多的工人，减少失业，从而提高利润。或者说，为什么厂商觉得在存在非自愿失业的条件下，降低工资会得不偿失。

效率工资是指高于市场完全出清状态下并能够极大提高工人工作积极性和工作效率的工资水平。效率工资理论认为，工人的劳动生产率与工资率呈正相关关系，它主要受实际工资水平的影响；若雇主想获得较高的利润，就应该想方设法提高工人的劳动生产率，而提高工人的工资水平可以激励员工提高工作效率，这样就大大降低了工人"消极怠工"的可能性。效率工资理论的基本假设是：①因每个工人的"能力"不同，所以劳动力为有差别的商品；工人的劳动生产率因其努力程度而异。

---

〔1〕 R. Solow, "Another Possible Source of Wage Stickiness", *Journal of Macroeconomics*, Winter, 1979, 1: 79 – 82.

〔2〕 C. Shapiro and T. Stiglitz, "Equilibrium Unemployment as a Worker Discipline Device", *American Economic Review*, June, 1984, 74: 433 – 444.

②工人存在偷懒特性，若没有激励或约束，工人就会偷懒而不努力工作。③厂商与工人之间关于"努力程度"的信息不对称，因此需花费较高监督成本才能监督到工人。

（一）效率工资理论的基本假设

假定工人的劳动生产率 e 是企业支付工资的单调递增函数，即 $e = e(w)$，并且达到一定工资水平之前，$e'(w) > 0, e''(w) > 0$；达到一定工资水平之后，$e'(w) > 0, e''(w) < 0$。

（二）效率工资理论模型

假设企业的生产函数为：$Y = sF[e(w)L]$

其中，Y 为企业的产出水平，$F(\cdot)$ 为企业的生产函数，满足 $F' > 0$，$F''' < 0$。L 是雇佣的劳动力数量，e 是努力程度，它依赖于企业所支付的工资，即 $e = e(w)$，企业为提高效率会提高工资水平，s 反映企业的技术或相对价格变动。

设经济中有大量相同的竞争厂商，则企业的利润函数为：

$$\pi = PY - w \cdot L - K$$

其中，π 为企业利润，P 为企业产品价格水平。假设企业面临的产品市场是完全竞争，企业接受产品的市场价格 P，K 为企业除劳动成本以外的其他成本，假设为一固定数额。

由于企业的目标是追求利润最大化，因此，通过一阶求导得到企业利润最大化条件：

$$\frac{\partial \pi}{\partial L} = PsF'[e(w) \cdot L] \cdot e(w) - w = 0 \qquad (7-5)$$

$$\frac{\partial \pi}{\partial w} = PsF'[e(w) \cdot L] \cdot L \cdot e'(w) - L = 0 \qquad (7-6)$$

将式（7-5）（7-6）整理得：

$$PsF'[e(w) \cdot L] = \frac{w}{e(w)} \qquad (7-7)$$

$$PsF'[e(w) \cdot L] = \frac{1}{e'(w)} \qquad (7-8)$$

式（7-7）确定了企业利润最大化时的最佳雇佣规模，这时工人实际劳动的边际产品价值等于其单位效率劳动成本。式（7-8）确定了企业提供的最佳工资水平 w^*，该工资水平就是效率工资。联立解式（7-7）（7-8），得到企业提供效率工资 w^* 需要满足的条件，即

$$\frac{de/e}{dw/w} = \frac{w \cdot e'(w)}{e(w)} = 1 \qquad (7-9)$$

式（7-9）就是"索罗条件"，意味着当企业选择效率工资时，劳动生产率函数的弹性等于1。换句话说，工资发生某一百分率的变动将引起工人生产率以相同的百分率变动。学术界之所以对"索罗条件"给予充分的重视，是因为它清楚地表明了最佳工资水平仅仅取决于工资-努力的相互关系，而与价格无关。这就为失业或非充分就业找到了新的依据。如果我们把价格的变动看作是经济周期变化的结果，那么，不论产出水平如何变化，企业将始终保持工资水平不变，并在经济高涨时期应用原先工资雇用更多工人并扩大产出，在经济衰退时期减少生产并解雇工人。也就是说，企业用增加或者减少工人的方式来调整生产，适应经济周期变化，而不用新古典经济学所说的提高或降低工资的方式来调整。一般来说，企业不会降低工资水平。同时，只要不遇到特殊的劳动供给困难，即很难招收到合适的工人，企业也不会提高工资水平。从这个意义上来说，工资是"粘性"的，不易变动。而只要这一与工人努力程度有关的工资即效率工资高于供求均衡工资，劳动力市场上就会出现失业，而且是长期的失业。由此，索罗模型解释了在经济周期波动条件下实际工资出现粘性的情形，表明了非充分就业均衡

存在的可能性。索罗模型的关键思想是，由于降低工资会损害工人努力的积极性，所以即使效率工资高于市场均衡工资水平，社会上存在大量失业，企业也不会降低工资以利用过剩的劳动供给。

在效率工资条件下，企业的单位效率劳动成本最低。该成本可以表示为：

$$\frac{w^*}{e(w^*)} = \frac{1}{e'(w^*)} \tag{7-10}$$

如图 7 - 4 所示，$e = e(w)$ 曲线上的 A 点满足公式 (7 - 10)，这一点对应的工资 w^* 就是效率工资。

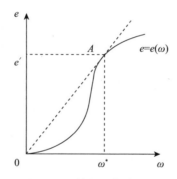

图 7 - 4 效率工资的决定

此时企业的最优雇佣规模 L^* 为：

$$L^* = F'^{-1}\left[\frac{w^*}{Pse(w^*)}\right]/e'(w^*) \tag{7-11}$$

假定 w^* 和 L^* 表示代表性厂商的均衡值。由于每个厂商都相同，则 m 个厂商总的劳动力需求为 mL^*。

如果劳动供给大于劳动需求，即 $\bar{L} > mL^*$，则厂商可以自由的选择工资水平 w，这时，工资为效率工资 w^*，就业量为 mL^*，总失业量为 $\bar{L} - mL^*$。

如果劳动供给小于劳动需求，即 $\bar{L} < mL^*$，则厂商在确定

工资水平时受到约束。此时，工资水平将不断上升到 $\overline{L} = mL^*$ 为止，即劳动力供求平衡时的工资水平，并且不存在失业。效率工资假说解释了工资粘性和非自愿失业。

上面假设工人的努力程度仅取决于工资水平，但实际上，工资并非是努力程度的唯一决定因素，其他厂商支付的工资水平 ω_a 以及失业率 u 也会影响到工人的努力程度，即：

$$e = e(w, w_a, u) \quad e_1(\cdot) > 0, e_2(\cdot) < 0, e_3(\cdot) > 0 \qquad (7 - 12)$$

其中，e_1、e_2、e_3 分别表示 e 对 w，w_a，u 的偏导数。假定每个厂商相对于整个经济来说很小，即 w_a，u 给定，则可以得到上述类似的结论：效率工资引起失业。

（三）效率工资制度的作用机理

效率工资是解释工资粘性的一个原因，从而解释了非自愿性失业的存在。但是，工资与劳动生产率之间为什么存在着这种关系呢？自 20 世纪 80 年代以来，讨论效率工资作用机理的理论模型层出不穷，其中最典型是怠工模型（Shirking model, 2000)[1]、工作转换模型（Turnover model, 1996)[2]、逆向选择模型（Adverse selection model, 1987)[3]、礼品模型（Gift - exchange model, 1986)[4]。由这些模型构成的效率工资理论已经成为一个庞大的学科。下面介绍最为著名的怠工模型和工作转换模型。

---

〔1〕 George J. Borjas, *Labor Economics*, United States：McGraw - Hill, 2000.

〔2〕 D. Bosworth, P. Dawkins and Y. Stromback, *The Economics of the Labour Market*, Singapore：Addison Wesley Longman Limited, 1996.

〔3〕 T. Leonard, Carrots and Sticks, "Pay, Supervision and Turnover", *Journal of Labour Economics*, 1987, 5：136 - 153.

〔4〕 G. Akerlof and T. Yellen, *Efficiency Wage Models of the Labour Markets*, Cambrideg：Cambridge University Press, 1986.

1. 怠工模型——从员工激励的角度

怠工模型是夏皮罗和斯蒂格利茨[1]于 1984 年提出的。他们的模型较为直观和透彻地揭示了效率工资的作用机理，是目前最为著名和最常被引用的效率工资模型。怠工模型首先假定同质的劳动供给量 E 固定，并以 $u = w - e$ 来表示工人的效用函数。在这种效用函数中隐含着风险中性和工资与努力可分离的假定。假定工人的努力程度仅限于两种选择：$e = 0$ 和 $e > 0$，工人在获得工作以后能得到的工资水平为 w。那么，选择 $e > 0$ 的工人在这一工资水平上总是能找到工作，而那些倾向于怠工，即选择 $e = 0$ 的工人，始终面临着怠工被发现并被解雇的风险。在单位时间内这种情况被发现的可能性为 q；当被解雇后，他们进入失业者行列并获得失业补偿金为 b。这些怠工者并不是始终处于失业状态，一旦失业以后他们可以寻找其他工作，而找到其他工作的可能性取决于劳动力市场状况。

在上述情形下，选择努力工作的工人将始终找到工作并获得效用为 $w - e$；而选择怠工策略的工人将经常在失业和就业之间变换。假设某一工人就业一段时间 θ，而另外的时间 $1 - \theta$ 则失业，怠工者的效用可通过就业时的效用与失业时的效用的加权平均数来表示。根据以上的假设，努力工作的工人的效用函数可表示为：

$$u^N = (w - e) \tag{7 - 13}$$

而怠工者的效用函数为：

$$u^S = \theta w + (1 - \theta) b \tag{7 - 14}$$

---

[1] C. Shapiro and T. Stiglitz, "Equilibrium Unemployment as a Worker Discipline Device", *American Economic Review*, June, 1984, 74: 433 - 444.

作为理性的工人始终选择能够获得最大预期效用的策略。这就意味着如果 $u^N > u^S$，工人将不会怠工，这种状况被称为"非怠工条件"。利用式（7-13）和（7-14），非怠工条件可表示为：

$$w > b + [1/(1-\theta)]e \qquad (7-15)$$

不等式右边的第一项为失业补偿金，很显然工资必须大于这一收入。同时，工资还必须能够弥补与怠工者相比由于努力工作而导致的效用损失，即劳动的负效用，这就是不等式右边第二项所表示的含义。在同等条件下，雇用怠工者而不雇用努力工作者，怠工者将得到好处，即 e 表示的量。因此，为了更有利于努力工作者，w 与 e 之间的差异必须足够大以弥补以上差距。从上式第二项可以看出 w 与 e 的差异越大，$1-\theta$ 量就越小，表示努力工作者越多，因怠工而导致被解雇失业的时间越短。

如果以 q 表示单位时间内发现怠工的概率，那么 $1/q$ 就是不怠工或未被发现怠工而保持就业的预期期限。同时，若以 ρ 表示一个失业工人能够找到工作的概率，则 $1/\rho$ 就是他预期的失业期限。我们用 q 和 ρ 表示怠工者以前的就业状况。一般情形下，怠工者预期工作一段时间 $1/q$ 以后，将会因自己的怠工被发现而失业一段时间 $1/\rho$。假设这种情况不断持续。如果所有工作与失业的预期期限稳定不变，我们就可以用 q 和 ρ 来表示怠工者预期的工作时间长度：

$$\theta = (1/q)/[(1/q)+(1/\rho)] \qquad (7-16)$$

通过上式可以得到：$1/(1-\theta) = 1 + \rho/q$，这样非怠工条件就可以表示为：

$$w > b + (1 + \rho/q)e = w_0 \qquad (7-17)$$

式（7-17）表示了多种含义。如果雇主希望避免怠工，他们必须支付能够满足非怠工条件的工资水平（注意：这里假设怠工者一点也不努力，雇主也没有办法，因为他不能以低于 w_0 的工资水平雇用工人）。进一步说，临界工资 w 必须较高：①高于失业补偿金（b）；②高于能够找到其他工作的概率（ρ）；③低于发现怠工的概率（q）。一方面，如果发现怠工的概率较低，企业将不得不支付较高的工资水平以鼓励工人继续努力工作。另一方面，b 值较高意味着失业带来的代价低；ρ 值较高则意味着工人不大可能长时间失业，这两者都表示工人因怠工被发现所受到的惩罚低。因此，企业为了强化工人因怠工被发现而遭受的损失，便应当提高实际支付工资与临界工资的差距，刺激工人努力工作。

夏皮罗和斯蒂格利茨的模型也表明工人在其他企业找到工作的可能性大小是影响工人在所研究企业内行为的关键因素。显然，这种可能性取决于劳动力市场的状况。考虑这样一种情况：劳动力市场存在 $\overline{E} - E$ 的失业工人。他们正在寻找工作。同时正在就业的工人的外部工作变换率为 λ（这种工作变换与怠工无关），这样，$\overline{E} - E$ 失业工人将与其他劳动力市场参与者竞争数量为 λE 的工作。这种情况下，失业工人能够找到工作的可能性 ρ 为：

$$\rho = \lambda E / (\overline{E} - E) \qquad (7-18)$$

同时，这种可能性（ρ）也可以表示为失业率 $[U = (\overline{E} - E)/\overline{E}]$ 的函数：

$$\rho = \lambda (1 - U)/U \qquad (7-19)$$

将式（7-18）代入式（7-17），我们就可以得到非怠工的总约束条件为：

$$w > b + e + e[\lambda\rho/q][E/(\overline{E} - E)] \qquad (7-20)$$

当接近充分就业的情形下，由于 $\overline{E} - E$ 接近于零，临界工资水平大幅度上升。所以，当 E 无限接近 $\overline{E}$ 时，没有一种工资水平可以阻止怠工的发生。因此，非怠工的结论与充分就业理念不一致。

由于特定假设条件下，所有企业将支付足以使工人不怠工的最低工资水平（这里假定怠工者的努力水平为零），每个企业都有自身的生产函数 $Q = Q(E)$，利润最大化要求为 $Q'(E) = w_0$，则总劳动需求量 $E(w_0)$ 可以通过加总各相同企业的劳动需求量获得。劳动总需求曲线与非怠工约束线的交点决定了均衡工资 w^* 和就业水平。在 $w = w^*$ 的工资水平上，每个企业都能雇用到他希望的劳动量。此外，因为 w^* 是一种均衡工资，企业既不会将工资提高到该水平以上，也不会支付低于该水平的工资，因为前者将直接减少企业的利润，后者将导致怠工的增加，间接地减少企业利润。但由于 w^* 高于使劳动市场供求相等的工资水平，所以经济体系内将存在失业。

由此可见，怠工模型不仅直观地解释了效率工资的决定机理，同时也深刻地揭示了效率工资是非自愿失业产生的根源之一。虽然那些在 w^* 工资没有获得就业的工人愿意在这一甚至更低的工资水平上工作，但没有企业接受他们，因为在 w^* 工资水平上，所有的企业已经获得他们达到利润最大化要求的工人数量。即使工人保证不怠工也不能促使企业改变这种状况，因为根据非怠工约束条件，无论求职者如何保证，在低于 w^* 的工资水平上工人的最佳策略是采取怠工态度，因此，工人保证在较低工资水平上不怠工是不可信的。

2. 工作转换模型

工作转换模型（Salop，1979[1]；Stiglitz，1974[2]；1985[3]）在许多方面与怠工模型类似，但它更强调劳动力的工作转换给企业造成的损失。工人辞职必须得到补充，这意味着企业不得不再一次发生招聘费和培训费。因此，企业有强烈动机采取各种措施将工人的工作转换次数控制在一个合理的水平上。企业的措施之一是确定一种工资水平以阻止工人转换工作。人们一般设想，当工人获得的工资高于其他工作机会向他们提供的报酬时，他们将减少辞职。因此，在其他条件都不变的情况下，企业支付较高的工资可以降低工人的工作转换率。

考虑一个生产函数为 $Q = Q(E)$ 的企业，该企业每个工人工作转换所带来的成本为一给定的值 D，它包括招聘、培训以及其他所有与替换工人辞职相联系的一次性费用。假设每一时期都有一部分工人 q 辞职，而这部分工人的多少取决于该企业所支付的工资水平 w_i 与其他企业所支付的平均工资 w 的对比关系。由此，辞职函数可用 $q = q\ (w_i/w)$ 表达。这样，每个工人所创造的利润为：

$$\pi/E = pQ(E)/E - w_i - q(w_i/w)D \qquad (7-21)$$

由于存在工作转换成本，劳动成本将由两部分组成：工资水平 w_i 和分摊在每一时期的工作转换成本。他们也就是式（7-

　〔1〕　S. Salop, "A Model of Natural Rate of Unemployment", *American Economics Review*, 1979, 69: 117–125.

　〔2〕　T. Stiglitz, "Incentives and Risk Sharing in Sharecropping", *Review of Economic Studies*, 1974, 41: 219–256.

　〔3〕　J. E. Stiglitz, "Information and Economic Analysis: A Perspective", *Economic Journal*, Supplement, 1985, 95: 21–41.

21）右侧的最后两项。通过利润函数对 w_i 微分可得到符合一阶条件的最佳工资水平：

$$-1 - q'(w_i/w)D/w = 0 \qquad (7-22)$$

这一等式表明，最佳工资水平应该确定在支付较高的工资而减少的转换成本的边际量 $[q'(w_i/w)D/w]$ 恰等于 1 的水平上。

此外，这一模型还意味着较高的工作转换成本要求支付较高的工资水平，也即等成本曲线越平坦，最佳工资水平就越高。具有较高辞职成本的企业总是设法减少辞职率，在这一模型中唯一的方法是支付较高的工资。

这一模型的微观经济含义相当直观，在假定所有企业同质的情形下，单一均衡工资具有很强的说服力：其一，均衡必然使所有企业支付相同的工资水平；其二，在均衡水平上不应有辞职现象。因为所有的企业都支付同样的工资水平，工人没有理由辞去某企业而偏向于另一企业。这就使得我们有理由相信没有企业会支付高于其他企业所支付的工资水平，因为在这一工资水平上，辞职率已经达到零水平，再继续提高工资以降低辞职率显然是没有必要的。

但如果考虑一个经济体系，其中存在大量企业，每一个企业在确定工资水平时都注重降低工作转换率，则该体系的均衡状态将涉及非常复杂的情形。如果各企业在某些方面存在差异，例如工作转换率不同，则在同一均衡条件下就会有多种不同的工资水平[1]，这将使分析变得更为复杂。

事实上，上述均衡工资并不能确保劳动力市场达到出清状

---

〔1〕 A. Weiss, *Efficiency Wages*, *Models of Unemployment*, *Layoffs and Wage Disperison*, Oxford: Clarendon Press, 1990.

态，这是因为企业在面临工人希望就业并愿意接受较低工资的情形下也不能降低工资。在一般情形下，我们可以想象一个有限的均衡系列，在较低的一端是工人的保留工资水平 w^r；而较高的一端为某企业足够高的工资水平 w_i。某企业的工人转换成本可描述为向下倾斜的曲线 $q(w_i/w)D$，该企业尽量使其工资水平降低，即达到工人的保留工资水平（w^r）。这一曲线之所以向下倾斜是因为工资水平越高，就业水平就越低，即失业率越高。失业对于单个企业来说可带来有益的外部效应，因为失业率越高，在职工人辞职率越低，所以辞职率是失业的减函数。而一方面，辞职率函数又可以转化为企业在某一既定工资水平下的工作转换成本函数，它将随企业工资水平的提高而下降，即企业的工资越高，工人转换工作的可能性越低，因转换工作而给企业造成的成本就越小。因此工作转换成本函数 $q(w_i/w) \cdot D$ 是 w_i 的减函数。另一方面，企业向工人不支付 w_i 而支付 w^r 所带来的工资节省额为 $w_i - w^r$，这一差额又是 w_i 的增函数。这两个函数的交点将确定均衡工资水平 w^*。如果最终的均衡工资水平 w^* 大于充分就业的工资水平，就会出现非自愿失业。此时，虽然失业工人在工资水平 w^* 上愿意工作，但企业因为雇用他们不能带来盈利而不会接受他们，所以，这种失业均衡并不是经济衰退的结果，而是企业和工人理性选择的结果。

工作转换模型的均衡还表明，如果各个企业能够同意将他们的工资水平同时确定在充分就业的工资水平上，工人转换工作将无利可图，充分就业就能够达到。因此，失业也可以看成是企业不能相互协调确定工资水平而导致无效纳什均衡的结果。

怠工模型和工作转换模型从不同角度揭示了效率工资制度的作用机理，对现行西方普遍实行的工资制度都具有相当解释力。然而，若仔细考察各个模型，我们会发现每一模型都有值得推敲的地方。如在怠工模型中，努力是无法约定的；在工作转换模型中，合约并不能防止工人辞职。所有这些都可以看成是委托—代理问题的各个不同方面。委托人（企业）向代理人（工人）提供一种合约，通过这种合约使代理人尽可能根据委托人的利益行事。然而，具体设计的各个模型却不尽相同。在转换模型中，合约问题主要是由不确定性引起的，工人若遇到更好的条件就会辞职（这种情况取决于签订合约以后社会环境的变化）。怠工模型虽然没有提到不确定性问题，但表明了合约问题是由信息不对称所引起的。工人本身对自己提供的努力程度是清楚的，但只有那些可以观察到的损失才会被企业视为成本。所有这些都表明，效率工资在实践中均可能遇到各种各样的问题。

若将效率工资理论看作是针对合约关系提出的，那么，是否存在别的更好方法来处理合约关系呢？目前学术界讨论最广泛的用来代替效率工资的方法是，工人在获得工作时必须向企业支付一种"债券费"或"入场券"费。这种方法首先是针对特殊培训提出的。企业对个人的特殊培训需要成本。为防止经过特殊培训的工人跳槽，企业要求工人事先缴纳一笔"债券费"。如果工人跳槽，该"债券费"就被用来补偿企业的损失。这种方法事实上与工作转换模型的情况一样，唯一的区别是转换成本不仅仅包括培训成本，它的范围更广。这种方法也适用于怠工模型，当工人被发现怠工，债券就被没收，用失去债券方式来替代失去工作。在这种情况下，失业并不是必然的，作为一种纪律措施企业没有理由要把工资水平提高到市场出清的水平以上。尽管这种"债券费"方法理论上是可行的，但事实上很少有人将这种方法考虑到就业合约中，其中一个问题是，工人在资本市场不发达的情况下筹集这样一笔债券资金可能会遭到困难。此外，债券可能带来道德风险问题。在某种情形下，企业主也许会产生不良动机，即当债券被用作一种预防辞职的保险时，企业主可能声称工人怠工并且辞退他们，或有意骚扰工人使之辞职，从而将工人的"债券费"据为己有。债券在租赁合约中应用的非常普遍，虽然有时也有争议，但效果良好。然而，租赁关系与就业关系是存在重要区别的。对于道德风险问题，房东驱赶房客或者房客有意破坏财产是可以相当容易地通过明确的合约条款避免的，通过第三方来执行这种条款的费用也很低廉。但这种情况对于就业合约而言难度则大得多，比如努力程度就是一个很模型的概念；任何关于行为表现的协议通过第三方也是难以执行的。

虽然效率工资、债券费等方法都存在这样那样的问题，但就目前经济学研究的水准来说，效率工资在处理广泛的合约问题，包括鼓励努力工作、抑制怠工和辞职等方面仍是最有效的。实践中也许存在一些其他方法对处理某种合约问题更为有效，但不可能像效率工资那样能够处理如此广泛的劳动合约问题。

四、失业的成本

（一）经济成本

从个人方面看，对失业者和家庭来说，失业意味着个人收入减少、经济拮据以及生活水平下降。从整个经济看，失业在经济上最大的损失就是实际国民收入减少。

奥肯研究了失业变动对总产出的影响，提出反映失业率与实际产出增长率之间反向变动关系的经验统计规律——奥肯定律。用公式表示为：

$$\frac{Y - Y^*}{Y^*} = -\alpha(u - u^*) \qquad (7-23)$$

其中，Y 为实际产出，Y^* 为潜在产出，$(Y - Y^*)/Y^*$ 为产出或 GDP 缺口，u 为实际失业率，u^* 为自然失业率，α 为大于 0 的参数。上式说明，实际失业率每高于自然失业率 1 个百分点，实际产出将低于潜在产出 α 个百分点。

式（7-23）也可以写成：$g - g^* = -\alpha(u - u^*)$

其中，g 为实际产出增长率，g^* 为潜在产出增长率。

在理解这一定律时应注意三点：

其一，这一定律表明了失业率与实际国民收入增长率之间是反向变动关系；其二，参数 α（即失业率与实际国民收入增长率之间的关系）是根据经验统计资料得出来的，在不同的时期并不完全相同；其三，奥肯定律主要适用于没有实现充分就业的情况，即失业率是周期性失业的失业率。

（二）社会成本

高失业率常常导致高犯罪率。失业不但会使失业者及其家庭的收入水平和消费水平下降，而且会给人的心理造成巨大的创伤，带来一系列社会问题。一个失业者长期找不到工作就会在就业人员当中失去影响力，就会悲观失望，可能会失去自尊和自信，甚至失去对生活的信念。对社会来说，失业增加了社会福利支出，造成政府财政困难。

（三）人力资本成本

人力资本是人受到的教育和获得的技能的价值。失业对人力资本的损失是双方面的。一方面，失业者已有人力资本得不到运用；另一方面，失业者无法通过工作增加自己的人力资本，长期的失业会大大降低人力资本的价值。

五、失业的治理

从政策作用的角度划分，减少失业、促进就业的政策可分为扩大需求的政策和改善供给的政策。扩大需求是提高经济和市场随劳动力的需求力度；改善供给是改善劳动力供给的数量和质量以及提高劳动力市场的运行效率。

对于需求不足引起的周期性失业，一般采取财政政策和货币政策调节总需求，即"逆经济风向调节"。同时发展劳动密集型产业，完善多层次失业保障制度。对于摩擦性失业和结构性失业，则采取人力政策，即提供职业培训、提供就业信息、反对就业歧视、培育劳动力市场等。

（一）减少失业，扩大就业需求的公共政策

第一，运用货币、财政等宏观经济政策，保持经济的平稳发展，从而不断扩大需求。

第二，制定产业政策，发展优势产业和新兴产业，保持长期竞争力，不断促进就业结构转变。

第三，完善创业与创新机制，鼓励创业与创新。

第四，实施优惠政策，鼓励企业雇用失业人员。

第五，提供公共部门或公共工程的就业机会。

（二）减少失业、改善就业供给的公共政策

第一，建立失业保障体系，帮助劳动者渡过难关，并且从失业保障扩展为就业援助。

第二，完善劳动力市场信息服务体系。

第三，提高全民教育水平，改革教育体制，培养不同类型的人才。

第四，建立培训体系，增强劳动者的终身市场竞争能力。

第五，协助劳动者进行有序流动。

思考题

1. 结构性失业产生的原因及治理对策。

2. 效率工资理论是怎样解释非自愿性失业的？

3. 试对几种典型的失业理论就解释失业原因方面进行总结。

通货膨胀理论

通货膨胀，即商品和服务的货币价格总水平持续上涨的现象。通货膨胀强调"货币价格"，即每单位商品、服务与货币的关系；强调总水平，说明关注的是普遍的物价水平波动；"持续上涨"，强调通货膨胀并非是偶然的价格跳动，而是一个"过程"。

度量通货膨胀所采用的指数主要有三种：居民消费物价指数、批发物价指数和国民生产总值或国内生产总值平减指数。居民消费物价指数 CPI 是综合反映一定时期内居民生活消费品和服务项目价格变动的趋势及程度的价格指数。直接与公众日常生活相联系，在检验通货膨胀效应方面有其他指标难以比拟的优越性。批发物价指数 WPI 是反映全国生产资料和消费资料批发价格变动程度和趋势的价格指数。优点是能在最终产品价格变动之前获得工业投入品及非零售消费品的价格变动信号，进而判断其对最终进入流通的零售商品价格变动可能带来的影响。缺点是由于其波动幅度小于零售商品的价格波动幅度，可能出现信号失真现象。国民生产总值平减指数是综合反映物价水准变动情况的指标。它是将国内生产总值或国内生产总值指标的名义值化为实际值所使用的价格指数，使用这一指标衡量通货膨胀率优点是覆盖全面，能度量各种商品价格变动对价格总水平的影响。缺点则是易受价格结构因素的影响。

一、通货膨胀的类型

（一）需求拉上说

需求拉上说是指总需求与总供给对比处于供不应求状态时，过多的需求拉动价格水平上涨。进一步分析，能对物价水平产生需求拉上推动作用的有两方面：实际因素和货币因素。

从实际因素上看，主要是投资的作用。如果利率、投资收益的状况有利于扩大投资，则投资需求增加，投资需求的增加使得总供给与总需求的均衡被打破，物价水平上升。

从货币因素上看，需求拉动型通货膨胀可能通过两个途径产生：其一，经济体系对货币需求大大减少，即使在货币供给无增长的条件下，原有的货币存量也会相对过多；其二，在货币需求不变时，货币供给增加过快。货币供给过多所造成的供不应求和投资需求过旺所造成的供不应求，它们的物价水平上涨效果是相同的。这两者往往结合在一起：过旺的投资需求往往要求增加货币供给的支持，增加货币供给的政策也往往是为了刺激投资。

在需求拉上型通货膨胀中，要求总供给是给定的。需求拉动型通货膨胀可用图 8 - 1 表示。

如图 8 - 1 所示，社会总供给曲线 AS 可按社会的就业状况分为 AB、BC 与 CS 三个线段。在 AB 段中，总供给曲线呈水平状态，供给弹性无限大，此时社会上存在大量闲置资源或失业人群。BC 段的总供给曲线表示社会正逐渐接近充分就业，闲置资源已经很少，总供给的增加能力也相应较小。垂直段的总供

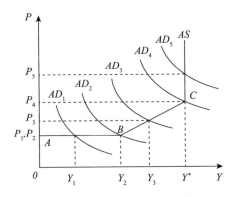

图 8 - 1 需求拉动型通货膨胀

给曲线表示社会生产资源已充分利用，不存在任何闲置资源，这时的总供给曲线就成为无弹性的曲线，在这种情况下，当总需求从 AD_4 增加至 AD_5 时，只会导致物价的上涨。

（二）成本推动说

成本推动型通货膨胀是指由供给或成本方面因素变动形成的通货膨胀，可以归结为两个原因：一是工会力量对于提高工资的要求；二是垄断行业中企业为追求利润制定的垄断价格。

1. 工资推进型通货膨胀

这种理论是以存在强大的工会组织，从而存在不完全竞争的劳动力市场为假定前提的。在完全竞争的劳动力市场下，工资率取决于劳动的供求；而这种不完全竞争市场的工资是由工会和雇主集体议定。工资增长率超过劳动生产率使企业提高产品价格，工资提高引起物价上涨，价格上涨又引起工资提高，称为工资－价格螺旋上升。当然，并不是任何工资率的提高都会导致工资推进型通货膨胀。如果货币工资率的增长没有超过边际劳动生产率的增长，那么这种通货膨胀就不会发生。若工资率增长不是工会发生作用，而是由于市场的过度需求，也不能称之为工资推进型通货膨胀。

2. 利润推进型通货膨胀

利润推进型通货膨胀的前提条件是存在着商品和服务销售的不完全竞争市场。在完全竞争市场上，商品价格由供求双方共同决定，没有哪一方能任意操纵价格，但在垄断存在的条件下，卖主操纵价格，使价格上涨速度超过成本支出的增加速度，以赚取垄断利润。

成本推进型通货膨胀可用图 8 - 2 表示。

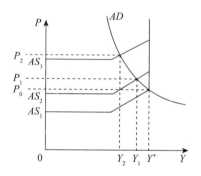

图 8 - 2　成本推动型通货膨胀

在图 8 - 2 中，初始的社会总供给曲线为 AS_1。在总需求不变的条件下，由于生产要素价格提高，生产成本上升，使总供给曲线从 AS_1 上升到 AS_2，AS_3。结果，由于生产成本提高，导致失业增加、实际产出缩减。在产出由 Y^* 下降到 Y_1、Y_2 时，物价水平却上升了。成本推动型通货膨胀旨在说明在整个经济尚未达到充分就业条件下物价上涨的原因。这种理论也试图用来解释"滞涨"。

（三）输入型通货膨胀

输入型通货膨胀是受到外部因素冲击所引起的国内物价上涨现象。一个开放经济以两种方式与外部经济相互交易：在世界产品市场上购买并出售物品与劳务；在世界金融市场上购买并出售资本资产。因此，国外通货膨胀可以通过产品和资本的国际流动传导到国内。这两种传导渠道中的传导机制又可以概括为以下四种：价格传导、汇率传导、外国直接投资传导和国内资产价格传导，见图 8 – 3。

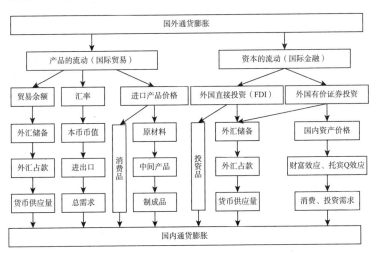

图 8 – 3 输入型通货膨胀的传导渠道与传导机制

1. 价格传导。当国际市场出现通货膨胀、价格上涨时，在价格机制的作用下，一方面会导致对外商品出口的增加，从而增加对外贸易出口需求；另一方面会减少国内居民对进口商品的消费，转为增加对本国商品的消费，这"一增一减"最终引起整个社会总需求的增加，形成输入型通货膨胀。再者，当国际市场上石油、原材料等价格上涨时，将导致国内这些基础产品的进口价格上涨，从而引起国内市场价格上涨，并最终引发成本推动型通货膨胀。一般而言，进口商品价格上涨会通过成本推动先引起工业品出厂价格指数上涨，然后再传导至居民消费价格指数，从而引起市场价格的全面上涨。

2. 汇率传导。当国际市场存在通货膨胀和价格上涨时，国内对外贸易将出现大量顺差，大量贸易顺差又会使外汇储备增加，当本国实施固定汇率制度时，为维持固定汇率制度需要在国际市场增加本国货币供应以缓解升值压力，从而将引发需求拉动型通货膨胀。当本国实施浮动汇率制度时，国外引致因素带来国际收支失衡，本国汇率将立即自动调整以抵消不平衡，从而对国外通货膨胀的输入有一定的隔离作用，此时汇率可视为商品或资本在国际间流动的价格屏障。但现实经验表明，由于国际货币替代性的存在、国际贸易条件的改变和国际资本流动等因素的影响，浮动汇率下仍然存在通货膨胀的国际传导现象。此外，现实中各国多施行有管理的浮动汇率制度，则本国汇率的调整方向和程度受到限制，汇率变动无法抵消不平衡，甚至可能加剧。若本国汇率升值，可缓和由国外通货膨胀带来的国内外相对价格水平变化的程度，从而通过贸易渠道的通货膨胀输入将不明显；若本国汇率贬值，则反而加剧国内外相对价格水平差异，从而贸易渠道的通货膨胀传导将更为明显。

3. 外国直接投资传导。外国直接投资包括机器设备等实物资本投资、现汇投资和技术投资三种主要形式，其中现汇投资是传导输入型通货膨胀的主要途径。在主要为现汇形式的外国资本流入冲击下，本国生产性项目建设的增加一方面将拉动各环节生产要素的价格，另一方面通过投资乘数效应对本国资金需求产生诱导作用、倒逼市场增加货币供给（如银行扩张信贷量），这些都将带来本国实体经济投资过热的通货膨胀。国际资本的大量流入将引起本国资本金融账户收支余额增加，若流入外汇无法形成本国实际进口规模，则本国持有的国外资产增加，从而一定程度扩张本国市场的资金供给。当本国中央银行无法采取有效的冲销措施时，将会引起过多货币推动的物价全面上涨。由于资本流动规模远远大于国际贸易规模，其国际收支传导的影响更为巨大，对本国价格水平的冲击也将更为明显。

4. 资产价格传导。证券投资形式的国际资本流入主要进入本国资本市场，推动本国证券价格的上涨，以短期投机为主要目的。国外货币量扩张、利率紧缩等因素为国际市场带来丰富的流动资金，逐利的资本倾向于流入相对价格较低的本国寻求更高收益的投资产品。短期资金的大量流入将带动本国资本市场的投机氛围，随之资产价格膨胀，进而一方面通过资本的财富效应和托宾 Q 效应拉动社会消费需求，推动实体经济价格水平上升，另一方面通过通货膨胀的预期自我实现机制，带来本国市场从资产价格到商品价格的全面上涨。由于短期资本流动方向变化迅速，在大量进入本国市场获利了结后易大规模撤离，从而也将引发本国价格水平较大的波动幅度。

二、通货膨胀的决定因素

由总需求关系式：

$$Y = Y\left(\frac{M}{P}, G, T\right)$$
$$(+, +, -)$$

为了集中讨论货币存量和产出的关系，这里忽略除了实际货币之外的所有因素变化，将总需求关系简单写成：

$$Y_t = \gamma \frac{M_t}{P_t}$$

式中 γ 为正的参数。该式表明产品需求即产出与实际货币存量简单的成正比关系。为便于研究，将上式各变量的水平关系转化为增长率关系，用 g_{yt} 表示产出增长率，g_{mt} 表示名义货币增长率，π_t 表示价格水平增长率，即通货膨胀率，得到：$g_{yt} = g_{mt} - \pi_t$

在长期，失业保持不变，根据奥肯定律，这意味着 $g_{yt} = \bar{g}_y$，即在长期，产出增长保持正常增长率。由总需求关系导出：$\bar{g}_y = \bar{g}_m - \pi$，上式表明高通胀是与名义货币的高增长联系在一起的。

这就引发下一个问题，货币增长为何如此之高？答案是政府通过创造足够多的货币，用铸币收入以弥补财政赤字。假定财政赤字完全通过货币创造来弥补：$\Delta M = ￥赤字$[1]，两边同除以价格水平 P：

$$\frac{\Delta M}{P} = 赤字$$

从货币创造中获得的收入 $\Delta M/P$ 称为铸币收入（货币铸造税，*seignorage*），改写为：

$$\underbrace{\frac{\Delta M}{P}}_{铸币收入} = \underbrace{\frac{\Delta M}{M}}_{货币增长} \times \underbrace{\frac{M}{P}}_{实际货币余额} \tag{8-1}$$

铸币收入等于货币增长（$\Delta M/M$）乘以实际货币余额（M/P），给定货币增长率，经济中持有的实际货币余额越大，铸币收入的数量越大。那么什么决定人们愿意持有的实际货币余额数量？依据 LM 关系，$M = ￥YL(i)$，引入通胀重写 LM 关系：

---

[1] 符号 ￥ 代表后面的变量为名义变量，下同。

$$\frac{M}{P} = YL(r + \pi^e) \qquad (8-2)$$

上式表明，随着预期通胀的增加，人们会降低对货币的需求，从而导致实际货币余额下降。假定收入 Y 和实际利率 r 不变，仅考虑预期通胀 π^e 的变化，由式（8-1）（8-2）得铸币税收入：

$$铸币收入 = \left(\frac{\Delta M}{M}\right)\left(\frac{M}{P}\right)$$

$$= \left(\frac{\Delta M}{M}\right)\left[\,\overline{Y}L(\bar{r} + \pi^e)\,\right] \qquad (8-3)$$

这一关系可以解释，弥补巨额预算赤字的需求如何导致了高通胀。

如果货币增长率不变，那么，预期通胀最终必定也保持恒定。假定产出增长率为 0，则实际通胀和预期通胀必然等于货币增长：$\pi^e = \pi = \frac{\Delta M}{M} = g_m$，代入式（8-3），得：铸币收入 $= \frac{\Delta M}{M}\left[\,\overline{Y}L\left(\bar{r} + \frac{\Delta M}{M}\right)\right]$。

可见，货币增长对铸币收入有两种相反的作用：

一方面，给定实际货币余额，货币增长将使铸币收入增加；另一方面，货币增长的增加将使通货膨胀上升，从而使实际货币余额减少。因此，货币增长对铸币收入的净影响是不确定的。经验表明，铸币收入和货币增长的关系呈拱形。如图 8-4 所示。

在货币增长率较低时，提高货币增长率会导致实际货币余额的轻微下降，因而导致铸币收入增加。但当货币增长较高时，由此导致的通胀较高，增加货币增长导致的实际货币余额的下降幅度越来越大。最终，存在一个货币增长率，图中 A 点，超过这一增长率，货币的进一步增加将减少铸币收入。

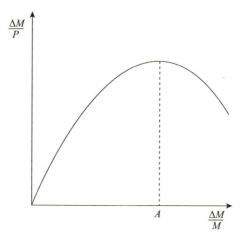

图 8 – 4   铸币收入和货币增长

依据税收的概念类推一下，通胀可以视为是对货币余额的税收，税率是通胀率 π，它减少了持有货币的实际价值，税基是实际货币余额 M/P，这两个变量的乘积称为通货膨胀税（*inflation tax*）。如果货币增长恒定，通胀最终等于货币增长，通货膨胀税等于铸币收入，即：

$$通货膨胀税 = \pi\left(\frac{M}{P}\right)$$

$$= \left(\frac{\Delta M}{M}\right)\left(\frac{M}{P}\right)$$

$$= 铸币收入$$

多大的货币增长率才能带来最大的铸币收入？最大的铸币收入是多少？

式（8 – 3）也可以写成：$\dfrac{\Delta M}{P} = g_m L(r + \pi^e, Y)$

在稳态，有：$\dfrac{\Delta M}{P} = g_m L(\bar{r} + g_m, \bar{Y})$ (8 – 4)

假设货币需求函数具有卡根（1956）[1]的形式：$\ln \dfrac{M}{P} = a -$

$bi + \ln Y, b > 0$ ，即 $\dfrac{M}{P} = e^{a-bi+\ln Y} = e^{a-b(r+g_m)+\ln Y}$ ，代入式（8-4）

得：

$$\frac{\Delta M}{P} = g_m L(\bar{r} + g_m, \bar{Y}) = g_m e^a \bar{Y} e^{-b(\bar{r}+g_m)} = C g_m e^{-bg_m} \quad (8-5)$$

这里 $C = e^a \bar{Y} e^{-b\bar{r}}$

对式（8-5）求一阶导，

$$d(\frac{\Delta M}{P})/dg_m = C e^{-bg_m} - b C g_m e^{-bg_m} = (1 - bg_m) C e^{-bg_m} \quad (8-6)$$

在极值点 $g_m = 1/b$。依据卡根的估计，$b \in$ （1/3，1/2），极值点约在 $g_m \in$ （2，3）。萨克斯和拉雷恩（1993）[2]指出对大多数国家来说，铸币收入的极值点大约在 *GDP* 的 10% 左右。

有时候，实际的货币增长率会远远高于使铸币收入最大的增长率，发生恶性通货膨胀。其原因在于：在短期，货币增长率 g_m 的增加会导致实际货币余额（M/P）的微小变化，因通胀和预期通胀调整起来需要一些时间，即使预期通胀增大达成交易协议需要时间，人们调整他们的实际货币余额也需要更长时间。所以，如果政府愿意充分提高货币增长率，它能产生它想要的任何数量的铸币收入。但是随着时间的推移，价格得到了调整，实际货币余额下降，政府将会发现同样的货币增长率所产生的铸币收入越来越少。所以，如果政府要弥补一定的赤字，

---

〔1〕 Phillip Cagan, "The Monetary Dynamics of Hyperinflation", In Friedman, Milton (ed.), *Studies in the Quantity Theory of Money*, Chicago: University of Chicago Press, 1956: 25 –117.

〔2〕 Jeffrey Sachs and Flipe B. Larrain, "Macroeconomics in the Global Economy", Prentice Hall, *Business & Economics*, 1993: 778.

会发现采用恒定的货币增长率并不能达到目的。要达到目的，唯一的办法只有不断增加货币增长率。恶性通胀的特征常常就是货币增长和通胀不断增加。

还有一种效应在起作用。由于税收是依据过去的名义收入来征收的，而它们的真实价值随着通胀而降低，因此，征税的这种滞后效应使得在高通胀下政府的实际收入减少，使得赤字问题更恶化，随着预算赤字的增加，需要更多的铸币收入，因而也需要更高的货币增长。

三、货币超发与恶性通货膨胀

从逻辑上讲，从货币超发到高通胀之间，必须经历某种传导过程；一旦这种传导过程失效，则高通胀就不会出现。那么这种传导过程是什么呢？我们可以将其分为两类：一类是经济周期型传导，一类是非经济周期型传导。

经济周期型传导也就是经典的美林时钟。其传导过程是："货币超发→需求过多→物价上涨"，在这一传导链条中，在高通胀或者滞胀之前，必然会经历"需求过多"，而这一阶段就是经济复苏或者经济过热。

2011 年是中国有代表性的滞胀期，*GDP* 显著下降而 *CPI* 一路飙升。滞胀的原因在于从 2008 年开始，中国经历了一个完整的"衰退－复苏－过热－滞胀－衰退"周期，2011 年正是在过热之后的滞胀。2012 年之后，不断重复"衰退－复苏－衰退－复苏"，再也没有经历过过热，也就再也没有经历过滞胀，再也没有经历过一个完整的经济周期。

非经济周期型传导，从历史经验归纳来看，有四种情况：

（1）供给冲击型，典型案例是 1970 年代，由于中东地缘政治因素导致石油价格暴涨，进而导致全球滞胀；

（2）国家动乱型，新中国成立之前民国时期国内战争频繁，供给严重不足，同时国家治理紊乱，货币严重贬值，出现滞胀；

（3）汇率崩盘型，2014年以来新兴市场国家普遍出现经济恶化、汇率崩盘，进而导致进口价格飙升，最终导致滞胀；

（4）税制改革型，2014年日本提高消费税，导致通胀大幅飙升（CPI 飙升至 3.5% 以上），而经济严重下滑（GDP 跌至 -1%），出现了持续约 1 年的滞胀。

除了上述归纳的四种传导类型，还有一种可能情况是通过资产价格传导或冲击，即货币超发导致资产价格上涨，进而导致物价上涨。但在这种情况下，高通胀之前必须经历经济过热，而不可能跳过经济过热而直接出现滞胀。其逻辑是：如果资产价格上涨能够传染到物价，那么这种上涨的资产必须是兼具金融和实物资产两种属性，其典型代表就是房地产。而在房地产价格上涨时，经济必然出现复苏或者过热，也就是说，这本质是一种周期型的物价上涨。

再一种可能的情况是通过资产价格的财富效应带来的物价上涨，例如股价上涨导致居民财富增加，进而导致通胀上升，但这依然有前面的类似问题：居民财富增加，如果要通胀上升，必然要经历消费增加，而消费增加就是经济复苏或过热，在本质上仍然属于周期型的物价上涨，只是在"衰退→复苏→过热"之间加入了资产价格上涨。

四、通货膨胀的成本

第一，鞋跟成本。人们会尽量减少留在身边的现金，因此增加了人们去取款的次数，使鞋跟磨得更快了，这形成了一个次优的结果。

第二，菜单成本。价格不断的上涨，餐馆不得不频繁地更换菜单。菜单制作以及如何定价的决策都需要成本。这些所谓的"菜单成本"将随着通货膨胀率的变动不断改变。物价变动的越快，卖方调整价格就要越频繁。花费在整理库存、重编电脑程序上的时间都是伴随通货膨胀产生的成本。

第三，相对价格的变化引起资源配置的扭曲。人们配置资源通常根据产品的相对价格，通货膨胀引起相对价格的变化，使资源配置扭曲。通货膨胀造成财富由债权人到债务人的重新分配。如果物价的上涨水平是未预期的，债务人将归还名义上的货币债务，而其实际的价值却贬值了。通货膨胀减小了债务人的负担，但却使债权人蒙受损失。通货膨胀同时迫使卖方为了频繁的改动价格而消耗更多的成本。

需要注意的是，即使通货膨胀可以完全被预期，这些成本也还是存在的。当出现未预期到的通货膨胀时，成本就会随之产生。如果通货膨胀可以完全预期，那么成本也会大大降低，但仍存在菜单成本和鞋跟成本。通货膨胀可完全预期时，人们也会更频繁地来往于银行提取存款，以保持名义货币需求余额与价格上升水平保持一致。尽管通货膨胀是可预期的，但价格水平已然随之变化。通货膨胀的主要成本由通货膨胀使资源无效率的形式反映出来，这样既不能满足需求也不能达到货币均衡。在货币均衡中，这种偏离可以被视为无效率。萨勒（1980）[1]认为由于货币的扩张可以协调个人计划，所以对可以满足人们需求的资

---

[1] Richard Thaler, "Toward a Positive Theory of Consumer Choice", *Journal of Economic Behavior & Organization*, 1980, vol. 1 (1): 39 – 60.

源的浪费也是一种扩张成本。不同的制度秩序之下会产生不同的消耗，理想状态下的制度则对应着自然损耗率。

通货膨胀负面效应主要体现在相对价格效应导致了资源无效率，从而降低了经济福利。许多研究试图通过计算货币需求函数和测算需求曲线中通货膨胀消耗的部分来量化通货膨胀产生的福利损失。

五、恶性通货膨胀的治理

假定在中期均衡时，失业率为自然失业率，产出增长率等于潜在产出增长率，通货膨胀率等于名义货币增长率。依据宏观经济学的知识，治理通货膨胀采用紧缩的货币政策，但政策的实施有渐进和快速之分。中央银行应该如何完成反通胀的任务？

给定通货膨胀下降值所要求的失业总量不取决于反通货膨胀完成的速度。也就是说，反通货膨胀可以完成得很快，不过高失业的成本却要持续好几年；或者可以缓慢地实现通货膨胀下降的目标，把更低的失业增加值分散到更多的年份里。在这两种情况下，各年加起来的失业总量将是相等的。

假设中央银行用降低名义货币增长率进行反通货膨胀，用式（8-7）-（8-9）三个关系式，可以讲清楚反通胀的逻辑：

菲利普斯曲线：$\pi_t - \pi_{t-1} = -\alpha(u_t - u^*)$ （8-7）

奥肯定律：$u_t - u_{t-1} = -\beta(g_{yt} - \bar{g}_y)$ （8-8）

总需求关系：$g_{yt} = g_{mt} - \pi_t$ （8-9）

菲利普斯曲线表明，失业率高于自然失业率导致通货膨胀下降。

总需求曲线表明，给定初始通货膨胀率，降低名义货币增长率导致实际货币增长率下降，因此，产出增长下降；

奥肯定律表明，产出增长低于潜在产出增长水平，导致失业率增加；

表 8 - 1   设计反通货膨胀计划

	之前	年份 反通货膨胀					之后		
	0	1	2	3	4	5	6	7	8
通货膨胀（%）	14	12	10	8	6	4	4	4	4
失业率（%）	6.5	8.5	8.5	8.5	8.5	8.5	6.5	6.5	6.5
产出增长（%）	3	-2	3	3	3	3	8	3	3
名义货币增长（%）	17	10	13	11	9	7	12	7	7

表 8 - 1 给出一个反通货膨胀的设计。在第 0 年，即反通货膨胀之前，产出运行在潜在产出水平 3%，失业率等于自然失业率，为 6.5%，通货膨胀为 14%，实际货币增长率等于名义货币增长率 17% 减去通货膨胀率 14%，为 3%。

现在央行决定在 5 年内将通货膨胀率从 14% 降低到 4%，设计出货币增长率的路径。

求解货币增长路径最容易的方法就是依据要达到的通货膨胀率，找到必需的失业路径和产出增长路径，最后推导出必需的货币增长路径。

表 8 - 1 第一行是通货膨胀的目标路径。通货膨胀从货币政策变化之前的 14% 开始，第 1 年到第 5 年每年下降 2 个百分点，然后在以后各年保持在 4% 的目标水平上。

第二行给出菲利普斯曲线推出的必需的失业路径。如果通货膨胀率每年下降 2%，在 $\alpha = 1$ 时，经济必须接受 5 年的失业率都比自然失业率高出 2 个百分点，因此，从第 1 年到第 5 年，失业率必须等于 6.5% +2% =8.5%。

第三行显示了必需的产出增长路径。根据奥肯定律，失业的最初增加要求产出增长降低，令 $\beta = 0.4$，失业最初上升 2% 要求产出增长低于潜在增长率 2%/0.4 = 5 个百分点。给定潜在产出增长率为 3%，所以，经济增长率在第 1 年必须等于 3% − 5% = −2%。第 1 年必然会出现衰退。

从第 2 年到第 5 年，经济必须在足够的增长率上运行，从而维持不变的失业率 8.5%。因此，产出必须以正常增长率 3% 增长。换句话说，从第 2 年到第 5 年，经济以正常潜在增长率增长，但失业率要比自然失业率高出 2 个百分点。

一旦反通货膨胀成功，产出就会在第 6 年爆发性地增长，以使失业回到正常水平：要把失业率在 1 年内降低 2 个百分点，产出增长率必须超过正常增长率 2%/0.4，即 5%。经济必须在一年内增长 3% +5% =8%。

第四行给出推导的名义货币增长路径。根据总需求关系式，产出增长等于名义货币增长减去通货膨胀，或者等价地，名义货币增长等于产出增长加上通货膨胀。把第一行的通货膨胀和第三行的产出增长数据相加得到必需的名义货币增长率的路径。该路径乍看起来有点奇怪：货币增长在第 1 年急剧下降，然后上升，接着缓慢下降了 3 年，然后在反通货膨胀成功后的下一年又上升，最后降到永久水平 7%。这很容易解释：为了开始反通货膨胀计划，中央银行必须造成失业的增加，要求货币增长在第 1 年急剧下降。名义货币增长的下降才能够从 17% 到 10%，比通货膨胀下降要剧烈，从 14% 到 12%。结果导致了实际货币增长的急剧下降，减少了需求和产出，从而提高了失业率。

在接下来的 4 年里，货币政策的目标是把失业率维持在

8.5%不再上升。名义货币增长的目标是使得需求、从而产出在正常增长率的水平上增长。也就是说，名义货币增长等于通货膨胀加上3%的正常增长率，而且当通货膨胀下降时因为高失业，名义货币增长也应下降。在反通胀结束时，中央银行必须使得失业率返回到自然失业率，否则通货膨胀将继续下降。这意味着央行在第6年使货币增长一次性地上升，从第7年开始，货币增长达到新的更低的水平。图8-5描绘了这一反通货膨胀路径推出的失业率和通货膨胀路径。在第0年，经济处于 A 点，失业率为6.5%，通货膨胀率为14%。第2年到第5年是反通货膨胀的各年，经济从 A 点运行到 B 点。失业高于自然失业率，导致通货膨胀持续下降，通货膨胀下降到4%。从第6年开始，经济停留在 C 点，此时失业率返回到自然失业率，通货膨胀率为4%。在中期，货币增长和通货膨胀率更低了，而失业率和产出增长均返回到了正常水平。这就是中期的结果：名义货币增长率对产出和失业率没有影响，货币增长是决定通货膨胀的仅有因素，弗里德曼的表述：通货膨胀总是一种货币现象。（在中期，失业一定保持不变，失业不会永远地上升或下降，即 $u_t = u_{t-1}$，根据奥肯定律，意味着 $g_{yt} = \bar{g}_y$，产出以潜在增长率增长，根据总需求关系，通货膨胀等于名义货币增长减去潜在产出增长。产出水平的增加意味着交易水平也增加，因此对实际货币的需求也增加，如果产出以3%的速度增长，实际货币存量也必须以每年3%的速度增长，如果名义货币存量的增长速度不等于3%，那么该差距必将表现为通货膨胀或通货紧缩。如果通货膨胀保持不变，那么就有 $\pi_t = \pi_{t-1}$，依据菲利普斯曲线，它意味着 $u_t = u^*$，在长期，失业率必定等于自然失业率。）

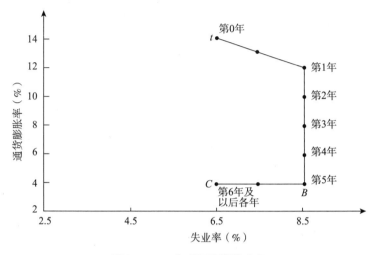

图 8 – 5　一个反通货膨胀路径

　　失业率在自然失业率之上 5 年换来通货膨胀的永久下降。

　　图 8 – 5 画出的反通货膨胀路径是许多可能路径中的一条。比如可以考虑一次性地把货币增长率从 14% 减小到 4%，让通货膨胀和失业率随时间调整。但能画出的所有路径都具有一个共同特征，总失业成本，也即过度失业各年累计的百分点数量是相等的。换句话说，为了完成反通货膨胀，失业不得不在自然失业率之上保持一个足够大的量，而且/或者保持足够长的时间，即政策可以改变时间的选择，但不能改变过度失业各年累计的百分点数量。

　　该传统方法受到两派理论经济学家的挑战，两派经济学家共同关注的问题是预期的作用和预期形成的变化是否有可能影响反通货膨胀的失业成本。但是，尽管关注的焦点是相同的，但他们得到的结论却大相径庭。

　　第一组的结论以芝加哥大学的卢卡斯和萨金特两个人的工

作为基础。在著名的卢卡斯批判当中，卢卡斯指出，如果认为根据过去数据估计的关系是固定不变的，那将会产生非常大的误导，因为预期会产生作用。考虑菲利普斯曲线的情况，$\pi_t - \pi_{t-1} = -\alpha (u_t - u^*)$，它意味着假设工资制定者预期未来的通货膨胀与过去的相同，而且假设工资制定者形成预期的方式不会因政策的变化而改变。卢卡斯认为这一假设是没有根据的。为什么工资制定者就不考虑政策的变化？如果相信央行一定会降低通货膨胀率，他们就可能预期未来的通货膨胀率要低于过去。如果他们降低了对通货膨胀的预期，那么实际通货膨胀无需经历延长的经济衰退就会下降。

依据菲利普斯曲线 $\pi_t = \pi_t^e - \alpha (u_t - u^*)$，如果工资制定者根据上一年的通货膨胀率来形成预期，$\pi_t^e = \pi_{t-1}$，那么降低通货膨胀率的唯一方法就是准备接受一段时间的更高失业率。但是，如果工资制定者坚信通货膨胀确实要比上年低，他们将降低对通货膨胀的预期，这就会引起实际通货膨胀率的下降，而失业率没有必要变化。例如，如果工资定制者相信通货膨胀率在未来只有4%，过去曾一度为14%，而且就此形成预期，那么即使失业率仍然保持在自然失业率，通货膨胀将下降到4%：

$$\pi_t = \pi_t^e = \alpha(u_t - u^*)$$
$$4\% = 4\% - 0\%$$

货币增长、通货膨胀和预期通货膨胀都能下降，无需经历衰退。也就是说，货币增加不仅在长期是中性的，在短期也是中性的。

当然，卢卡斯和萨金特不相信反通货膨胀没有失业的增加就能真正地实现。但是，萨金特考察了几次非常高的通货膨胀时期的历史证据之后，他认为失业的增加可以很小。牺牲比率——为实现反通货膨胀所需的过度失业数量——可能比传统方法指出的小很多。他认为,成功的反通货膨胀的本质因素是货币政策的可信度,工资制定者对央行真正决定降低通货膨胀的信心。只有可信度能够使工资制定者改变形成预期的方式。他进一步认为,清晰的、快捷的反通货膨胀计划比迟延的计划更有可信度,拖延的计划往往在运行过程中存在大量走回头路和政治内耗的机会。

麻省理工(*MIT*)的费希尔和当时哥伦比亚大学的泰勒都持有相反的观点,他们都强调名义刚性的存在,意思是在现代经济中,许多工资和价格是根据名义单位来制定的,并持续一段时间,当政策发生变化时,一般不进行重新调整。费希尔认为即使有了可信度,货币增长下降得太快也将导致更高的失业率。即使是央行使工人和企业完全相信了货币增长将要下降了,在政策变化之前制定的工资将仍然是对政策变化之前的通货膨胀预期。通货膨胀早已被包含在了已有的工资合约中,而且不能被无成本地迅速减少。费希尔指出,一项反通货膨胀政策至少应该在真正实施之前进行充分的宣传,从而允许工资制定者考虑制定工资的时间。

泰勒的观点更进一步。他认为,工资合同的一个重要特征在于并不是所有的工资合同都是在同一时刻签订的。相反,它们随时间而交错开来。他指出,即使央行的政策有完全的可信度,这一工资决策的交错给反通货膨胀能够推行的速度并且同时不引发更高的失业施加了强大的限制条件。为什么会有这些限制?如果工人考虑相对工资,即考虑与其他工人相比自己的工资,那么每个工资合同都将选择一个与当时有效的其他工资合同相差不太多的工资。名义货币增长的迅速下降不会引起通货膨胀的同比例下降。因此，实际货币存量将减少，从而引发衰退和失业率的上升。通过考察美国工资合同的时间模式，泰勒说明了在货币政策有完全可信度的情况下，存在着一条不使失业增加的反通货膨胀的路径，见图 8 - 6。

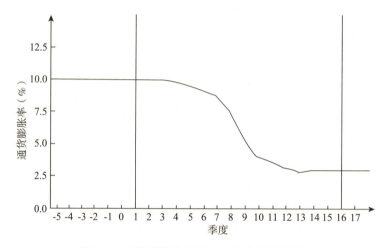

图 8 - 6　泰勒模型中的没有失业的反通货膨胀

由于存在工资决定的交错，为了避免失业增加，反通货膨胀必须分阶段地缓慢进行。由于货币政策变化时执行的工资是在政策变化之前的决策，因而通货膨胀的路径早些时候已经在很大程度上提前决定了。如果名义货币增长急剧减少，通货膨胀不能立即下降很多，结果将是实际货币减少和发生衰退。因此，央行的最好政策是在一开始慢慢地推行，并同时宣布将在未来加快实施的步伐。这一宣布使得制定新工资时要考虑新政策的影响。当经济中大多数的工资是在政策变化之后决定的时候，反通货膨胀就可以更快速地推进。这就是政策变化之后第 3 年发生的事。

　　泰勒的分析和卢卡斯与萨金特的分析一样，都强调预期的作用，他认为，缓慢的但是可信的反通货膨胀计划可能比传统方法的成本要低。但缓慢的计划可能带来可信性问题。比如现在宣布2年后将降低货币增长，工资制定者可能会问：如果要决定反通货膨胀，央行为什么非要等2年后呢？没有可信度，对通货膨胀的预期就可能不发生变化，因而失业率不增加就想实现反通货膨胀的希望就会破灭。但名义刚性假设给出的含义是，许多工资是根据名义单位制定的，有时一制定就是好几年。减少反通货膨胀失业成本的方法就是给予工资制定者时间让他们考虑政策的变化。因此，央行应该缓慢地推行反通货膨胀计划。

思考题

1. 请列举可能导致成本推动型通货膨胀的因素有哪些？

2. 货币超发是否一定会引起恶性通货膨胀？

3. 依据中国现实经济，请设计一种将通货膨胀率保持在3%的计划。

第九讲 | 财政与货币政策的传导机制及效应

财政政策和货币政策是国家实施宏观调控的两大政策工具，二者都是从价值上来影响总供给与总需求的平衡。

一、财政政策的传导机制及效应

（一）基本概念

财政政策是指国家根据一定时期政治、经济、社会发展的任务而规定的财政工作的指导原则，通过财政支出与税收政策来调节总需求。

税收调节，主要通过宏观税率确定、税负分配（包括税种选择与税负转嫁）以及税收优惠、税收惩罚体现出来。它具有分配形式上的强制性、无偿性和固定性特征。宏观税率就是总税额占国民收入的比重。可表示为：$t = T/Y$。t 即为宏观税率，T 为总税额，Y 为国民收入。宏观税率是衡量一国财力集中与分散程度的一个重要指标。宏观税率高意味着政府集中掌握的财力或动员资源的能力强，反之，则低。政府动员资源的能力如何，对于宏观经济运行的确定以及经济的发展产生巨大的影响。宏观税率提高意味着更多收入从民间部门流向政府部门，相应地，民间部门的需求将下降。民间部门的产出相应地减少。反之，降低宏观税率则会对民间部门的发展起扩张刺激作用，使民间部门的产出相应地增加。

财政支出调节主要指政府满足社会公共需要的一般性支出（或称经常项目支出），它包括购买性支出和转移性支出两大部分。购买性支出指政府用于"生产"公共产品的支付，包括商品和劳务的购买，它是一种政府的直接消费支出。转移性支出是一种具有补偿性特征的支出，它通过"财政收入－国库－政府支付"过程将货币收入从一方转移到另一方，此时，民间的消费并不因此而发生变化。社会保障支出与财政补贴支出都属于转移性支出。财政支出的另一种形式是政府投资，指财政用于资本项目的建设支出。它最终将形成各种类型的固定资产。在市场经济条件下，政府投资的项目主要是具有自然垄断特征、外部效应大、产业关联度高、具有示范和诱导作用的基础性产业、公共设施以及新兴的高科技主导产业。政府的投资能力与投资方向对经济结构的调整起关键性作用。

（二）财政政策传导机制

财政政策传导机制就是财政政策在发挥作用过程中，各政策要素通过某种媒介体相互作用形成的一个有机联系的整体。财政政策发挥作用的过程，实际上就是财政政策工具变量经由某种媒介的传导转变为政策目标变量（期望值）的复杂过程。媒介主要包括收入分配、货币供应与价格。政策工具变量的调整是如何通过这些媒介来传导的呢？

1. 收入分配传导机制

在市场经济条件下，对国民经济影响较大的收入分配媒介主要是居民收入分配和企业收入分配这两大类。

（1）财政政策的居民收入分配传导机制。就税收而言，对居民收入影响最大的是个人所得税。个人所得税对居民收入的影响主要通过影响劳动供给来实现，具体取决于税收对劳动与闲暇选择的影响所产生的收入效应与替代效应。收入效应指的是征税削减可支配收入，从而减少对闲暇的消费；而替代效应指的是闲暇与劳动的相对价格发生变化所引起的闲暇对劳动的替代。最终结果由居民收入水平及其税收弹性的大小而定，若收入效应大于替代效应，则净效应表现出来就是刺激劳动供给，减少闲暇；若替代效应大于收入效应，则净效应表现出来就是抑制劳动供给，增加闲暇。假设不征收个人所得税，居民的最高工资和最大闲暇分别为 OA 和 OB，他们可以在 AB 之间进行选择，如图 9 - 1 所示。如果选择 C 点，该点与无差异曲线 i' 相切，此时闲暇为 OD。如果开征个人所得税，税率为 EA/OA，此时最大可支配收入降为 OE，可供选择的集合下降到 EB 之间。如果纳税人选择 F 点，该点与无差异曲线 i'' 相切，此时闲暇为 OG，劳动供给减少了 DG，这个过程称为税收的替代效应。而如果纳税人选择 H 点，该点与无差异曲线 i''^* 相切，此时闲暇为 OI，劳动供给增加了 ID，这一过程称为税收的收入效应。

累进的个人所得税由于其边际税率递增，能够较好地实现对居民收入分配的调节功能。在累进税中，边际税率总是大于平均税率，而一般说来，平均税率产生收入效应，边际效率产生替代效应，所以，在累进的个人所得税下，替代效应大于收入效应，即对劳动供给的抑制要强于对劳动供给的激励，随着边际税率的降低可以刺激劳动供给。

税收对居民收入的影响不仅产生于所得税，也可以由其他

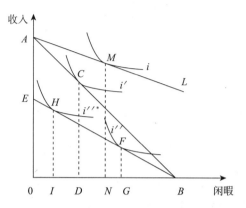

图 9 - 1　税收对劳动与闲暇选择的影响

税种引起。如流转税可以造成物价上涨，从而降低实际工资水平，影响居民消费支出；利息税则会抑制居民的储蓄行为，从而促进消费支出；社会保障税、遗产税、赠与税等能够调节居民收入，以此影响其消费行为。

调节居民收入分配的手段不只有税收，政府的转移支付也起着相当大的作用。考虑到转移支付的特性，我们可以把它看作是负税收，其收入效应是减少劳动供给，替代效应则取决于转移支付与收入的相关程度。如果它们之间正相关，即随着收入的增加，转移支付也增加，实际工资率将上升，从而产生正的替代效应，抑制劳动供给。如果它们之间负相关，即随着收入的增加，转移支付减少，此时结果将难以确定。

在图 9 - 1 中，实施转移支付前的居民选择集合为 EB，政府补贴的引入使得居民选择集合旋转至 AB，显然转移支付提高了居民的工资收入，同时也抑制了居民的劳动供给。然而，当转移支付与收入负相关时，情况就会不同。我们把 AB 定义为转移支付前的居民选择集合，转移支付使其旋转至 AL，选

择点相应地由 C 变为 M，闲暇也从 OD 上升为 ON，劳动供给减少了 DN。

综上所述，税收和转移支付通过对居民劳动与闲暇选择产生收入效应或替代效应，进而影响居民的收入水平与实际货币购买力，影响其消费与储蓄决策，最终影响社会总需求和国民经济的稳定与增长。

(2) 财政政策的企业收入分配传导机制。与对居民征税一样，政府也通过税收手段对企业的成本与收益进行调节，在参与企业利润分配的同时还影响着企业的生产、经营活动，最终实现宏观经济调控的目标。税收对企业同样也会产生收入效应和替代效应。一方面，政府课税将使企业可支配的生产要素减少，从而降低企业的生产能力，这是税收的收入效应；另一方面，征税会促使企业对产品结构及产量进行调整，减少应税产品的产出量，即为税收的替代效应。显然，税收通过影响企业成本和市场价格机制，进而实现引起压缩企业产量的目的。

首先，运用局部均衡方法来分析税收对企业产出的短期效应。由于我们研究税收与企业产量的相互关系，所以假定政府对企业产出课税不会影响企业的生产要素比例和产品的市场价格。如果政府不课税，市场价格为 P_1，企业的短期边际成本曲线为 MC_1，它的垂直高度恰好与 P_1 相等，此时企业生产有利可图，均衡的产量为 Q_1，如图 9-2 所示。在政府对企业产出课征比例税率为 t 的税收时，使企业平均可变成本由 AVC_1 变为 AVC_{1+t}，短期边际成本曲线上移至 MC_{1+t}，均衡的产量变成 Q_2。

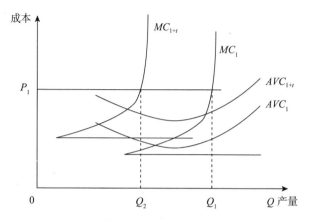

图 9－2　税收对企业产量的影响：短期效应

政府课税使得企业成本增加，其产量必然发生变化，如何变化取决于税率与企业边际利润的相互关系，具体可分为两种情况：

一是企业的边际利润率小于税率，政府课税使得企业平均可变成本曲线大幅上移，最低成本高于市场价格，企业生产无利可图，企业因此停止生产应税产品；

二是企业的边际利润率大于税率，政府课税虽然降低了企业利润，但企业生产仍然是有利可图的，这时企业会相应地调整产量，使边际成本加上税收等于产品价格，以保证利润最大化。这时，政府征税使企业的短期供给曲线向上移动，移动的幅度等于税率 t，由此决定的均衡产量从 Q_1 降为 Q_2。

其次，我们运用一般均衡方法来分析税收对企业产出的长期效应。政府对企业产出课税后，使课税商品出现两种价格：一个是消费者支付的价格，一个是企业实际得到的价格，两种价格的差额即为税负。在图 9－3 中，D 表示消费者的需求曲线，S 表示企业的供给曲线。政府课税之前，D 和 S 相交于 E 点，由此决定均衡的价格水平为 Pe。政府课税后，企业为了转嫁税负，提高了销售价格，使消费者面临的价格水平由 Pe 上升为 P_d，消费者因而做出减少应税商品需求量的决策，迫使价格回落，企业面临的价格由 Pe 下降至 Ps。这种价格变化使企业减少应税商品的产量，供需双方变动的结果使均衡的产量由 Q_1 缩减到 Q_2。

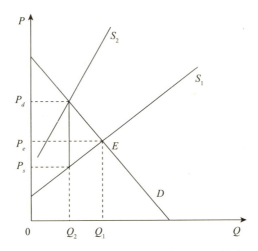

图9-3　税收对企业产量的影响：长期效应

考虑企业投资，设利率为 i，折旧率为 d，税前投资报酬率为 r。根据乔根森新古典投资理论，企业会把拥有资产的机会成本全部用完，直到与自己的资产边际报酬率相匹配。因此，在税前有：

$$r = i + d \qquad\qquad (9-1)$$

从所得税的角度出发，课征企业所得税将从正反两个方面影响企业的投资决策：一方面，对企业的投资所得征税，投资的边际报酬率会下降，若税率为 t，税后的投资报酬率降为 r

$(1-t)$，从而对企业的投资产生抑制效应；另一方面，由于企业所得税允许对某些资本成本项目的扣除，企业可以根据实际情况，对利息和折旧等成本项目进行税前扣除，从而减少企业的税赋负担，降低了资金使用的成本，增加了投资回报，对企业投资产生刺激效应。

2. 财政政策的价格传导机制

$IS-LM$ 模型分析暗含一个重要的假设前提，即物价水平不变。然而在实际经济运行中，物价水平并非一成不变，尽管其调整的范围可能较小、速度可能较慢。当研究有关工资物价的调整变动规律时，必须考虑劳动力市场的就业状况，因为它在一定程度上影响社会总供给。

当政府实施财政政策调节总供给和总需求时，市场价格会在短时间内自动作出相应的调整，促使总供给和总需求达到新的均衡。我们可以利用 $AD-AS$ 模型来表示这一过程。

总供给曲线 AS_0 和总需求曲线 AD_0 相交确定均衡的价格和产量分别为 P_0 和 Y_0，如图 9-4 所示。财政扩张使得总需求曲线向右上方平移至 AD_1，价格水平上升至 P_1，产量增加至 Y_1。如果价格水平固定为 P_0，则财政扩张将使产量增加至 Y_2，可见产生了"挤出效应"。挤出效应的大小取决于总供给曲线的斜率，当总供给曲线垂直时，即总供给保持不变，这时产生完全的挤出效应。

注意：这里的挤出效应与由于财政扩张引起利率上升而产生的对私人部门投资的挤出效应完全不同；这里挤出效应的产生机制是由于总供给受到限制，政府增加财政支出导致工资物价水平上升，增加了厂商的要素市场上的劳动力成本，从而挤出了部分劳动力的就业。

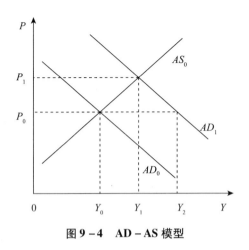

图 9 - 4   AD - AS 模型

上述分析的是价格对财政政策效应的静态传导机制，然而现实中经济运行是连续的、动态的、长期的，弗里德曼（1968）[1]和费尔普斯（1968）[2]针对这一现实情况对菲利普斯曲线进行了修正，把"预期"变量和"自然失业率"概念引入总供给模型中，并以此来分析动态的、长期的价格传导机制。

弗里德曼认为，菲利普斯曲线所反映的通货膨胀和失业交替只在短期内成立，建立在菲利普斯曲线基础上的短期总供给曲线可以表示为：

$$\pi_t = \pi_{t-1} + \lambda(Y_t - Y_t^*) \tag{9-2}$$

其中，π 为通货膨胀率，Y 为产出，Y^* 为充分就业的产出水平。然而对长期而言，产出是独立于通货膨胀率的，长期总

〔1〕 Milton Friedman, "The Role of Monetary Policy", *American Economic Review*, March 1968, vol. 58（1）: 1 - 17.

〔2〕 Edmund S. Phelps, "Money - Wage Dynamics and Labor Market Equilibrium", *Journal of Political Economy*, 1968, vol. 76（S4）: 678 - 711.

供给曲线是垂直的，具体表示为：

$$Y_t = Y_t^*　　　　　　　　　　(9-3)$$

动态的总需求曲线为：

$$Y_t = Y_{t-1} + \phi(m_t - \pi_t) + \sigma \cdot f_t + \eta(\Delta\pi_t^e)　　(9-4)$$

其中，m 为货币增长率，f 为财政政策变量，η（$\Delta\pi^e$）表示预期因素。为了分析全面，我们把总需求冲击与总供给冲击两种情况分开讨论。首先分析总需求变化的价格传导机制。扩张性财政冲击（f > 0）使总需求曲线由 AD_0 向右上方平移到 AD_1，均衡的价格水平 P 上升，产出增加到 Y_1，大于充分就业的产出水平 Y^*，如图 9-5（a）所示。由于财政扩张会通过利率传导对私人部门投资产生一定的挤出效应，因而总需求曲线在下一期将回落到 AD_2，但仍高于原来的 AD_0 水平。与此同时，价格上升导致人们的预期通货膨胀率上升，而且产出大于充分就业的产出水平，致使工资物价进一步上涨，总供给得到抑制，表现为总供给曲线由 AS_1 向左上方平移至 AS_2，与总需求曲线 AD_2 相交于新的均衡点 E_2。由于价格水平上升，而货币供给维持不变，导致实际货币存量下降，使得总需求曲线进一步向左下方平移，形成新的均衡点 E_3。如此下去，会出现价格高于原来的水平而产出小于充分就业水平的"滞胀"现象，即形成均衡点 E_4。调整到最后，在预期作用下价格回落到 P，产出也回到充分就业的产出水平。图 9-5（b）所示为价格由短期向长期调整的路径。

接下来分析总供给变化的价格传导机制。当政府实施供给管理型财政政策时，例如：通过削减公司税使企业税后利润增加，以此来刺激供给，从而引起总供给曲线由 AS_0 向右下方平移到 AS_1，如图 9-6 所示。在总供给曲线下移的过程中，价格水

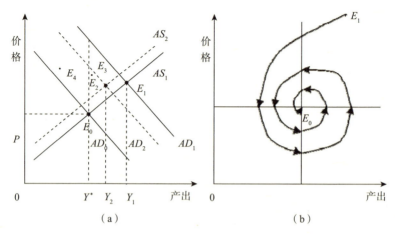

图 9 - 5　总需求变化的价格传导机制

平下降，对供给产生一定的抑制作用，因而总供给曲线在下一期将回落到 AS_2；与此同时，价格下降导致实际货币存量增加，引起总需求曲线向右上方平移，与总供给曲线相交于新的均衡点 E_2 点。接下来总需求曲线和总供给曲线交替移动，不断调整，直到最终产出和物价都回到初始水平，使得总需求曲线和总供给曲线调整的动力消失，经济回到初始的稳态均衡点 E_0。其价格调整路径与图 9 - 5（b）相似。

　　需要指出的是，当政府同时实施需求管理型和供给管理型的财政政策时，如在经济繁荣时增加税收并缩小政府支出，在经济低迷时减少税收并扩大政府支出，总供给和总需求曲线将会同时向均衡点方向移动，最终达到一个新的长期均衡，形成均衡的价格水平。

　　从发挥作用领域的来看，收入分配传导机制主要调控微观经济主体的行为；而价格传导机制主要调控宏观经济总体平衡。从实现财政政策目标的作用来看，收入分配传导机制主要指向

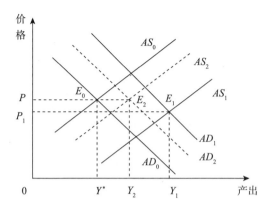

图9-6 总供给变化的价格传导机制

充分就业与经济增长,通过影响居民的消费决策和企业的生产投资决策,从而调控就业总量与经济增长;而价格传导机制由于其作用领域的特性,则主要调控物价稳定和国际收支平衡。政策失灵的根源往往在于微观主体的行为不理性而导致的政策传导不畅,因此,收入分配传导机制的顺畅是价格传导机制顺畅的前提。只有不断调整与完善收入分配传导机制,才能解决价格传导机制的深层次矛盾。

(三) 财政政策传导的实践效应

财政政策的传导效应可以用同步指数(*Synchronization Indicators*,简称 *SI*)加以展现。同步指数用于测度在每一个时间点上两个经济变量序列波动的同步程度。由于考虑了时间因素,该指数能够区分变量序列波动时期的异步行为和稳定时期的同步行为。塞奎尔和马丁斯(2009)[1]给出两个变量序列 X_i 与 X_j

〔1〕 P. A. Cerqueire and R. Martins, "Measuring the Determinants of Business Cycle Synchronization Using a Panel Approach", *Economics Letters*, 2009, 102 (2): 106 – 108.

在 t 时的同步指数 $SI_{ij,t}$ 测算公式：

$$SI_{ij,t} = 1 - \frac{1}{2}\Big[\frac{X_{it} - \bar{X}_i}{\sqrt{\frac{1}{T}\sum_{t=1}^{T}(X_{it} - \bar{X}_i)}} - \frac{X_{jt} - \bar{X}_j}{\sqrt{\frac{1}{T}\sum_{t=1}^{T}(X_{jt} - \bar{X}_j)}}\Big]^2$$

式中，$SI_{ij,t}$ 的取值范围为 $[-\infty, 1]$，由于这一分布区间具有非对称性，阿蒂斯和奥库博（2012）[1]对上式进行修正，得到扩展的同步指数：

$$SI'_{ij,t} = \frac{1}{2}\log\Big[\frac{1}{1 - SI_{ij,t}}\Big]$$

修正后的同步指数 $SI'_{ij,t}$ 的取值范围为 $[-\infty, +\infty]$，具有对称性。同步指数的数值越大，表明两个变量序列波动之间的同步性越强。

1. 税收政策调整的实践效应

选取指标间接税有效税率和直接税有效税率作为税收政策指标，宏观经济波动指标选用总产出、通货膨胀、私人投资、私人消费。总产出用季度国内生产总值衡量，季度通货膨胀率根据月度 CPI 环比增长率整理获得，私人投资以固定资产投资来源于非国家预算内的资金部分表示，私人消费则用社会消费品零售总额来衡量。直接税率用企业所得税和个人所得税之和与总产出的比值表示，间接税率为中国税收收入减去企业所得税和个人所得税之后与总产出的比值。对以上指标的月度原始数据整理后得到季度数据序列，总产出、私人投资和私人消费根据季度通货膨胀率均换算成以 1996 年一季度为基期的实际值，通过对数化处理以削弱异方差性，用 Census12 方法进行季

〔1〕 M. J. Artis, and T. Okubo, "Business Cycle, Currency and Trade, Revisited", *Pacific Economic Review*, 2012, 17 (1): 160 – 180.

节性调整后，再用 *HP* 滤波去趋势处理，得到波动序列数据。样本区间为 1996 年一季度到 2017 年四季度，数据均来自 *Wind* 数据库。

图 9−7 给出中国直接税率和间接税率与主要宏观经济变量的同步性。图中显示在中国经济波动幅度较大，也就是经济周期阶段转换的时段，如 1997 年亚洲金融危机和 2008 年国际金融危机，间接税率和直接税率与总产出的同步化指数小于其余时期，甚至出现了同步指数小于零的情况，即呈现异步行为特征。这在一定程度上说明，当产出缺口向下偏离即经济下行时期，中国税收政策并没出现明显的向下调整以发挥税收政策的自动稳定器功能，中国税收体系的非累进性决定了其税收政策很难通过自动稳定器功能对经济进行逆周期调整。在经济稳定时期，税收政策调整与产出之间较高的同步性，是由于中国税制中大多采用比例税率，税收收入与产出同步增加。间接税率和直接税率与通货膨胀和私人投资的同步指数具有与其与总产出同步指数基本相同的特性。2010 年之后税率与私人消费的同步指数在正负之间频繁转换，但依然可以从中发现以下事实：直接税率和间接税率与私人消费表现出明显的异步特征。中国的消费与 *GDP* 占比从改革开放之初的 61% 下降至 2010 年的 48.5%，此后开始持续回升，同时，作为积极财政政策一部分，在 2010 年推出的关于增值税、个人所得税和物业税等的结构性减税安排，使得税收在收入初次分配和再次分配中的作用不断得到发挥。

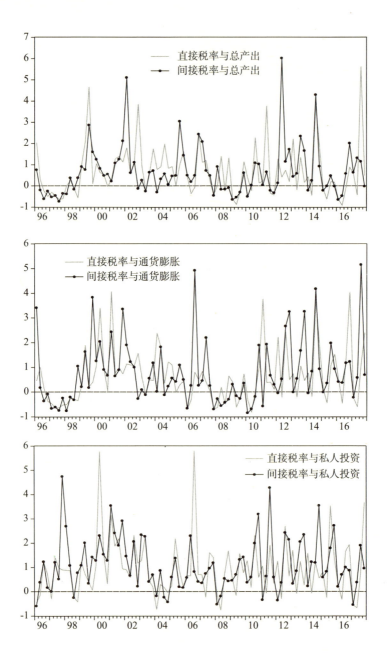

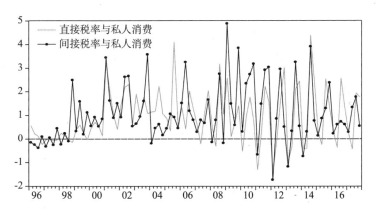

图9-7　中国直接税率和间接税率与主要宏观经济变量的同步性

　　进一步分析税收政策调整与宏观经济指标之间同步指数的统计特征，见表9-1。从均值来看，直接税率与总产出、通货膨胀、私人投资和私人消费在样本期内同步指数均值分别为0.7083、0.6438、0.9759和0.9586，间接税率与以上宏观经济指标的均值分别为0.6891、0.7611、1.1376和1.1112。从标准差来看，直接税率与总产出、通货膨胀、私人投资和私人消费在样本期内同步指数标准差分别为1.2369、1.1264、1.2030和1.1622，间接税率与以上宏观经济指标的标准差分别为1.1980、1.2876、1.0884和1.2492。以上统计特征表明，中国税收政策调整与私人投资和私人消费之间的同步性相对高于其与总产出和通货膨胀，同步指数的波动程度大体一致。直接税率和间接税率与总产出的同步性接近，间接税率与私人投资和私人消费的同步性明显高于直接税率，而间接税率与私人投资之间表现出相对最高的同步性。

　　根据样本期内中国经济波动特征，具体可划分为1997-2002年的经济收缩阶段、2003-2008年的经济扩张阶段和2009-2015

年的经济收缩阶段三个子样本时期。以 1997 年金融危机为起点，一直到 2002 年中国经济经历了 6 年的下行周期，每年的经济增长率都在 10% 以下，1998 年的经济增长率只有 7.3%。自 2003 年起，中国经济开始复苏增长，重新步入上升通道，每年的经济增长率均维持在 10% 的较高水平，并一直持续到 2007 年。2008 年开始，由于受全球金融危机的影响，中国经济增长出现了短暂衰退，增速下滑到了 10% 以下，随即 2010 年出现了一个短暂复苏，2011 年经济重新回到 10%，但自 2012 年之后，中国经济增长开始进入新常态，经济增速持续放缓，并进入下行周期，经济结构调整成为主要任务，增速一直运行在 10% 以下。

表 9 - 1   不同时段内税收政策实践与宏观经济同步指数的统计特征

税收政策工具	指标	1997Q1 - 2017Q4		1997Q1 - 2002Q4		2003Q1 - 2008Q4		2009Q1 - 2017Q4	
		均值	标准差	均值	标准差	均值	标准差	均值	标准差
直接税率	总产出	0.7083	1.2369	0.7963	1.3206	0.7587	0.7927	0.6161	1.4329
	通货膨胀	0.6438	1.1264	0.6650	1.2091	0.4012	0.7523	0.7915	1.2701
	私人投资	0.9759	1.2030	1.1849	1.2921	0.8436	1.3245	0.9248	1.0664
	私人消费	0.9586	1.1622	0.6803	0.9072	1.2570	0.9952	0.9452	1.3774
间接税率	总产出	0.6891	1.1980	0.7774	1.2676	0.5956	0.8690	0.6927	1.3565
	通货膨胀	0.7611	1.2876	0.8039	1.2640	0.4822	1.1882	0.9182	1.3689
	私人投资	1.1376	1.0884	1.5458	1.1656	0.6503	0.7970	1.1903	1.1040
	私人消费	1.1112	1.2492	0.9401	1.0251	1.0031	0.9906	1.2975	1.5172

表 9 - 1 给出各阶段统计特征结果。就总产出而言，直接税

率的同步性总体上表现为同步程度逐步下降，波动幅度具有阶段性差异，直接税率与总产出的同步性在扩张阶段的波动比在收缩阶段相对稳定，2003－2008 年期间的标准差 0.7927 大大低于其余两个时段的标准差 1.3206、1.4329。间接税率的同步性呈现一定的阶段性差异，在经济扩张阶段的同步性低于在经济收缩阶段的同步性。2003－2008 年期间均值和标准差分别为 0.5956 和 0.8690，明显低于其余两个时段的均值 0.7774、0.6927 和标准差 1.2676、1.3565。对通货膨胀而言，直接税率和间接税率的同步性均表现出阶段性特征。在 2003－2008 年期间同步指数均值均低于其余两个时段的相应数值，而标准差均高于其余两个时段的相应数值，说明经济收缩阶段税率与通货膨胀的同步性高于经济扩张阶段的同步性。对私人投资而言，直接税率的同步性在经济收缩期低于间接税率的同步性，而在经济扩张期高于间接税率的同步性。在不同时段内都要高于间接税率，并且两者与私人投资的同步性均表现为收缩期期高于扩张期，这说明税率在经济周期处于收缩阶段时相对于扩张阶段，对私人投资的影响更大。就私人消费而言，直接税率呈现一定的阶段性差异，1997－2002 年同步指数均值为 0.6803，2003－2008 年和 2009－2017 年期间均值分别为 1.2570 和 0.9452，说明直接税率在经济扩张阶段相对于收缩阶段对私人消费的影响更大。间接税率与私人消费的同步指数具有稳步增长趋势，这意味着随着中国经济发展，中国税收政策对私人消费的影响日益明显。

2. 财政支出工具的实践效应

为体现财政支出主动对经济进行逆周期调整的特点，这里考虑中国政府消费性支出和政府投资性支出与滞后一期（季度）

的总产出、通货膨胀、私人投资和私人消费的同步指数。从图
9-8看出,首先,在中国经济波动幅度较大时期,尤其是在经
济下行阶段,财政支出表现出更强的异步性特征。以总产出为
例,2008 年国际金融危机爆发后,中国经济经历了一次强势的
V 型反弹,期间财政支出与总产出的同步指数为负,相比于其
他时间点,这一次同步指数的绝对值明显更大。在产出缺口出
现负向偏离其稳态水平时,刺激性财政支出政策表现为正向偏
离其稳态值。刺激力度越大,财政支出正向偏离稳态的幅度越
大,同步化指数的负向取值也相应越大。这表明中国财政政策
主动发挥了逆周期调节经济的作用。其次,政府投资性支出和
消费性支出与各宏观经济变量的同步性体现出一定的差异性。
进一步分析同步指数的统计特征可以更清楚看到一些差异。从
均值看,政府投资性支出与总产出、通货膨胀、私人投资和私
人消费在样本期同步指数均值分别为 0.7332、0.5549、0.8522、
0.7883,政府消费性支出与以上宏观经济指标的均值分别为
0.7155、0.5287、0.9375、0.8569。从标准差看,政府投资性支
出与总产出、通货膨胀、私人投资和私人消费在样本期同步指
数均值分别为 1.3525、0.9916、0.9336、1.0372,政府消费性
支出与以上宏观经济指标的标准差分别为 1.3573、1.0393、
1.1419、1.2576。以上统计特征表明,中国政府投资性支出与
私人消费和私人投资的同步性明显低于政府消费性支出,政府
投资性支出与宏观经济变量之间同步性的波动程度略低于政府
消费性支出。

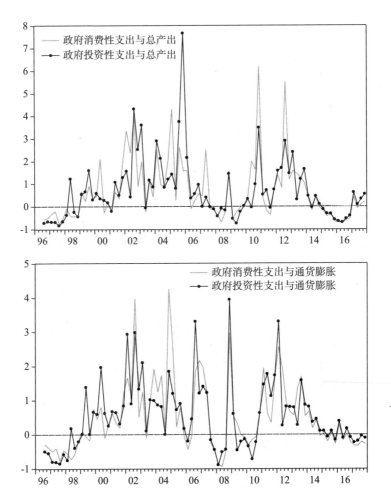

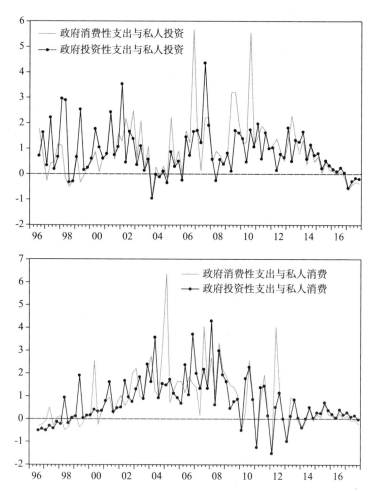

图9-8 中国政府投资性支出和消费性支出与主要宏观经济变量的同步性

进一步将样本划分为1997-2002年的经济收缩阶段、2003-2008年的经济扩张阶段和2009-2017年的经济收缩阶段三个子样本时期考察财政支出与主要宏观经济变量之间同步性的阶段性特点。表9-2给出各阶段统计特征的描述。就总产出而言，政府投资性支出在经济扩张阶段与总产出的同步指数 1.3037 大大高于经济收缩期的 0.5476 和 0.4766，具有同样阶段性特征的政府消费性支出在扩张阶段与总产出的同步指数 0.9949 也大大高于经济收缩期的 0.6174 和 0.5947，表明在经济扩张期内政府投资性支出规模和政府消费性支出规模与总产出的关联性更强。对通货膨胀而言，表现出与总产出同样的阶段性特征，说明在经济扩张期中国物价水平与政府财政支出的关联性高于经济收缩期。对私人投资而言，政府投资性支出的阶段性同步特征是经济扩张期低于经济收缩期，2003－2008 年的均值为 0.6858，低于 1997－2002 年和 2009－2017 年的 1.1788 和 0.7454，政府消费性支出与私人投资的同步性是不断增强的，1997－2002 年的均值为 0.7302，2003－2008 年为 1.0041，低于和 2009－2017 年为 1.0313，说明私人投资与政府财政支出的关联性越来越明显。对私人消费而言，政府投资性支出和消费性支出在经济扩张期的同步性大大高于经济收缩期的值，在 2003－2008 年期间，政府投资性支出和消费性支出的同步性均值分别为 1.8215 和 1.9473，显著高于 1997－2002 年和 2009－2017 年的均值 0.4019、0.3571 和 0.3858、0.4440，说明经济扩张期私人消费的增加更快。

表 9－2　不同时段财政支出与宏观经济同步指数的统计特征

税收政策工具	指标	1997Q1－2017Q4		1997Q1－2002Q4		2003Q1－2008Q4		2009Q1－2017Q4	
		均值	标准差	均值	标准差	均值	标准差	均值	标准差
政府投资性支出	总产出	0.7332	1.3525	0.5476	1.1664	1.3037	1.7837	0.4766	1.0192
	通货膨胀	0.5549	0.9916	0.4902	1.0637	0.8140	1.1627	0.4254	0.7959
	私人投资	0.8522	0.9336	1.1788	1.0816	0.6858	1.0627	0.7454	0.6724

税收政策工具	指标	1997Q1－2017Q4		1997Q1－2002Q4		2003Q1－2008Q4		2009Q1－2017Q4	
		均值	标准差	均值	标准差	均值	标准差	均值	标准差
	私人消费	0.7883	1.0372	0.4019	0.6493	1.8215	0.9838	0.3571	0.7825
政府消费性支出	总产出	0.7155	1.3573	0.6174	1.2650	0.9949	1.2320	0.5947	1.4983
	通货膨胀	0.5287	1.0393	0.3119	1.0141	0.8966	1.3448	0.4280	0.7494
	私人投资	0.9375	1.1419	0.7302	0.8558	1.0041	1.3105	1.0313	1.2004
	私人消费	0.8569	1.2576	0.3858	0.7299	1.9473	1.3123	0.4440	1.0613

中国政府自 1998 年以来一直在实行积极扩张的财政政策。面对 1998 年亚洲金融危机导致的中国经济下滑，中央加大宏观调控力度，在 1998 年增发了 1000 亿元中长期建设性国债，在 1999 年经济形势继续严峻，当年分两次增发国债 1100 亿元，2000 年经济形势出现好转，但为了保证在建项目的资金需要，继续增发 1500 亿元建设性国债。2002 年，为了应对美国 9·11 恐怖袭击事件对中国经济造成的不利影响，政府再一次启动了扩张的财政政策，1998－2004 年间，中国七年累计发行长期建设国债 9000 亿元，主要用于基础设施建设，每年拉动 GDP 增长 1.5 到 2 个百分点。据财政部测算，1 元的国债投资可以拉动 10 元的社会投资。这一扩张措施成功地拉动了中国经济增长，使产出缺口从 −0.15 上升到 2% 左右。但在有些时期内，如 1997 年一季度、2001 年一、二季度、2002 年一季度、2003 年三季度等，相机抉择财政政策显示出顺周期的特性，通过分析发现，这些时期大部分属于经济向好期，即产出缺口增加。为此，可以推断中国相机抉择财政政策在经济周期的扩张期间具有顺周

期性质，但在大部分时间内表现出明显的反周期特点。

（四）财政政策效应评价原则

对某项财政政策效应的优与劣作出客观评价的基本宗旨是进行成本效益比较。政府为推行某项政策所付出的研究费用、执行费用和补偿费用构成了该项政策的"成本"，而某项政策实施所产生的积极作用则可视为该项政策的"效益"。这样，对政策有效性评价可以通过政策成本与政策效益的对比分析来进行，即当政策效益大于政策成本时，政策的有效性程度高，反之，则低。政策效益实际上也是政策目标值的实现。一般来说，政策目标值是根据客观经济运行需要选定的，实现政策目标值，财政政策就会产生积极的作用。政策研究费用与执行费用可以用货币单位直接计算，困难就在于，对某项政策实施所产生的消极影响难以完全用货币计量，实施某项政策而需给受损者的必要补偿费用或由此带来的经济效率损失难以准确度量。比如，政府为平衡预算，实施一项增加税收政策。当个人所得税增加时，减少了个人收入，可能使一部分人的劳动生产积极性受影响；当企业所得税增加时，减少了企业的税后利润，也可能降低部分企业的投资热情。对于一个社会来说，这种损失究竟有多大是难以准确估算的。因此，政策效应评价的关键是在政策效益既定的前提下，确定政策成本最低者为优。

二、货币政策传导机制及效应

（一）货币政策传导机制

货币政策是中央银行运用货币政策工具，调节货币供求和控制信贷规模以实现宏观经济调控目标的方针和策略的总称。货币政策工具是中央银行为实施货币政策所采取的各项措施、手段和方法，以实现其对货币量和信用量的调控作用。货币政策的常规工具有存款准备金率、利率、再贴现率、公开市场业务、中央银行再贷款等。

货币政策传导主要通过利率渠道、相对价格渠道（包括托宾 q 渠道、财富渠道）以及汇率渠道。

1. 货币政策的利率传导机制

IS－LM 模型通过利率将货币市场和商品市场联系起来，并说明利率对产出的影响主要是通过投资进行的。

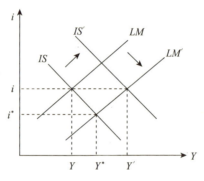

图 9－9　IS－LM 模型

当中央银行实施扩张性的货币政策时，增加货币供应量，所采取的操作工具包括降低存款准备金率、降低再贴现率以及公开市场业务操作，使得市场利率下降；货币市场上利率的下降会传导到商品市场，利率下降会引起投资需求的增加，因此 IS 向右上方移动，增加了产出。因此基于 IS－LM 的利率传导机制可以概括为：

$$M\uparrow \rightarrow i\downarrow \rightarrow I\uparrow \rightarrow Y\uparrow$$

利率也会通过消费影响产出，尤其是在消费信贷比较发达的国家，房产和耐用消费品的消费会受到利率影响，进而影响产出见图 9 - 9。

在实践中，货币政策的利率传导渠道并非如模型中所述那么简单。由于利率体系的多层次以及金融部门和实体经济间的复杂关系，从货币政策工具传导到真实经济变量中间往往经历多重环节，具有很强的不确定性。一般来说，一国利率可按照主体分为中央银行利率、商业银行利率及金融市场利率。从货币政策到实际产出的传导要经历操作目标、中介目标及最终目标的实现，利率对产出的作用效果与利率对需求的敏感程度密切相关。结合各国的货币政策实践，利率传导的作用机制可以概括为图 9 - 10：

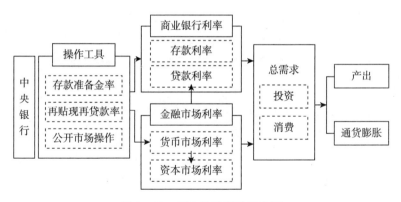

图 9 - 10　利率传导渠道示意图

一般而言，央行对政策利率进行调控时，商业银行会自动跟随改变存贷款利率，进而影响企业的投资成本和居民的消费信贷行为。金融市场的供求机制会自发形成市场化的利率，通过短期利率向长期利率的传导，货币市场的利率会影响股票市场的价格，进而通过家庭财富效应和企业的资产替代选择影响居民和企业的行为，从而作用于消费和投资，最终影响产出和通货膨胀水平。

对利率传导机制而言，利率作为金融市场最重要的价格，具有"牵一发而动全身"的作用，在市场化的体制中经济变量对利率变动反应迅速且敏感，因此利率传导覆盖范围广，既会影响货币市场、资本市场以及商品市场，也会与汇率内外联动。但是利率传导若要发挥有效的作用，需满足以下条件：①利率可以根据市场供求变动，即利率市场化；②金融市场信息完全且体制完善，贷款和债券完全替代；③宏观经济变量（如投资）对利率的反应敏感，弹性较大。

2. 货币政策的信贷传导机制

伯克南和布林德（Bernanke & Blinder，1988，1989）在基于市场不完全和信息不对称的假设下将银行信贷引入了 IS – LM 模型。他们认为金融市场存在信息不对称，银行贷款与其他金融资产间不具有完全的可替代性，通过银行信贷的间接融资是不可或缺的资金来源，因而他们将传统的 IS – LM 模型扩展为 CC – LM 模型，模型中涉及三个市场（商品市场、货币市场和信贷市场）、两个利率（债券利率和贷款利率）。

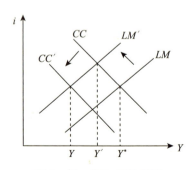

图 9 – 11   CC – LM 模型

图 9 - 11 中，CC 曲线代表信贷曲线，LM 代表货币曲线。当中央银行实行紧缩性的货币政策时，LM 向左上方移动，因而利率上升，产出减少；由于货币供给减少导致银行贷款的减少，因而 CC 曲线向左下方移动，导致产出的进一步下降。在这一过程中，货币政策通过银行信贷影响产出，这一种方式被称为货币政策的信贷传导渠道。

伯克南和布林德认为信贷传导渠道分为广义和狭义两种。狭义信贷传导渠道又称为银行信贷渠道，主要是由于银行贷款不能由其他形式完全代替，所以中央银行货币供给的减少会使得商业银行可用的准备金（R）减少，进而存款货币（D）的创造效应减弱，这会减少银行贷款（L）数量，影响投资和总产出。这一传导机制可以表示为：

$$M\downarrow \rightarrow R\downarrow \rightarrow D\downarrow \rightarrow L\downarrow \rightarrow I\downarrow ,C\downarrow \rightarrow Y\downarrow$$

通过图示可以表示为：

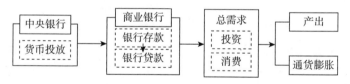

图 9 - 12　狭义信贷传导渠道示意图

广义的信贷传导渠道称为资产负债表渠道，指货币政策操作会对企业的资产负债表产生影响，改变企业的资产净值或现金流状况。因此，资产净值低或者现金流紧张的企业会面临更严重的逆向选择和道德风险，从而降低贷款的可获得性，进而降低投资和产出。另外，从私人消费角度看，对于消费信贷比较普及的国家，货币政策的变化也会影响私人的家庭资产负债表，进而影响消费行为。这一传导机制可以表示为：

图9-13 广义信贷传导渠道示意图

对信贷传导机制而言,银行系统在其中发挥了重要作用,因此信贷传导更常见于间接融资发达的国家,传导环节较利率传导少,货币政策的调控更加直接有效,适用条件如下:①信用市场信息不完全,即信贷行为存在逆向选择和道德风险;②金融市场不完善,贷款和债券不能完全替代;③企业内部融资和外部融资存在差异,即存在"外部融资额外费用"。有学者认为,信贷渠道对货币政策的传导具有不对称性,即对紧缩型货币政策更为有效而对扩张型货币政策效果不明显,另外,商业银行在信贷渠道中占主导地位也会使得商业银行的不当行为制约信贷渠道的传导,增加传导过程的风险。

另外,值得注意的是,不同传导渠道间往往是相互交织在一起的,紧缩性或扩张性的货币政策往往通过短期利率表现出来,因而信贷渠道的传导离不开利率的作用,正如库特纳和莫瑟(2002)[1]所述,信贷传导渠道可以成为"金融加速器",它放大了利率渠道的传导作用。

3. 货币政策的资产价格传导渠道

(1)汇率渠道。汇率渠道的作用过程如下:如果货币供应

---

〔1〕 K. N. Kuttner, and P. Mosser, "The Monetary Transmission Mechanism: Some Answers and Further Questions", *FRBNY Economic Policy*, 2002, Web. 29 September, 2017.

量增加，本国的短期名义利率将下降，在存在价格粘性的情况下，这意味着短期真实利率将下降，从而对本国货币的需求也将下降，本国货币就会贬值。本国货币贬值使得本国产品比外国产品便宜，因而使净出口上升，导致总产量的上升。

（2）权益价格渠道。货币政策通过权益价格传导有两个渠道：托宾 Q 理论和财富效应。①托宾 Q 理论提供了一种有关股票价格和投资支出相互关联的理论。如果 Q 高，那么企业的市场价值要高于资本的重置成本，新厂房设备的资本要低于企业的市场价值。这种情况下，公司可发行较少的股票而买到较多的投资品，投资支出便会增加。如果 Q 低，即公司市场价值低于资本的重置成本，厂商将不会购买新的投资品。如果公司想获得资本，它将购买其他较便宜的企业而获得旧的资本品，这样投资支出将会降低。反映在货币政策上的影响就是：当货币供应量上升，股票价格上升，托宾 Q 值提高，企业投资扩张，从而国民收入也扩张。根据托宾 Q 理论的货币政策传导机制为：货币供应↑→股票价格↑→Q↑→投资支出↑→总产出↑。

以 Q 作为路径中一环的货币政策传导机制正越来越受到重视。资本市场发展已经使货币政策的作用基础发生了重大变化，股票市场已经成为影响货币需求的一个因素。格林斯潘曾指出："在评价货币政策起作用的宏观经济环境时，我们不能再仅仅对商品和服务的流量做粗浅的分析。关于资产价格的行为走势及其对家庭和企业决策的影响还有许多重要的，而且是难度极大的问题，我们别无选择地只能迎接这些问题提出的挑战。"他并且强调，美联储的货币政策将会更多地考虑股票市场的因素。

②财富效应。货币政策通过权益价格传导的另一渠道依赖于财富对消费的影响。在莫迪利安尼的生命周期理论中，消费

支出决定于消费者一生的资源，这些资源由人力资本、真实资本和金融财富构成。金融财富的一个主要组成部分是普通股票。股价上升，金融财富增加，消费者可用资源增加，从而消费上升。扩张性货币政策可以导致股票价格的上升，消费者的金融财富增加，如果其他条件不变，则总财富也增加，消费者可用资源增加，从而消费支出增加，总需求和总产量随之上升。

房地产兼具金融财富和消费品功能。一方面，房地产价格的上升，将导致房地产的 Q 上升，从而刺激其生产。与此同时，房地产是财富的一个极为重要的组成部分，因此房地产价格的上升将使总财富增加，从而提高消费，增加总需求。因此，货币传导也可通过房地产价格渠道来进行。

（二）货币政策传导的实践效应

随着经济金融新形势的变化和改革的日益深化和推进，中国货币政策调控模式正从数量型调控为主向价格型调控为主转型，利率、汇率、资本市场等价格型工具的作用开始显现。图9－14示出中国货币与滞后二期（6 个月）主要宏观经济指标的同步指数[1]，从中发现以下事实：中国货币政策主动发挥了逆周期调节经济的作用。除了汇率，信贷、利率和资本市场与各宏观经济变量的同步性均表现出经济发展不同阶段的特征，说明这些中介变量在货币政策的传导渠道方面都发挥了重要作用。

---

〔1〕 据董刚（2008）利用 1996－2006 年的季度数据得出中国货币政策由利率引起的时滞为 3 个季度，由货币供应量引起的时滞为 2 个季度；肖文伟，杨小娟（2010）的研究认为中国货币供应量变化对产出的作用时滞大约为 8－10 个月；苗杨，李庆华，蒋毅（2015）等学者的研究认为中国 M1 对 GDP 影响的平均滞后长度为 6 个月，这里设定为 2 个季度（6 个月）。

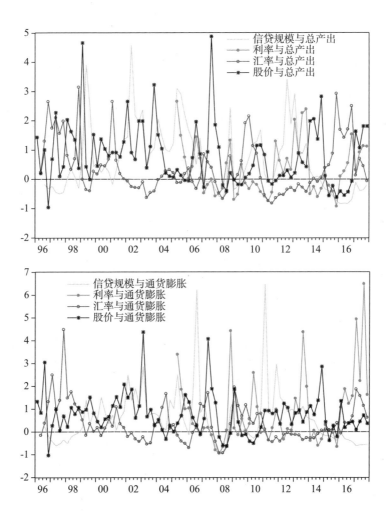

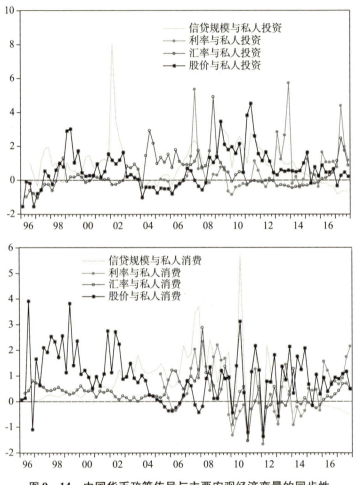

图 9 – 14　中国货币政策传导与主要宏观经济变量的同步性

　　进一步分析同步指数的统计特征，从表 9 – 14 可以看到，信贷规模与总产出、通货膨胀、私人投资和私人消费的同步指数均具有阶段性特征，总产出和私人投资在经济扩张期的同步指数低于经济收缩期，说明信贷在经济收缩阶段的作用超过经济扩张阶段的作用，金融加速器效应呈现出非对称性的特征。
而通货膨胀和私人消费在经济扩张期的同步指数高于经济收缩
期。说明中国的信贷规模表现出顺周期性。就利率传导渠道而
言，从 2005 年 6 月利率市场化改革以后观察，总产出和私人投
资的同步指数得到提高，而通货膨胀和私人消费的同步指数趋
于下降。汇率与各宏观经济指标的同步性均表现为经济扩张期
大大高于经济收缩期，股价汇率与各宏观经济指标的同步性均
表现为经济扩张期大大低于经济收缩期，说明中国的股市不能
作为经济的晴雨表，进一步证实了股市为政策市的说法。

表 9 - 3　不同时段内货币政策实践与宏观经济同步指数的统计特征

税收政策工具	指标	1997Q1 - 2017Q4		1997Q1 - 2002Q4		2003Q1 - 2008Q4		2009Q1 - 2017Q4	
		均值	标准差	均值	标准差	均值	标准差	均值	标准差
信贷规模	总产出	0.6811	1.1713	1.3730	1.6438	0.5846	0.8211	0.9735	1.1439
	通货膨胀	0.3298	0.8831	0.4176	0.2873	1.5430	0.7705	0.3993	1.2803
	私人投资	0.3605	0.8870	1.5084	0.1915	0.7028	0.1672	1.0587	0.1205
	私人消费	0.8169	1.0519	0.3524	0.0920	1.1567	0.5462	0.8398	0.6229
利率	总产出	–	–	–	–	0.4669	1.4499	0.7446	1.3838
	通货膨胀	–	–	–	–	0.7608	0.8489	0.2704	1.0249
	私人投资	–	–	–	–	0.9584	0.6950	1.0642	0.4520
	私人消费	–	–	–	–	0.8049	0.0623	0.6476	0.5335
汇率	总产出	0.9765	1.2559	-0.0057	0.4647	1.3066	0.9961	0.2081	0.6587
	通货膨胀	0.6629	1.3948	0.4020	0.1541	0.6507	0.6357	0.1084	0.5767
	私人投资	0.4609	0.9029	0.2295	0.3326	1.1514	0.2195	0.4334	0.3186
	私人消费	0.7043	1.0576	0.2781	0.1753	0.6432	0.0106	0.3425	0.3311

税收政策工具	指标	1997Q1 - 2017Q4		1997Q1 - 2002Q4		2003Q1 - 2008Q4		2009Q1 - 2017Q4	
		均值	标准差	均值	标准差	均值	标准差	均值	标准差
股价	总产出	0.7313	1.0702	0.8197	0.9160	- 0.1044	0.5798	1.1665	1.0968
	通货膨胀	0.4146	0.9940	1.6793	0.8533	0.3534	0.5767	0.8458	0.9077
	私人投资	0.3472	0.5577	0.8679	0.0680	0.2377	0.4838	1.1316	0.0493
	私人消费	0.9432	0.9501	1.2663	0.5840	0.4650	0.1579	0.8767	0.0437

（三）货币政策效果评价准则

评价货币政策的效应要从作用对象的资金构成、作用杠杆机制、作用的时间界限、作用的空间界限等方面去考察。这样的考察采用的是"个别"分析的方法，侧重于结构层面，如果采用"总体"分析的方法，则最终要考察中央银行的承受力和综合财政赤字。一般说来，中央银行的职责是稳定币值，而币值稳不稳定通常是观察是否存在通货膨胀，因而可以说中央银行的承受力，也就是社会公众对通货膨胀的承受力。

影响社会公众对公开通货膨胀承受力的因素有：①名义收入的增长程度。在通货膨胀的条件下，给予社会公众更多的货币收入，以弥补他们的支出，能够增强他们对公开的通货膨胀的承受力。②利息收入的取得程度。在通货膨胀的条件下，个人或家庭如果选择更多的金融资产生利，则有利于增强承受通货膨胀的能力。③相关的资产价格上涨程度。在消费品价格上涨从而通货膨胀的条件下，其他物品和资源的价格可以呈现为三种状态，即或者同步上涨，或者下跌，或者上涨得更多。这样，影响社会公众对通货膨胀的承受力强弱的重要因素，就取决于社会公众持有的资产结构和资产的行为选择。如果持有的资产的价格趋涨，而行为选择又是出售，则会取得更多的回报，从而增强承受力；如果持有的资产的价格趋跌，而行为选择又是购入，则会增大"看好"的预期，也有增强承受力的可能性。

三、非常规货币政策的传导机制与实施前提

（一）基本概念

2008 年金融危机爆发后，主要经济体采取了一系列非常规货币政策，包括资产负债表政策（通常称为量化宽松）、前瞻性指引政策和负利率政策。根据国际货币基金组织（IMF）对非常规货币政策的描述，一般将非常规货币政策操作工具分为四种：流动性宽松（量化宽松）、信贷宽松、外汇宽松与数量宽松。

2001 年，日本中央银行实施的量化宽松货币政策，非常规货币政策开始逐渐被理论界所关注。白川方明（2002）[1]把该政策描述为前所未有的缓解外部经济冲击的政策尝试，是名义利率在零利率水平时，为了刺激经济复苏而采取的极端货币政策或非常规性手段。非常规货币政策是相对于常规货币政策而言的，非常规货币政策以常规货币政策失效为前提，政策目标主要是恢复金融市场流动性、稳定物价以及恢复经济增长[2]。二者的主要区别就在于对经济干预程度不同，如表 9 - 4 归纳所示，非常规货币政策具有明显的直接干预性。

---

〔1〕　Masaaki Shirakawa, *International Journal of Central Banking*, 2009.

〔2〕　在发达经济体中，常规货币政策失效的主要原因是金融市场暂时紊乱或基准利率无操作空间。

表9-4 常规与非常规货币政策的区别

	前提	干预程度	传导机制	主要操作工具	政策目标
常规	货币非中性、金融市场机制完善或基准利率有空间	间接干预	宣布并维持基准利率→市场机制作用→实现目标	法定存款准备金、贴现窗口、公开市场操作及相应对冲操作	币值稳定 经济增长 充分就业 物价稳定 国际收支平衡
非常规	货币非中性、常规货币政策失效	直接干预	直接操作→流动性与实际收益率→政策目标	调整央行资产负债表规模与结构的一系列操作	稳定金融市场 稳定物价 维持经济增长

（二）非常规货币政策的传导机制

第一，流动性宽松，又称量化宽松（Quantitative Easing，QE）。流动性宽松政策通常应用于利率水平为零水平情况，当金融市场的流动性面临严重整体性紧缺，而常规政策受到零利率下限制约时，货币当局可通过非常规货币政策操作，直接向整个金融市场提供流动性支持，快速稳定金融市场，促进经济恢复增长。

在2008年金融危机期间，欧洲所实施的非常规货币政策主要就是流动性宽松操作，主要包括资产担保购买计划（CBPP）、证券市场计划（SMP）等政策操作[1]。这些政策的传导机制主要是通过直接影响市场流动性来实现的，具体机制如下：

扩大公开市场操作规模 → 直接向整个市场注入流动性 → 增强流动性的可获得性 → 维持金融市场稳定以及刺激经济增长

---

[1] CBPP：Covered Bond Purchase Program，SMP：Stock Market Plan.

金融危机中，当常规货币政策传失效，而金融市场流动性面临严重整体性不足时，金融市场机制就会出现紊乱，正常的融资功能失效。为缓解金融市场流动性整体性不足，维持金融市场稳定以及促进社会投资和消费，从而促进经济的增长。中央银行可以通过扩大交易对手范围与降低交易对象标准等方式直接向市场注入流动性，欧洲的 CBPP 与 SMP 操作就是这种传导机制[1]。

以 2009 年的 CBPP 为例，欧洲中央银行通过公开市场购买广泛合格担保有价证券，种类包括欧洲区主权国家债券、地方政府债券、金融债券以及其他商业有价证券等 400 多种，总规模达到 600 亿欧元。在这种操作下，欧洲央行不对相关操作做对冲操作，其结果就是直接向整个欧洲金融市场提供 600 亿欧元的流动性支持，在得到流动性支持后，金融市场流动性紧缺局面得到缓解，促进了金融市场恢复稳定进程。

第二，信贷宽松，又称直接信贷宽松（Direct Credit Easing, DCE）。货币当局主要通过向特定市场主体提供直接信贷支持，对市场主体进行选择性宽松，以促进金融市场加快恢复正常运行。

信贷宽松一般通过短期招标工具、定期证券借贷以及交易商信贷等工具向特定市场主体直接注入流动性。在 2008 年的金融危机期间，美联储倾向于运用信贷宽松政策，先后推出资产抵押商业票据流动性支持工具（Asset – Backed Commercial Paper Money Market Mutual Fund Liquidity Facility, AMLF）、货币市场投资者融资工具（Money Market Investor Funding Facility, MMIFF）及商业票据融资工具（Commercial Paper Funding Facility, CPFF），

---

〔1〕 在非常规货币政策框架下，实施公开市场操作不做相应对冲措施，这种操作被戏称为"直升机撒钱"措施。

向资产支持证券投资者提供长期定期贷款工具（Term Asset -
Backed Securities Loan Facility，TALF）。这种流动性注入方式的
主要传导机制如下：

相关政策操作 →　直接向特定主　增强流动性的　维持金融市场稳定
　　　　　　　　体注入流动性 →　可获得性 →　以及刺激经济增长

在 2008 年金融危机期间，许多金融机构尤其是商业银行面
临流动性紧缺，资金成本上升，融资功能急剧减弱，直接向商
业银行提供流动性支持，可以缓解商业银行的流动性缺乏，保
证商业银行正常融资功能的进行；从企业来看，提高流动性的
可得性可以保证企业正常运转；家庭更容易融资继而增加消费。

第三，外汇宽松。外汇宽松主要是指货币当局通过相关政
策操作直接获得外部流动性，并将其直接使用于经济干预中。
受外部危机冲击，外汇市场也会出现剧烈波动，当常规货币政
策又失效的情况下，货币当局需要政策操作以获得外部流动性
支持，用以稳定外汇市场。中央银行可以通过签订货币互换协
议等措施来得到外部流动性支持，通过外汇宽松货币，当局不
但可以更好地维持外汇市场稳定，而且可以促进进出口企业的
流动性的可得性，从而刺激进出口增长[1]。

当经济受外部冲击影响，国际收支会出现剧烈波动。如果
在此时，货币当局缺乏足够的外部流动性，就可以通过外汇宽
松来获得外部流动性，以维持国际收支稳定。货币互换协议是
这种政策操作的主要操作工具，其直接结果就是扩大中央银行

---

[1] 货币互换协议：中央银行间签订一个协议，约定在某个时间内，以某种
汇率可以换取相应数量的货币。旨在向两个经济体的金融体系提供短期外部流动性
支持，推动双边贸易发展与应对汇率发生的激烈波动。金融危机爆发后，欧洲央行、
美联储、英格兰银行、日本央行等主要发达经济体央行频繁签订货币互换协议。

资产负债表规模。在 2008 年金融危机期间，不但发达经济体多次采用此操作，转型经济体也广泛实施此措施以应对危机冲击。其传导机制如下：

相关政策操作 ⟶ 获得外部
流动性 ⟶ 维持外汇市场稳定
以及刺激经济增长

通过货币互换协议，协议货币当局各自得到了对方的外币流动性，当该部分流动性被用于维持外汇市场中后，外汇市场的波动率下降；当该部分流动性被用于为进出口企业提供外部流动性时，将促进进出口贸易，进而刺激总需求。

第四，数量宽松，又称间接信贷宽松（Indirect Credit Easing，ICE）。当名义利率受到限制，常规货币政策失效时，中央银行可以通过对不同资产的购买，例如对国债、机构债券、抵押贷款支持证券等资产的购买，打破资产组合原本的平衡结构，引起资产组合之间进行重新调整，导致特定资产价格变化，继而影响资产实际收益率，以刺激消费和投资水平。

现实实践中，当中央银行购买中长期国债、资产抵押债券等有价证券时，一方面减少了标的资产供应量，另一方面增加了对该资产的需求，结果就是特定资产价格被抬高，资产收益率下降，从而刺激投资与促进经济增长。数量宽松的客观结果是引起中央银行资产负债表结构发生变化，从这种意义上讲，数量宽松措施可以在非零利率的情况下实施。2001 年至 2006 年，日本中央银行实施的非常规货币政策主要就是数量宽松。其传导机制如下：

相关政策操作 ⟶ 打破资产组合
原有平衡结构 ⟶ 影响实际
收益率 ⟶ 刺激投资进而
促进经济增长

日本央行把基准利率降低至零水平附近，政策中介目标由隔夜利率转变为超额准备金存款余额;在公开市场操作中,扩大政府债券的买入规模,降低国债收益率,进而降低信贷成本[1]。此外,美联储的扭转操作(Operation Twist,OT)也是典型的数量宽松工具,美联储通过买卖特定资产,影响金融市场长期与短期利率,改变长短期国债收益率利差水平,以达到改变短期实际收益率的目的。

可见,非常规货币政策传导机制主要分为增强流动性的可得性类与影响实际收益率两类,其中流动性宽松、信贷宽松与外汇宽松类工具通过直接干预市场流动性来实现政策目标;数量宽松类工具通过直接干预市场资产实际收益率来实现政策目标。

(三)非常规货币政策实践及效果

虽然一些文献认为非常规货币政策早在大萧条时期的美国就已被实践过,甚至认为1933年至1942年间的货币扩张是终结大萧条的最重要原因。当时为刺激经济增长,罗斯福政府将名义利率降至零利率水平,并大量购买黄金来抬升黄金价格、促使美元贬值,这种做法既触及了"零利率下限",又扩大了美联储的资产负债表,完全符合非常规货币政策的基本含义。但在信用货币体系下,形成常规货币政策"共识"之后,非常规货币政策真正被大范围使用,还是21世纪的事情。学者们通常将日本2001年开始通过购买长期国债向市场注入流动性并维持极低利率水平的行为视为现代非常规货币政策的起点。20世纪90年代初期起,日本经济进入持续衰退,日本政府采取了大规模的财政和货币政策刺激方案,但收效甚微。在连续受到1997年

---

〔1〕 在非常规货币政策框架下,货币当局实施公共市场操作时,并不做相应对冲措施。

亚洲金融危机和21世纪初美国网络泡沫破灭的冲击后，日本经济更加一蹶不振，且当时日本政府陷入财政赤字恶化和零利率陷阱之中，再无有效的常规救助经济工具。为此，2001年3月，日本开始实施数量宽松等非常规货币政策。日本央行开始大量购买商业银行持有的长期国债，每月购买国债的数量从4000亿日元逐步提高到1.2万亿日元，截至2005年末持有的长期国债达到63万亿元。同时，将货币政策操作目标从无担保拆借利率改为商业银行准备金账户余额，并承诺在通货紧缩改善之前，保持银行间隔夜拆借利率在零利率水平。经过五年多的实施，非常规货币政策取得了一定的成效，短期和长期市场利率均有所下行，融资成本降低，金融体系也恢复稳定。2008年国际金融危机爆发后，非常规货币政策第一次在全球范围内登上历史舞台。美国、欧洲和日本等世界主要经济体在常规货币政策失效的困境下，纷纷祭出非常规货币政策这一拯救本国经济的"杀手锏"。表9-5总结了一些世界主要各国非常规货币政策操作实践。

表9-5 非常规货币政策工具的操作实践

		主要特征	适用条件	主要操作工具及实践
增强流动性的可获得性传导机制	流动性宽松	直接向整个金融市场提供流动性支持	金融市场失灵或零利率水平	1. CBPP，2009年7月至2010年6月，欧洲央行购买合格担保债券600亿欧元，债券种类达400多种；2011年11月，CBPP2购买400亿欧元； 2. SMP，2010年5月至2012年1月，欧洲央行买入主权债受困政府债券，规模约0.22亿欧元； 3. 货币互换，危机期间欧洲央行与美联储、日本和瑞士央行等签订互换协议，提供美元流动性。

续表

		主要特征	适用条件	主要操作工具及实践
增强流动性的可获得性传导机制	信贷宽松	向特定借款人提供直接或间接信贷支持	金融市场失灵	1. AMLF，2008 年 9 月至 2010 年 2 月，储蓄机构和商业银行以再贴现率从美联储融资，所获资金用于购买资产支持商业票据； 2. CPFF，2008 年 10 月至 2010 年 2 月，美联储通过一级交易商购评级较高资产抵押商业票据和无抵押商业票据，为特定公司（SPV）提供贷款； 3. MMIFF，2008 年 10 月至 2009 年 10 月，美联储设立特殊基金，向特殊目的机构（SPV）注资，有针对性地为货币市场注入流动性； 4. TALF，2008 年 11 月，美联储提供抵押贷款给 ABS 发行者，向 ABS 的发行者提供融资。
	外汇宽松	通过各种操作取得外币流动性支持	外汇市场失灵；外汇储备不足	主要经济体相互间频繁签署货币互换协议。
影响实际收益率传导机制	数量宽松	买卖特定资产以使特定资产价格变化，影响资产实际收益率	金融市场失灵	1. 2001 年至 2006 年，日本数量宽松货币政策； 2. 欧洲央行通过买入商业票据、资产支持债券等特定资产以降低信贷市场的利差； 3. OT，2011 年 9 月，美联储购入期限为 6－30 国债，并出售等值短期国债，影响长短期利差水平。

注：相关数据资料来源于相应经济体央行数据统计。

1. 美联储的非常规货币政策及其效果。美联储是非常规货币政策的坚定支持者和实施者。2007 年 7 月次贷危机爆发后，美联储在降低联邦基金利率的同时，出台了一系列紧急融资支持，以稳定金融体系。这一阶段，美联储的资产负债表规模保持基本不变，但结构发生变化，资产质量有所下沉。其使用的工具包括定向拍卖工具、短期证券借贷工具等。收窄了国债收益率与高风险资产之间的息差，一定程度缓解了金融市场的紧张状况。2008 年 9 月雷曼兄弟破产引发全面金融危机，美联储自当年 11 月 25 日起，先后实施了三轮量化宽松（QE）政策。2008 年 11 月至 2010 年 4 月，美联储以危机救助为主要目标，实施了第一轮量化宽松。2010 年 11 月至 2011 年 6 月，美联储以刺激中长期经济增长为主要目标，实施了第二轮量化宽松。2012 年 9 月开始的第三轮量化宽松，目标直指按揭市场。经过量化宽松操作，美联储的资产负债表从危机前的 9000 亿美元急剧膨胀至 4.48 万亿美元。同时，美联储加强与公众的政策沟通，引导公众对未来利率和通胀的预期。2008 年底，美联储开始实施前瞻性指引，在会议纪要和声明中宣称未来将维持超低利率，并从 2012 年 12 月起开始写入其维持低利率不变的条件。

美联储的非常规货币政策规模巨大、行动迅速且直接参与金融市场，并与政府的产业政策、贸易政策相呼应，对稳定美国金融体系、推动美国经济企稳复苏起到了重要作用。一是国债利率明显下行，从 2008 年 12 月的 10.88% 一路降低到 2012 年 12 月的 3.17%，2014 年 5 月降至最低点 2.03%，大大降低了企业和消费者的投资和消费成本，有效刺激了需求。二是提振股市市值上涨，纳斯达克综合指数从 2008 年 12 月的 1525.89 点一路上升到 2012 年 12 月的 3003.79 点，此后，一直保持稳步上升，到 2017 年 12 月达到 6889.74 点。房地产市场也显著回升，威尔希尔美国房地产投资信托市场总指数从 2009 年 3 月的低谷 1934.75 点一路快速上升，2012 年 12 月达到 6245.52 点，2017 年 12 月达到 9907.03。三是促进美国经济在主要发达经济体中率先复苏，工业总产值在 2008 年 12 月为 3358.76 万亿美元，到 2012 年 12 月达到 3524.14 万亿美元，2017 年 12 月达到 3725.47 万亿美元。四是失业率显著下降，从危机后期 2009 年 10 月的 10% 下降到 2012 年 12 月的 7.8%，2016 年之后维持在 5% 以下的水平，基本恢复到充分就业状态。五是物价指数也在逐步向美联储 2% 的目标值靠近，见图 9-15。

2. 欧央行的非常规货币政策及其效果。国际金融危机爆发后，欧央行的货币政策操作大体可分为两个阶段。第一阶段，2008 年 10 月至 2014 年 6 月，由于常规货币政策操作仍有一定空间，欧央行只是在常规货币政策框架内实施宽松政策。一方面，连续下调基准利率，主要再融资利率（欧央行的政策利率）由 4.25% 下调至 0.25%，存款便利和贷款便利利率也分别由 3.25%、5.25% 下调至 0% 和 0.75%，达到了"零利率下限"。另一方面，通过扩大主要再融资和长期再融资操作的规模和频率、资产担保债券购买计划（CBPP）、证券市场计划（SMP）、直接货币交易（OMT）和货币互换操作等方式，支持银行体系流动性，但总体上没有大规模实施量化宽松政策。

第二阶段，自 2014 年 6 月起至今，受严峻经济形势影响，欧央行启动更加激进的宽松货币政策。2014 年 6 月，欧央行将主要再融资利率降至 0.15%，并对存款便利实施 -0.1% 的负利率，成为首个实施负利率政策的主要经济体央行。同时，结束 SMP 冲销、准备实施欧洲版的量化宽松、引入 4000 亿欧元的长期再融资操作等。2014 年 9 月，再次下调基准利率及存贷款便利利率，负利率政策进一步深化，并于当年 11 月启动资产支持

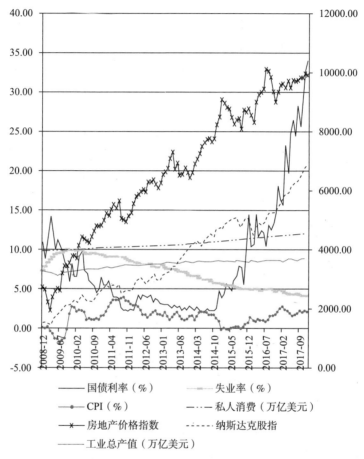

图 9 – 15　美联储非常规货币政策作用

证券（ABS）计划。2015 年 1 月，正式推出量化宽松政策措施，自当年 3 月起每月购买 600 亿欧元的政府债券。2016 年 6 月，推出购买企业债券计划，央行购债量达到美元 800 亿欧元。

欧央行的非常规货币政策主要通过市场机制进行操作，重点仍在银行体系本身，且反应速度和宽松规模明显不及美联储，特别是欧洲主权债务危机后未能及时为金融体系和实体经济补充足够流动性。这使得欧央行的非常规货币政策虽对欧元区经济起到一定的提振作用，但效果相对较弱。一是欧元区经济缓慢回升，但内生增长动能仍不足。二是银行信贷有所扩张，但银行业普遍面临盈利能力不足、不良贷款攀升等问题。三是通胀逐步止跌回升，但仍未达到2%的通胀目标。四是资产价格稳定回升，但对家庭消费的刺激效果仍不显著，见图9-16。

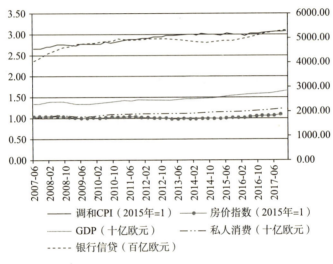

图9-16 欧洲央行非常规货币政策作用

3. 日本银行的非常规货币政策及其效果。日本银行是21世纪最早实施非常规货币政策的主要经济体央行。国际金融危机以来，日本又实施了两轮非常规货币政策。第一轮是2010年10月至2012年12月，日本启动新一轮资产购买计划，共向市场注入总计101万亿日元的流动性。第二轮是2013年4月至今，日本银行为配合安倍晋三的经济政策先后数次推出非常规货币政策。此轮货币政策刺激的规模明显大于第一轮，主要内容包括：一是引入新的通胀目标，将目标值由1%调升为2%。二是实施

"量化和质化宽松"政策，引入基础货币控制目标，增加政府债券购买量并放宽期限，扩大交易所基金和房地产信托基金购买量。三是承诺在实现通胀目标前"无限期"执行量化宽松操作。四是实施负利率政策，2016 年 2 月日本银行宣布对部分超额准备金实行 - 0.1% 的负利率。

　　日本非常规货币政策持续时间长，前期政策力度相对较小，且主要偏重于基础货币供给数量扩张。这些政策对利率、股价、贸易产生了一定积极影响，但由于受人口老龄化等固有因素影响，对投资、消费和通胀等并未起到实质性的刺激效果。目前，日本的经济增长和投资增速均保持低位，通胀水平也与日本银行的目标值有相当大的差距，新增贷款利率虽明显下降，但贷款需求仍有所不足，见图 9 - 17。

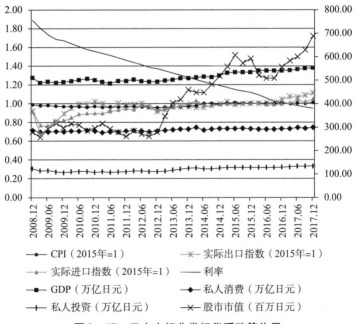

图 9 - 17　日本央行非常规货币政策作用

（四）非常规货币政策实施的前提条件

非常规货币政策是在特殊时期实施的非常措施，这种特殊经济条件就是常规货币政策传导机制受到阻碍，常规货币政策无效。只有常规货币政策传导机制受到阻碍时，非常规货币政策与常规货币政策的政策效果才不会相互冲减，使得整个货币政策发挥最大效果[1]。比如，当利率处于零利率水平时，名义利率已经没有操作空间，中央银行没有办法通过实施常规货币政策操作来降低名义利率，进而也无法通过利率政策影响物价、产出等政策最终目标，货币当局不得不放弃常规货币政策，转而实施非常规货币政策。

非常规货币政策是在非常时期实施的特殊政策操作，这就决定了非常规货币政策实施的短期性与不可持续性。长期实施非常规货币政策会带来严重的负面影响：

一方面，长期实施非常规货币政策会显著降低中央银行政策独立性。政府在实施非常规货币政策时，往往从短期利益出发，针对危机时期的特殊经济问题，影响中央银行的政策独立性。非常规货币政策操作带有明显的政府行为，尤其是无对冲操作的公开市场操作，是一种赤字货币化的直接表现；此外，非常规货币政策往往会造成动态不一致的后果，大大降低中央银行独立性。中央银行政策独立性是有效遏制通货膨胀、提高当局信誉和透明度的保证，其政策独立性下降会影响金融系统

---

[1] 常规货币政策传导机制受到阻碍的原因有很多，传导机制上的任何一环出现问题，都将导致传导机制受到阻碍，名义利率对政策目标缺乏弹性，包括零利率限制只是诸多因素之一。

乃至整个经济的稳定[1]。

　　另一方面，长期实施非常规货币政策会加剧中央银行资产负债表风险的暴露。实施非常规货币政策，若货币当局通过扩大交易对手范围以及降低交易对象等方式向市场注入流动性，这种操作将扩大央行资产负债表总规模；若中央银行买卖特定资产，改变金融主体资产配置结构，影响实际收益率，以刺激投资，这种政策操作的客观结果就是引起中央银行资产负债表发生显著变动。以美联储为例，图9－18与图9－19是通过对美联储2003年至2015年总资产规模与其有价证券的数据使用霍德里克－普雷斯科特过滤器（Hodrick－Prescott Filter）进行处理，得到的总资产趋势线（FEDAETT）与有价证券波动线（FEDQC）[2]。

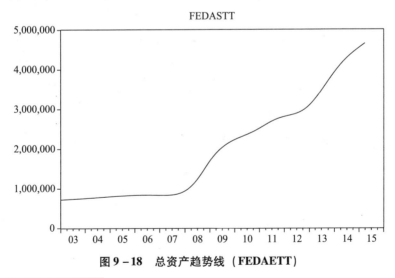

图9－18　总资产趋势线（FEDAETT）

　　〔1〕　陈灿：《中央银行独立性探析——国际比较及对中国的启示》，中共中央党校2006年硕士学位论文。
　　〔2〕　霍德里克－普雷斯科特过滤器，一种可以将一个时间序列分解出趋势性和波动性成分的统计处理方法。数据来源于WIND数据库。

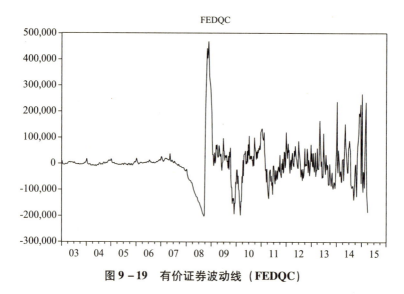

图 9 - 19　有价证券波动线 （FEDQC)

　　图 9 - 18 反映了美联储资产负债表规模的变化情况。从图中我们可以发现，一方面，自 2008 年以后，FEDASTT 线有明显的上升趋势，这说明美国在此期间实施的货币政策的现实结果扩大了美联储资产负债表总规模。图 9 - 19 是美联储总资产中的有价证券总额的波动性图，我们可以看出，在 2008 年以后，FEDQC 线的波动性明显加强，作为资产类的一个主要项目，有价证券的波动性加剧，这反映了美联储资产负债表的结构在此期间发生着明显变化。

　　实施非常规货币政策会大量购买私人部门的证券，政策操作的客观经济结果就是导致中央银行资产负债表的结构与规模发生显著变化，资产负债表质量急剧下降。作为一个经济体金融系统的核心，中央银行资产负债表风险暴露加剧，必然引起整个金融系统的风险上升，进而严重影响金融系统的安全运行。

（五）非常规货币政策实施效果评价原则

评价非常规货币政策的效果也是指相关政策操作能否实现政策的最终目标。非常规货币政策目标与政策效果可以归纳为稳定金融系统、保持物价稳定和促进经济恢复正常增长轨迹[1]。

第一，稳定金融体系。金融市场受外部冲击影响而处于失灵状态时，常规货币政策失效，此时实施非常规货币政策的首要目标就是恢复金融稳定。货币当局通过非常规政策操作向市场提供流动性救助，促进金融市场正常运行，继而才有可能促进经济及就业复苏。

现实实践中，各国的非常规货币政策操作都把稳定金融体系作为首要目标。伯南克（2009）认为美国在金融危机中采取的货币政策措施主要目的就是为了维护金融市场稳定，减缓金融危机对实体经济的冲击，进而促进经济恢复增长[2]。

第二，保持币值稳定。在金融危机的冲击下，消费和投资水平急剧下滑，经济外部环境恶化，导致物价与汇率出现剧烈波动，从而阻碍经济的正常发展[3]。因此，非常规货币政策的另一个政策目标就是维持币值稳定。当经济受到外部危机冲击，出现通货紧缩压力时，货币当局可以实施信贷宽松政策以结构性影响投资与消费，从而达到稳定物价的目的；当经济出现汇率波动剧烈时，货币当局可以通过外汇宽松工具获得外部流动性，进而维持外汇市场稳定。

---

〔1〕　货币政策的政策目标有：充分就业、稳定的经济增长、物价稳定、金融市场稳定和外汇市场稳定。

〔2〕　本·伯南克（Ben Bernanke），原美联储主席。

〔3〕　币值稳定包括两个方面：物价稳定与汇率稳定，一个是内部币值稳定，另一个是外部币值稳定。

第三，促进经济恢复正常增长轨迹。非常规货币政策的实施前提一般是常规货币政策失效，因此促进经济增长并不是非常规货币政策的首要目标之一，其具体目标仅仅是为了恢复经济正常的增长轨迹。

恢复经济正常增长轨迹、币值稳定与稳定金融体系之间具有一定程度的矛盾。当经济恢复增长时，社会投资和消费水平都会随之上升，往往会导致通货膨胀压力与本币升值压力；而为稳定物价实施的紧缩政策操作，会不利于经济恢复正常增长。在实施非常规货币政策时，需要综合考虑各个目标之间的协调性。

思考题

1. 试述财政政策的传导机制与财政政策实施效果的评价方法。

2. 试述货币政策的传导机制与货币政策实施效果的评价方法。

3. 试述非常规货币政策实施的前提条件及非常规货币政策实施效果的评价方法。

第
十
讲　宏观经济基本面研判

　　宏观经济分析的核心就是分析影响总供给和总需求的各个因素及其后果。描述宏观经济基本面的主要指标是产出、价格、就业。制定具有针对性的宏观经济政策需要预知未来宏观经济基本面趋势。为提高宏观经济基本面预测的时效性，观察相应先行性指标的变化是基础前提。

一、预期 GDP 研判

（一）观测 GDP

　　GDP 增速，为季度数据，其正负反映经济处于高涨还是衰退期，与 GDP 高度相关的月度经济指标是工业增加值增速，作为工业增加值的先行性指标是采购经理人指数。

　　采购经理人指数（Purchasing Managers' Index，即 PMI）是一个月度数据，其发布时间超前于其他经济指标，是宏观经济中重要的领先指标之一。它主要是由新订单、从业人员、生产量、原材料库存以及供应商配货时间五个部分组成。依据它们对经济的先行影响程度一般赋予权重分别是：订单30%，生产25%，雇员20%，配送15%，存货10%。综合指数计算如下：

$$PMI = 订单 \times 30\% + 生产 \times 25\% + 雇员 \times 20\%$$
$$+ 配送 \times 15\% + 存货 \times 10\%$$

中国国家统计局于 2005 年 4 月底首次发布以及在之后每月 1 日发布 PMI 数据,具有很强的时效性。

图 10 – 1 显示,PMI 与制造业工业增加值间存在很好的契合度,且 PMI 的峰值领先商业周期 3 – 6 个月。

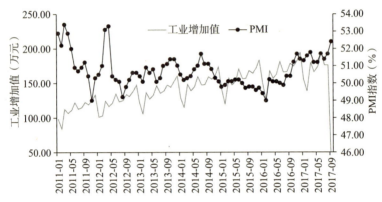

图 10 – 1　中国 PMI 与制造业工业增加值（2011. 01 – 2017. 09）

（二）观察投资增长

1. 关注指标

固定资产投资增速。一方面,固定资产投资形成当年固定资本,是当年 GDP 的重要组成部分;另一方面,固定资产投资在当年对生产资料等构成消费,使此前已形成的相应生产能力得以发挥。比如基础设施投资,拉动水泥、钢材、交通等行业的发展;工矿企业的投资,拉动机械设备的需求;房地产的投资除了拉动建筑材料的需求,更拉动了家居装潢材料、家用电器的需求等。因此,固定资产投资作为当年 GDP 的一个重要组成部分,每增加一定量的投资,就促进 GDP 总量的相应增加,形成投资需求对经济增长的拉动作用，与消费需求、出口需求一起被称为拉动经济增长的"三驾马车"。

2. 先行指标

（1）货币量：M1 反映经济中的现实购买力；M2 不仅反映现实购买力，还反映潜在的购买力。若 M1 增速较快，则消费和终端市场活跃；若 M2 增速较快，则投资和中间市场活跃。M2 过高 M1 过低，则表明市场投资过热，需求不旺，有危机风险。若 M1 过高 M2 过低，则表明需求强劲，投资不足，有涨价风险。

（2）信贷增速：银行信贷增速理论上应该和 M2 增速保持一致。其直观逻辑——银行主要的业务是存款和贷款之间的"腾挪"，两者应该互相影响关联。若这种亦步亦趋被打破，例如月信贷增速飙升，而 M2 增速低缓，两者之间的差距扩大，说明实体经济增长滞后于信贷增长，大量资金被用于金融领域加杠杆，资金的实际效应将减弱。这一现象的出现大多是因为实体经济缺乏投资机会或投资机会被流失。一方面，银行大量放贷拟用以维持相对较高的经济增速水平；而另一方面，由于实体经济投资回报较低，金融资产回报较高，因此拿到信贷的人不愿意把钱投向实体经济，而更倾向于寻找金融投资机会。

（三）观察消费

1. 关注指标

社会消费品零售总额：社会消费品零售总额是指各种经济类型的批发零售贸易业、餐饮业、制造业和其他行业对城乡居民和社会集团的消费品零售额和农民对非农业居民零售额的总和。它反映了一定时期内人民物质文化生活水平的提高情况，反映了社会商品购买力的实现程度，以及零售市场的规模状况。它是由社会商品供给和有支付能力的商品需求的规模所决定的，是研究国民生活水平、社会零售商品购买力、社会生产、货币流通和物价的发展变化趋势的重要资料。通过对产品类别，分地区消费品零售额增速变动的观察，以及对汽车、建材等大宗消费品零售额的观察，了解其结构变化。

2. 先行指标

（1）就业及新增就业人数，这一指标是预测消费总量的基础。就业稳步增长将使消费者收入增加，并提升信心，为经济增长提供支持。

（2）居民收入与财富积累，居民收入是居民从各种来源所取得的现期收入的总和，居民收入水平直接决定消费者购买力水平，收入水平高，则购买力强，反之则弱。消极财富积累者，比积极财富积累者们有着更高的消费倾向。消极财富积累者常常过着入不敷出的生活。他们更注重消费，而且他们常常会忽视财富积累中的关键因素。

（3）消费者预期指数，是指消费者对未来经济生活发生变化的预期，反映了消费者信心。是一个极为有用的宏观经济先行指标，因为如果消费者对未来乐观，他们将更乐意花钱消费，尤其是在耐用消费品上，这将增加总需求，从而刺激经济。

（四）观察出口

1. 关注指标

出口被视为一国外向型经济强有力的支撑。从理论上说，高水平的出口和贸易能导致资源更合理的配置。出口还能推进规模经济的扩展，有利于增进生产能力的使用，加强技术转变的动机。此外，出口的增加在"两个缺口"发展模型结构内可能会减轻外资阻碍，提高劳动力与资本的生产率。由此说来，出口在国民收入核算意义上确实是国民生产总值的一个部分，对经济增长的作用相当大。

2. 先行指标

（1）OECD 领先指数（欧盟 27 国经济景气指数）：OECD 的综合领先指标是按照一定标准将国民经济各领域的指标数据合成后构建而成的，是反映一个国家宏观经济发展周期的领先指标。OECD 的综合领先指标主要有 6 个月领先指标和趋势领先指标两种。其中 OECD 6 个月领先指标是为了提供经济活动扩张与缓慢转折点的提前信号而设计的，对未来经济发展具有预测功能，能够较好地提前预示这些国家的经济发展情况。

（2）PMI 新出口订单：预示出口需求状况。出口订单下滑，预示下半年需求走弱，见图 10 - 2。

另外，出口增长受到国际市场需求的带动，还可以从多个方面预示贸易走势：例如，从贸易方式上来看，加工贸易进出口的下降；从产品上来看，传统的劳动密集型产品，如轻工产品、纺织产品等消费类产品出口，随着国际市场的变化下降；从市场上来看，对经济发展出现了一些困难的国家，如俄罗斯、巴西等的出口大幅下降，这些都会造成外贸增速下降。

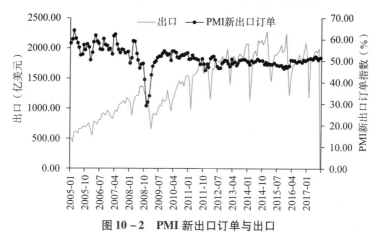

图 10 - 2　PMI 新出口订单与出口

二、预期通货膨胀研判

(一) 流动性指标提前预示通货膨胀

流动性指标包括 M0、M1、M2。

M0：流通中现金

M1：现金 + 企事业单位活期存款

M2：M1 + 居民储蓄存款 + 单位定期存款 + 单位其他存款 + 证券公司客户保证金

在这三个层次中，M0 与消费变动密切相关，是最活跃的货币；M1 反映居民和企业资金松紧变化，是经济周期波动的先行指标，流动性仅次于 M0；M2 流动性偏弱，但反映的是社会总需求的变化和未来通货膨胀的压力状况，通常所说的货币供应量，主要指 M2。图 10 – 3 显示 M2 领先通货膨胀指标 12 个月，当期紧缩/宽松政策会对未来 1 年通货膨胀产生影响。

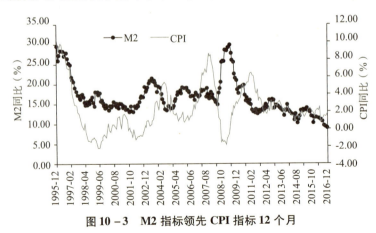

图 10 – 3　M2 指标领先 CPI 指标 12 个月

(二) 判断是否存在输入型通货膨胀

输入型通货膨胀是指由于国外商品或生产要素价格的上涨，

引起国内物价的持续上涨现象（汇率所致）。输入型通货膨胀与开放经济有密切的关系，开放的程度越大，发生的概率越大。当一国的货币与美元之间存在着较为固定的联系时，这种情形才会发生。该途径的传导机制是：当国外出现通货膨胀、价格上涨时，在价格机制的作用下，一方面，由于国外商品的价格上涨，会导致该国对外商品出口的增加，从而增加该国的对外贸易出口需求；另一方面，由于国外商品的价格上涨，又会减少本国居民对国外进口商品的消费，而转为增加对本国商品的消费，由此，一增一减，最终引起整个社会总需求的增加，产生通货膨胀。

（三）汇率与通货膨胀

对于一个高度开放的经济体，汇率的波动也会影响其价格水平。其他条件不变下，本国汇率升值意味着全球可贸易品价格下降，这会压低本国生产者价格；反之，汇率贬值将提高本国的通货膨胀。但考虑许多条件同时都在变化，汇率对通货膨胀的影响方向并不固定。例如，如果美国经济相对其他经济体而言，出现周期性走弱，那么美元汇率会贬值，同时美国 PPI 相对其他经济体也会走弱。这时，美国 PPI 通胀较全球的差别和美元指数之间就会呈现正相关。尽管汇率对 PPI 变化的幅度和方向的影响相对有限，但当一些冲击性因素导致汇率急剧变化时，汇率可能成为最重要的影响因素。

考虑中国 PPI 的预测，选择影响因素有中国和全球工业需求的变化、美元汇率的变化（因为人民币汇率相对而言盯住美元）和大宗商品的冲击，利用 1999 年以来月度同比数据进行回归，得到拟合方程：$PPI = -1.83 + 0.36CIND(-3) + 0.21GIND(-5) - 0.22USD(-2) + 0.17CRB(-2)$。式中，PPI 为中国生产资料价格指数，CIND 为中国规模以上工业增加值，GIND 为

OECD 工业产出，USD 为广义名义美元指数，CRB 为 RJ/CRB 商品价格指数。方程的拟合优度 R^2 为 0.86，各主要变量在统计上都具有较强的解释力。拟合结果与实际值的对比见图 10 - 4。

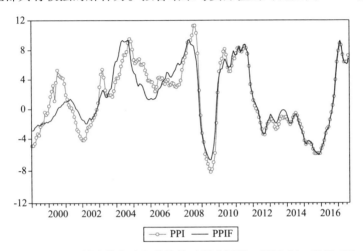

图 10 - 4　PPI 拟合值与实际值比较（样本区间：1999.01 - 2017.08）

三、预期利率的研判

可以用利率期间结构模型对未来利率进行预测。

每一种不同期限的债券都有一个价格，以及一个与之相对应的利率，叫做到期收益，或者简单地叫做收益。观察任何一天的不同期限债券的收益，可以画出收益和期限之间关系的轨迹，这个关系就叫做收益曲线（yield curve），或者利率的期限结构（term structure of interest rate）。图 10 - 5 显示了 1993 年 1 月 1 日和 1998 年 7 月 22 日美国政府债券的期限结构。1993 年 1 月的收益曲线非常陡峭，3 个月期的国库券利率只有 3%，但 30 年期的利率是 7.34%；而 1998 年 7 月的收益曲线非常平坦，3 个月期利率比 1993 年 1 月高 2%，30 年期利率却低 1.5%，从

而使得 3 个月期和 30 年期利率之间的差异小得多。一条陡峭的
收益曲线能告诉我们关于金融市场预期的什么信息？

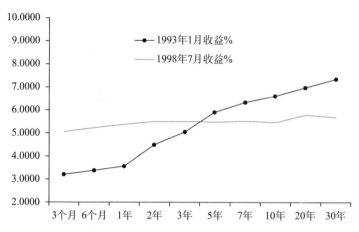

图 10 - 5　美国的收益曲线：1993 年 1 月和 1998 年 7 月

1. 债券价格的决定

不同期限的债券价格之间具有什么关系？

对于 1 年期债券，令当前的 1 年期利率为 i_{1t}，面值为 100 元人
民币的 1 年期债券价格：$¥P_{1t} = \dfrac{¥100}{1 + i_{1t}}$，1 年期债券的价格与当前的
1 年期名义利率反向变化。实际上，由债券市场决定的其实是 1 年
期债券的价格，然后由价格推知 1 年期利率：（$¥100 - ¥P_{1t}/$
$¥P_{1t}$）。

对于 2 年期债券，面值 100 元的 2 年期债券价格

$$¥P_{2t} = \frac{¥100}{(1 + i_{1t})(1 + i^e_{1i+1})}$$

其中，i_{1t}是今年的 1 年期利率，i^e_{1i+1}是金融市场预期的明年
的 1 年期利率。

同样的方法，可以写出 n 年期债券的价格。

套利和债券价格

设想可以在持有 1 年期债券和 2 年期债券中进行选择，1 年后两种债券的回报：

对于 1 年期债券，投入 1 元，第 2 年会得到 $1 + i_{1t}$ 元。对于 2 年期债券，可以在当前买入 $1/\$ P_{2t}$ 份债券，到了第 2 年，债券距到期日仅有 1 年，因此成为一种 1 年期债券，第 2 年预期的出售价格是 $¥ P^e_{1t+1}$，因此，对 2 年期债券每投入 1 元，第 2 年预期会得到 $¥ P^e_{1t+1} / ¥ P_{2t}$ 元，见图 10 – 6。

	第t年		第t+1年
1年期债券	1 元	→	$(1+i_{1t})$ 元
2年期债券	1 元	→	p^e_{1t+1}/p_{2t} 元

图 10 – 6   持有 1 年期债券和 2 年期债券 1 年的收益

在这个假定下，如果经济中 1 年期债券和 2 年期债券的量都是正的，就可以认为两种债券必须提供同样的预期 1 年期收益率：

$$1 + i_{1t} = \frac{¥ P^e_{1t+1}}{¥ P_{2t}}$$

左边表示持有 1 年期债券 1 年 1 元可以获得的收益，右边表示持有 2 年期债券 1 年 1 元可以获得的预期收益。两种选择的预期收益必须等价的关系叫做套利关系。改写上式：

$$P_{2t} = \frac{¥ P^e_{1t+1}}{1 + i_{1t}}$$

套利意味着今天 2 年期债券的价格是明年债券的预期价格的现值，那么，1 年期债券明年的预期价格 $¥ P^e_{1t+1}$ 怎样决定呢？

这个问题并不难，因为 1 年期债券今年的价格依赖于今年

的 1 年期利率，所以 1 年期债券明年的价格依赖于明年的 1 年期

利率，$¥ P_{1t+1}^{e} = \dfrac{¥ 100}{1 + i_{1t+1}^{e}}$，明年的债券预期价格等于最后一次支

付额 100 元，用明年的 1 年期预期利率贴现。以上两式综合：

$$¥ P_{2t} = \frac{\$ 100}{(1 + i_{1t})(1 + i_{1t+1}^{e})}$$

套利和现值之间的关系：不同期限债券之间的套利意味着
债券价格等于这些债券的预期收益的现值。

2. 债券收益的决定

不同期限的债券收益之间的关系

一个 n 年期债券的到期收益（yield to maturity），或者等价
地，n 年期债券的利率，其定义为一个不变的年利率，它使得债
券当前的价格等于其未来收益的现值。以 2 年期债券为例，将
其收益记为 i_{2t}，则 $¥ P_{2t} = \dfrac{¥ 100}{(1 + i_{2t})^{2}}$，将这个收益定义为一个不
变的年利率，它使得 2 年后的 100 元的现值等于债券当前的
价格。

假定债券现在的售价为 90 元，那么 2 年期利率 i_{2t} 通过下面
的等式求得：

$$¥ 90 = \frac{¥ 100}{(1 + i_{2t})^{2}}$$

$$(1 + i_{2t})^{2} = \frac{¥ 100}{¥ 90}$$

$$(1 + i_{2t}) = \sqrt{\frac{¥ 100}{¥ 90}}$$

$i_{2t} = 5.4\%$

2 年期利率和当前 1 年期利率以及预期 1 年期利率的关系：

$$\frac{¥ 100}{(1 + i_{2t})^{2}} = \frac{¥ 100}{(1 + i_{1t})(1 + i_{1t+1}^{e})}$$

即：$(1 + i_{2t})^2 = (1 + i_{1t})(1 + i_{1t+1}^e)$

$$i_{2t} \approx \frac{1}{2}(i_{1t} + i_{1t+1}^e) \qquad (10-1)$$

上式很直观，也很重要，它说明了 2 年期利率近似等于当前 1 年期利率以及明年的预期 1 年期利率的平均值，这个关系可以推广到更长期限的债券利率上。n 年期利率近似等于当前以及未来 n−1 年的预期 1 年期利率的平均值：

$$i_{nt} \approx \frac{1}{n}(i_{1t} + i_{1t+1}^e + \cdots + i_{1t+n-1}^e) \qquad (10-2)$$

这个关系式指出了我们解释收益曲线的关键。一条向上的收益曲线说明金融市场预期的短期利率在将来是上升的，一条向下倾斜的收益曲线告诉我们金融市场预期的短期利率在将来是下降的。回到图 10−5 的 1993 年的收益曲线，可以推断出金融市场对 1 年后（1994 年 1 月）1 年期利率的预期：$i_{1t+1}^e = 2i_{2t} - i_{1t}$，在 1993 年 1 月，$i_{1t}$ 是 3.5%，2 年期利率是 4.4%，因此，1994 年预期 1 年期利率等于（2×4.4%）−3.5% = 5.3%，比 1993 年 1 月的 1 年期利率高 1.8%。收益曲线的斜率揭示了金融市场对未来短期利率的预期。

四、预期汇率研判

由利率平价关系 $i_t \approx i_t^f + \dfrac{E_{t+1}^e - E_t}{E_t}$，本国利率等于国外利率加上本国货币的预期贬值率。将上式变形得到：

$$E_{t+1}^e = E_t(1 + i_t - i_t^f) \qquad (10-3)$$

本国利率提高，预期未来本币贬值。因为本国利率提高，对本币的需求增加导致本币价格提高，当期本币升值。当期本币升值的越多，投资者预期它在未来的贬值就会越大，因为他们预期汇率会在未来恢复到同样的水平。如果是这种情况，投资者不会做出改变，均衡继续保持。因此，利率变化对汇率的影响有三个步骤：例如本币债券的利率提高6%，那么投资者购买本币债券和本币；本币升值，直到下一期的预期贬值为6%；这要求本币当期升值6%。

假定预期未来汇率给定，记为 $\overline{E^e}$，利率平价条件成为：$i = i_t^f + \dfrac{\overline{E^e} - E}{E}$，变形得到：

$$E = \frac{\overline{E^e}}{1 + i - i_t^f} \qquad (10-4)$$

上式意味着给定预期未来汇率和国外利率，国内利率提高导致本币升值，国外利率提高导致本币贬值。这意味着一个国家要想维持一个稳定的汇率只要保持其利率接近国外利率即可。一个国家要想达到一个给定的贬值，只需要将其利率降低一个合适的量。

在现实世界中，利率和汇率之间的关系并不那么简单，即使利率不变，汇率也会经常波动。一定量的利率降低对汇率的影响程度往往难以预测，这就使得货币政策要想达到其预期目标更加困难。要了解其原因，让我们回到利率平价条件：

$$1 + i_t = \left(\frac{1}{E_t} \right)(1 + i_t^f)(E_{t+1}^e)$$

改写为：$E_t = \dfrac{1 + i_t^f}{1 + i_t} E_{t+1}^e \qquad (10-5)$

当期的汇率依赖于国内利率、国外利率和下期的预期汇率，上面假定下期的预期汇率不变只是一种简化，下一期的预期汇率并不是不变的。同理，下一期的汇率将依赖于下一期预期的国内利率和国外利率，以及下下期的预期汇率，以此类推。因此，对当期和未来国内利率与国外利率预期的任何变化，以及对多期以后预期汇率的变化，都会影响当期的汇率。

可见，利率平价关系一方面得出短期国内名义利率和国外名义利率的关系，另一方面又表达了当期名义汇率和预期未来名义汇率之间的关系。同样的道理，可以推导出长期国内实际利率和长期国外实际利率之间的关系，以及当期实际汇率和预期未来实际汇率之间的关系。

1. 实际利率和实际汇率

考虑 1 年期人民币债券和 1 年期美元债券之间的选择。现在假定你投资的是 1 单位人民币产品的量。

若投资者决定持有人民币债券，令 r_t 为 1 年期人民币实际利率，即用人民币产品计价的 1 年期人民币债券利率。根据实际利率的定义，明年他将得到 $(1 + r_t)$ 单位人民币产品，见图 10 − 7 上一行。

若投资者决定持有美元债券，需要先将人民币兑换成美元，持有美元债券 1 年，然后 1 年后出售美元，换回人民币。

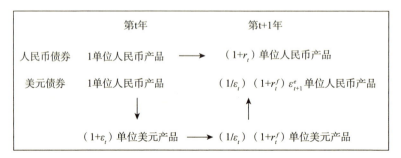

图 10 − 7 持有人民币或美元债券，用人民币产品表示的预期回报

令 ε_t 为实际汇率，也就是美元产品用人民币产品表示的相对价格。实际汇率 ε_t 意味着投资者每投资 1 单位人民币产品，可以得到（$1/\varepsilon_t$）单位美元产品。

令 r_t^f 为 1 年期美元实际利率，即用美元产品计价的 1 年期美元债券利率。1 年后的预期实际汇率设为 ε_{t+1}^e，那么，将 1 单位人民币产品投资到 1 年期美元债券上，预期 1 年后将得到 $(1/\varepsilon_t)(1 + r_t^f)\varepsilon_{t+1}^e$ 单位人民币产品。这一交易所包括的三个步骤如图 10 – 7 中的下半部分所示。

假定在利率平价（即均衡状态下）用同样单位（人民币产品）表示的预期回报必须相等，那么下面的条件成立：

$$(1 + r_t) = \left(\frac{1}{\varepsilon_t}\right)(1 + r_t^f)\varepsilon_{t+1}^e \qquad (10-6)$$

这个等式一方面体现了国内利率和国外利率之间的关系，另一方面也体现了当期和预期未来实际汇率之间的关系。

2. 长期实际利率和实际汇率

将上述同样的逻辑用于持有国内或者国外债券多年之间的选择上。假定投资者决定投资 1 单位人民币产品于 n 年期人民币债券或者 n 年期美元债券。

若决定持有 n 年期人民币债券，令 r_{nt} 为 n 年期人民币实际利率，按照 n 年期实际利率的定义，r_{nt} 为持有 n 年期人民币债券 n 年预期可以得到的平均年利率。根据 n 年期实际利率的定义，n 年后他将得到 $(1 + r_{nt})^n$ 单位人民币产品，见图 10 – 8 上一行。

若投资者决定持有 n 年期美元债券，需要先将人民币兑换成美元，令 ε_t 为实际汇率，r_{nt}^f 为 n 年期美元实际利率，ε_{t+n}^e 为 n 年后预期实际汇率，将 1 单位人民币产品投资到 n 年期美元债券上，预期 n 年后将得到 $(1/\varepsilon_t)(1 + r_{nt}^f)\varepsilon_{t+n}^e$ 单位的人民币产品。其步骤见图 10 – 8 下半部分。

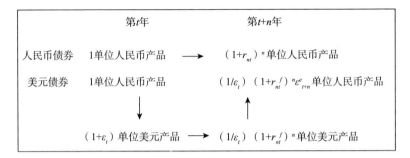

图 10 - 8 持有 n 年期人民币或者美元债券 n 年，用人民币产品表示的预期回报

假定预期回报必须相等，下面的条件成立：

$$(1 + r_{nt})^n = \left(\frac{1}{\varepsilon_t}\right)(1 + r_{nt}^f)^n \varepsilon_{t+n}^e \qquad (10-7)$$

根据命题当 x 很小时，$(1 + x)^n \approx 1 + nx$ 　　　　　　$(10-8)$

下面两式成立：

$$(1 + r_{nt})^n \approx (1 + nr_{nt}) \qquad (10-9)$$

$$(1 + r_{nt}^f)^n \approx (1 + nr_{nt}^f) \qquad (10-10)$$

改写套汇关系式（10 - 7）为：

$$(1 + nr_{nt}) \approx (1 + nr_{nt}^f)\left(\frac{\varepsilon_{t+n}^e}{\varepsilon_t}\right) = (1 + nr_{nt}^f)\left(1 + \frac{\varepsilon_{t+n}^e - \varepsilon_t}{\varepsilon_t}\right)$$

$$(10-11)$$

简化式（10 - 11）得：$(1 + nr_{nt}) \approx \left(1 + nr_{nt}^f + \frac{\varepsilon_{t+n}^e - \varepsilon_t}{\varepsilon_t}\right)$

$$(10-12)$$

进一步简化为：$n(r_{nt} - r_{nt}^f) \approx \dfrac{\varepsilon_{t+n}^e - \varepsilon_t}{\varepsilon_t}$ 　　　　$(10-13)$

意为接下来的 n 年内，人民币的预期实际贬值率近似等于 n 乘以第 n 年的人民币实际利率和美国的实际利率之差。

还可将式（10 - 13）改写为：$nr_{nt} = nr_{nt}^{f} + \dfrac{\varepsilon_{t+n}^{e} - \varepsilon_{t}}{\varepsilon_{t}}$　　（10 - 14）

将当前汇率移到左边：$\varepsilon_{t} = \dfrac{\varepsilon_{t+n}^{e}}{1 + n(r_{nt} - r_{nt}^{f})}$　　　（10 - 15）

式（10 - 15）表明，当前的实际汇率依赖于 n 年后的预期未来实际汇率，以及 n 年期国内和国外实际利率之间的差值。

3. 实际汇率、贸易和利率差

式（10 - 15）中当前实际汇率的第一决定因素是预期未来实际汇率 ε_{t+n}^{e}，当 n 很大时，可以认为 ε_{t+n}^{e} 是金融市场参与者预期在中期或者长期保持的汇率，即长期实际汇率。

该如何考虑长期实际汇率呢？在长期，可以假定贸易是大致平衡的，长期汇率需要确保贸易平衡。因此，可以认为预期未来实际汇率就是与长期贸易平衡对应的汇率。

当期实际汇率的第二个决定因素是国内与国外长期实际利率之间的差值。国内长期实际利率的提高超出国外长期实际利率会导致实际汇率的下降——实际升值。其逻辑是：假定长期国内实际利率提高，国内债券就比国外债券有吸引力，当投资者试图抛出国外债券，转投国内债券时，他们要出售国外货币，购买国内货币，从而使国内货币升值。因为预期汇率最终会恢复到其长期水平，国内货币现在升值得越多，预期在未来的贬值就越多。因此，国内货币现在会升值到某一点，使得预期未来贬值恰好抵消了长期国内实际利率高于长期国外实际利率带来的后果。在这一点，金融投资者又会无差异地持有国内债券或者国外债券。

20 世纪 80 年代前半期人民币急剧地实际升值，后半期急剧地实际贬值。根据上述理论，这些变动是更多的归因于中国相对于其他国家的长期实际利率波动，还是源于长期实际汇率的波动？

根据式（10 - 15），如果长期实际汇率保持不变，国内与国外长期实际利率之差 $r_{nt} - r_{nt}^f$ 和实际汇率 ε_t 之间有严格的反向关系，等价地，国外与国内长期实际利率之差 $r_{nt}^f - r_{nt}$ 和实际汇率 ε_t 之间有严格的正向关系。这说明可以用下面的途径解释实际汇率的波动：做实际汇率与国外和国内长期实际利率之差的散点图，如果两个序列同步变动，长期实际利率之差就是解释实际汇率波动的主要原因，否则，就是长期实际汇率的变化起主要作用。图 10 - 9 给出人民币和美元从 1980 年到 1990 年的双边实际汇率。实际汇率由（$E_t P_t^f / P_t$）计算得出，其中 E_t 是人民币对美元的名义汇率，P_t 和 P_t^f 分别是中国和美国的 GDP 平减指数。数据经过标准化，以 1987 年为 100。中国长期实际利率等于 10 年期人民币债券名义利率减去其后 10 年的平均预期通货膨胀率。测算每年的通货膨胀率时，使用数据资源公司对其后 10 年的通货膨胀商业预测值 DRI，例如，对于 1985 年，使用 1984 年 12 月对 1985 年到 1994 年的通货膨胀的预测值，计算出从 1985 年到 1994 年的平均预期通货膨胀率，然后用名义利率减去这个值。长期美国实际利率用同样的方法得到。两国实际利率之差用百分比表示，可见，两个序列吻合得相当好，从而可得出一个简单结论：20 世纪 80 年代人民币的波动大部分源于中国和外国实际利率差值的大幅波动。在 20 世纪 80 年代中期，人民币价值如此之高的主要原因在于长期中国实际利率当时非常有利。人民币下跌的主要原因是中国的实际利率变得不那么有吸引力了。

现实中，短期利率变动对汇率产生什么样的影响比上述的分析还要复杂。汇率的反应在很大程度上依赖于利率变动对预期未来国内和国外利率的影响。有时候短期利率一个很小幅度的降低

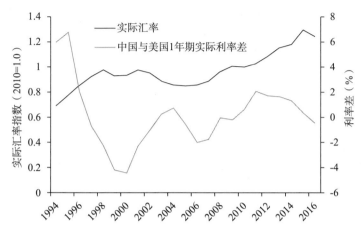

图 10 - 9　实际汇率与 10 年期美国和中国实际利率差，1980 年 - 1990 年

可能会让市场认为货币政策发生了本质上的变化，从而导致长期利率的大幅度下降和大幅贬值。但是，如果市场预期会有大的下调，而中央银行宣告的下调比预期要小，实际上的影响可能就会是升值，而不是贬值。这又涉及市场对政策消息的反应。

五、宏观政策研判

宏观经济政策是推动经济运行看得见的手，宏观经济政策总是呈现"逆周期"特征。经济周期的存在使金融体系在经济扩张时期加速风险的集聚，并且在经济衰退时期集中释放，从而进一步加剧金融体系和宏观经济的波动，这种现象被称为金融体系新周期性。要缓解银行体系新周期性的负面影响，促使银行业在经济扩张时期集聚的风险在经济衰退时平稳释放，使宏观经济运行更加稳定，需要逆周期的调节。建立逆周期的信贷调节机制，就是发挥资本、宏观政策与市场机制对信贷增长的约束作用，平抑信贷周期。经济扩张时要防止投资过热、经济过热；经济收缩时要扩大融资总量、增加财政投资、鼓励产业投资。逆周期调节作为一项跨周期的制度安排，其调控的有效性依赖于调节的前瞻性和适度性，只有同时把握好调控的时机和力度，打好"提前量"，才能使调控效果更好。图 10 – 10 显示出中国逆周期的货币政策及实施效果。

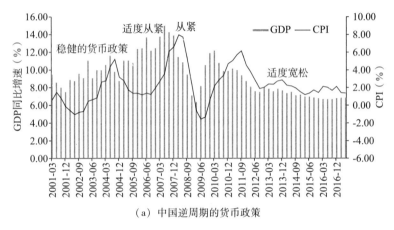

（a）中国逆周期的货币政策

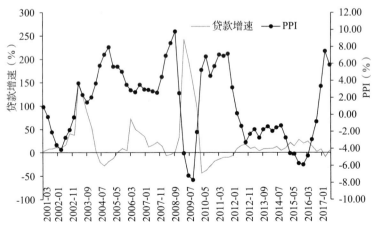

（b）中国逆周期货币政策的实施及效果

图 10 – 10　逆周期的货币政策

央行等相关部门通过逆周期的资本缓冲，平滑信贷投放、引导货币信贷适度增长，见图 10 - 10（b），使宏观经济运行更加稳定。发达国家的央行更惯于应用利率规则，以利率调整作为工具与货币供应相结合的货币政策。常用的利率规则详见本讲附录：货币政策中的利率规则。

（一）财政政策走向的预判

第一，关注财政预算（赤字）。财政赤字决定政府开支规模。历年赤字都在一定幅度内波动，可以据此计算出政府的开支规模。这是政府制定投资政策和税收政策的依据，见图 10 - 11。

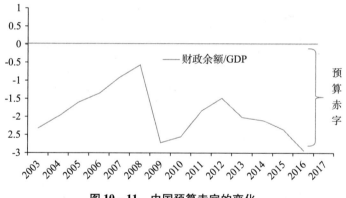

图 10 - 11　中国预算赤字的变化

第二，关注财政支出（政府主导投资）。政府支出具有先导作用和示范效应，是逆周期财政政策的主要手段，见图 10 - 12。

财政支出的先导和示范效应大小，取决于以下四个因素：

（1）支出乘数的大小。支出乘数是指支出（如投资）增长 1 单位所引起的国民收入的增长。支出乘数越大，政府支出引起的产出增多，以 4 万亿基础设施投资为例，新增基建投资 9100 亿元×30% 国家预算投入比例 = 2730 亿元（国家预算投入金额），

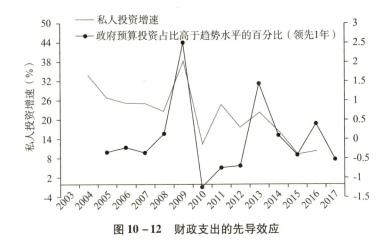

图 10 – 12　财政支出的先导效应

则 2730 亿元 ×2.5 财政支出乘数 =6075 亿元（拉动 GDP）→拉动 GDP 增长 2.43%。

（2）货币需求对产出水平的敏感程度。政府支出增加所引起的一定量产出水平增加所导致的对货币需求的增加也越大，因而使利率上升也越多，从而挤出效应也越大。

（3）货币需求对利率变动的敏感程度。货币需求对利率变动越敏感，说明货币需求稍有变动，就会引起利率大幅变动。因此，当政府支出增加引起货币需求增加所导致的利率上升就越多，挤占私人支出的效应越大。

（4）投资需求对利率变动的敏感程度。即投资的利率系数的大小，投资的利率系数越大，则一定量利率水平的变动对投资水平的影响就越大。挤出效应就越大。

（二）利率政策走向的预判

第一，国内通胀情况。如果通货膨胀高涨，流通中的货币过多，那么为了减少通货膨胀压力就要减少流通中的货币，政府就要提高利率，包括提高存款利率和贷款利率，这样企业和个人投资者的投资成本就会变高，就会有效抑制企业和个人投资者的投资行为，把大量资金锁定在银行中，以有效减少社会上流通的货币，从而解决了导致通货膨胀的关键所在，见图 10 – 13。

第二，国内增长情况。经济下行时，降息等举措可以提高流动性，提振金融市场信心，促进经济稳定健康发展，见图 10 – 14。为抑制 1991 – 1992 年经济高速发展，通胀压力持续加大，央行在 1993 年连续 2 次上调利率，以抑制严重的经济过热现象。1997 年，由于亚洲经济危机的影响，中国经济增长开始放缓，出现有效需求不足，为刺激投资和消费，央行实施了扩张性货币政策，连续动用利率杠杆，6 次下调贷款利率，且幅度较大。

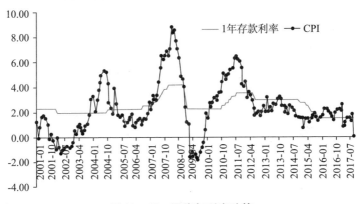

图 10 – 13　通胀与利率政策

需要说明的是，加息与降息对平稳经济增长作用的发挥，还需要借助预期的影响才能达到好的效果，因此影响预期形成的因素也是需要考虑的。

第三，各国央行的政策手段（联动特征）。按照联动机制，若美联储加息，为了防范人民币汇率被动走弱，一方面，央行

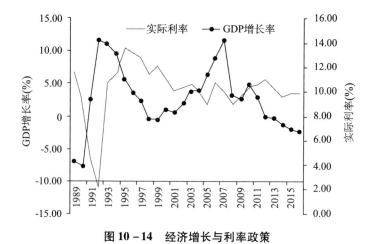

图 10 - 14　经济增长与利率政策

一般会跟着加息，但另一方面，央行可在人民币中间价设定时加入逆周期因子，由于逆周期因子的启动，央行的货币政策有了一定的独立性、前瞻性。对于美联储加息，央行可能并不会立即跟随美联储加息，见图 10 - 15。

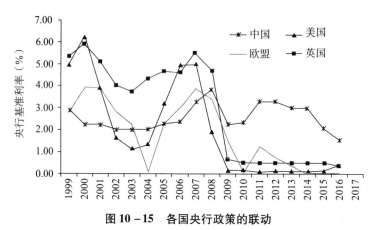

图 10 - 15　各国央行政策的联动

（三）信贷政策走向的预判

信贷政策与利率政策一般配合使用，见图 10 – 16。通常认为利率政策主要在于调控总量，促进社会总供求大体平衡。信贷政策则主要解决经济结构问题，通过引导信贷投向，调整信贷结构，促进产业和区域经济协调发展。

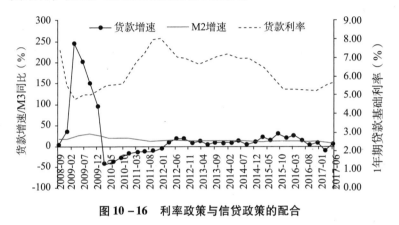

图 10 – 16　利率政策与信贷政策的配合

2016 年，为去房地产市场库存，各项宽松信贷政策频出，降准降息、降低首付和贷款利率折扣等组合拳让楼市进入了高杠杆时期。购房首付比例和贷款利率变动，购房者支付能力大大增强。信贷政策的实施造成一二线城市购房需求集中爆发，短期内推动房价上涨了一个新台阶。

2017 年，为应对流动性偏紧的局面，央行 2017 年 3 月 19 日加急下发了银办发《中国人民银行办公厅关于做好 2017 年信贷政策工作的意见》。文件显示，对钢铁、煤炭等产能过剩产业中有市场、有竞争力但暂遇困难的优质骨干企业，继续给予信贷支持。工业和信息化部、国家发改委、财政部等 16 个部门共同制定并发布《关于利用综合标准依法依规推动落后产能退出的指导意见》，提出落实有保有控的金融政策，对有效益、有前景，且主动退出低端低效产能、化解过剩产能、实施兼并重组的企业，按照风险可控、商业可持续原则，积极予以信贷支持。对未按期退出落后产能的企业，严控新增授信，压缩退出存量贷款。2016 年总信贷规模达到 93.95 万亿。

（四）汇率政策走向预判

对汇率政策走向预判的依据有三，一要观察贸易顺差和出口的变化，见图 10 - 17。在贸易顺差具有增长趋势的年份，即使它上下波动，人民币也总是处于升值的通道之中。1997 - 1998 年由于受东南亚金融危机的冲击，中国经济增速下滑，贸

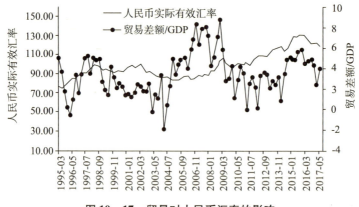

图 10 - 17　贸易对人民币汇率的影响

易差额缩小，人民币贬值，1999 年之后，人民币回升。理论上，如果一个国家出现贸易顺差，对该国的货币需求就会增加，流入该国的外汇就会增加，从而导致该国货币汇率上升。相反，如果一国国际收支出现逆差，对该国货币需求就会减少，流入该国的外汇就会减少，从而导致该国货币汇率下降，该国货币贬值。二要考虑他国汇率政策的变化。汇率政策主要影响出口，

盯住美元的政策可以在一定程度上抵消外需的波动风险。三要关注政治因素。考虑汇率政策的变动，政治因素的影响往往要大于市场因素的影响。

附录：货币政策中的利率规则

中央银行对通货膨胀及产出进行调控可以用两种方式，一种是调控外生的货币供应增长率以达到金融市场均衡，另一种是通过利率规则以利率调整作为工具与货币供应相结合的货币政策。常用的利率规则有以下三种：

1. 泰勒规则

泰勒（1993）[1]利用 1984－1992 年的样本数据线性拟合美联储的货币政策操作发现，美国的金融政策可以通过一定的利率规则进行总结，表达式为：$i_t = 0.04 + 1.5(\pi_t - 0.02) + 0.5(Y_t - Y^*)$，这里 π_t 表示通过 GDP 衡量的通货膨胀率，实际 GDP 通过产出的对数形式用 Y_t 表示。表达式中可以看出 0.02 是中央银行的目标通货膨胀率。以此泰勒总结出短期利率是货币政策的货币调控手段。实际的通货膨胀率与目标通货膨胀率和实际产出与产出能力的偏差，即通货膨胀缺口及产出缺口是中央银行采取措施干预市场并作出反应的主要依据。

泰勒规则用通式可表示为：$i_t = \bar{i} + \pi_t + \alpha_\pi(\pi_t - \pi^*) + \alpha_Y(Y_t - Y^*), \alpha_\pi, \alpha_Y > 0$，表示权重，$\bar{i}$ 表示市场均衡条件下的实际利率。此等式可以解释为泰勒规则中的中央银行的反应函

---

〔1〕 John B. Taylor, "Discretion Versus Policy Rules in Practice", *Carnegie - Rochester Conference Series on Public Policy*, Elsevier, December 1993, Vol. 39 (1)：195－214.

数。表明名义利率是由市场均衡条件下实际利率和中央银行的目标通货膨胀率决定的，如果实际通货膨胀率与目标通货膨胀率及实际产出与社会产出能力一致时，即通货膨胀率缺口及产出缺口为零时。如果通货膨胀率上涨超过中央银行的目标通货膨胀率，中央银行将通过对短期利率的调整进行干预，即提高短期利率。

泰勒分析得出，通货膨胀的变化引起的利率的波动幅度大于通货膨胀本身的波动幅度，只要中央银行可以通过对名义利率的调整对实际利率进行调控，金融政策就可以对社会的实际产出进行影响。这里存在的一个问题是，中央银行在本期的金融政策决定主要是以历史情况为导向，但是客观经济现实情况是，货币政策的决定对未来的发展起着很重要的作用。

2. 前瞻性规则

克拉里边、加利和格特勒（1998、2000）[1]发现了泰勒规则的显著缺点并以此为基础发展了前瞻性规则。前瞻性规则将中央银行指定的名义利率 i_t 与均衡的名义利率 $\bar{i}$，及已知一定信息的期望的通货膨胀和期望的产出通过一个函数关系表达出来：

$$i_t = \bar{i} + \delta_\pi [E_t(\pi_{t+k} \mid \Omega_t) - \pi^*] + \delta_y E_t(y_{t+q} \mid \Omega_t)$$

这里 δ_π, δ_y 作为权重。E_t 表示从一定时期开始到周期 t 在获取一定信息 Ω_t 前提下的中央银行对通货膨胀及产出的期望值。产量缺口 $y_t = Y_t - Y^*$ 前瞻性的货币政策规则不只是纯理论性的，而是

〔1〕 Richard Clarida, Mark Gertler and Jordi Galí, "Monetary Policy Rules in Practice: Some International Evidence", *European Economic Review*, 1998, 42 (6): 1033 – 67. Richard Clarida, Mark Gertler and Jordi Galí, "Monetary Policy Rules and Macroeconomic Stability: Theory and Some Evidence", *Quarterly Journal of Economics*, 2000, 115: 147 – 180.

还加入了一部分经济发展规律的经验内容。中央银行通过自身的损失模型计算出未来一段时期的最佳通货膨胀及产出调控目标，在此泰勒规则被看作一个特例。当中央银行计算出的通货膨胀与产出的期望值和长期均衡条件下的通货膨胀率与产出一致时，两个规则是一致的。

此规则的缺点是，短期的均衡条件下的名义利率只是由通货膨胀与产出的预期决定的，为了计算未来时期的最佳目标所有的历史内生变量在很大程度上被忽视，而中央银行的损失模型是与历史的内生变量紧密结合的。未来时期最佳预期的通货膨胀与产出只有结合一定的经济发展阶段才会被正确计算出来，这样就可以解释为什么前瞻性的货币政策规则比泰勒规则的波动幅度大很多的原因。

3. 移动平滑规则

移动平滑规则试图使中央银行不是在每一周期就市场利率及目标利率进行纠正，而是通过中央银行的引导使市场利率向目标利率靠近。中央银行的这一利率调控工具也被称为利率平滑。麦卡勒姆和尼尔森（2001）[1]对这一假设的可行性进行了检验。$i_t = (1 - \mu)\tilde{i}_t + \mu i_{t-1} + \varepsilon_t$，这里 $\tilde{i}_t = \delta_\pi \pi_t + \delta_y y_t$，为泰勒规则表达式，可将短期名义利率通过利率平滑规则完整地写为：$i_t = (1 - \mu)(\delta_\pi \pi_t + \delta_y y_t) + \mu i_{t-1} + \varepsilon_t$，这里系数 μ 解释为回归到长期均衡静止状态的速度，μ 越大表示在经历波动后通货膨胀及产出回到原始长期均衡状态的速度就越快。式子最后的随

---

[1] Bennett T. McCallum & Edward Nelson, "Timeless Perspective vs. Discretionary Monetary Policy in Forward – looking Models", *Review*, *Federal Reserve Bank of St. Louis*, 2004, issue Mar: 43 – 56.

机变量被定义为：

$$\varepsilon_t \equiv (1-\mu)\{\bar{i} + \delta_\pi [E_t(\pi_{t+k}) - \pi_{t+k}] + \delta_y [E_t(y_{t+q}) - y_{t+q}]\} + u_t$$

，现在模型完整地包含了历史变量及未来的期望值。为了给此函数求解，通常求解模型的最小二乘法已经不适用了，这里需要使用广义矩估计的方法（GMM = Generalized Methode of Moments）。

短期名义利率首先对此信息反应，然后在货币政策执行时回到开始位置，而价格水平直接向长期均衡静止状态回归。中央银行的反应函数现在不但与在未来周期期望的通货膨胀及产出有密切相关性，而且还与前一期的通货膨胀及产出相关，通过以上变量，中央银行可以引导市场利率向它的目标利率靠近，并以此作为对抗波动以使整个系统得到平稳。

中央银行较为倾向于相对平稳的利率发展状况，以长期利率目标为准的利率发展是明显可以预见的。如果中央银行只关注政策性的效果是否在预期内而忽略了应对大的波动的调控手段，并放弃损失最小的原则而只关注于整个经济系统的稳定，在此情况下，经济个体可以轻松通过可预见的利率水平获得盈利。另外，在模型中未将货币的供应量作为变量考虑，实际中货币供应量的调整对整个经济系统产生着重要的影响。

思考题

1. 试依据汇率波动的影响因素，分析近十年人民币汇率波动的原因。

2. 试对当前中国的通胀/通缩走势进行预判，并给出依据。

3. 试对当前中国的信贷政策走向进行预判，并给出依据。

后记

　　《高级宏观经济学十讲》是在编者讲授的中国政法大学研究生精品课程《高级宏观经济学》讲义的基础上编辑而成的。本教材重点讲解了 IS－LM 模型、经济增长、经济周期、失业、通货膨胀、经济政策效应等主要宏观经济理论问题的研究发展，同时还给出宏观经济模型的求解及应用 EViews 软件的实现过程，详细解读了宏观经济基本面研判依据及分析技术，力求对培养读者的宏观思维能力、提升读者对实际宏观经济现象与问题的分析能力有所裨益。

　　本书的编写得到中国政法大学研究生院的大力支持，在此特致谢意！

　　编者在编写过程中参阅了大量的文献，如戴维·罗默的《高级宏观经济学》，奥利弗·布兰查德的《宏观经济学》。对所引用的论文文献，书中已尽量做了标注，但因参阅文献数量较多，难免存在疏漏。对于本书中引用和借鉴了相关内容的作者，特此一并表示感谢！由于水平有限，书中错误之处在所难免，敬请读者指正。

编者

2018 年 7 月

图书在版编目（ＣＩＰ）数据

高级宏观经济学十讲/李泳编.—北京：中国政法大学出版社，2018.8
ISBN 978-7-5620-8082-4

Ⅰ.①高… Ⅱ.①李… Ⅲ.①宏观经济学－研究生－教材 Ⅳ.①F015

中国版本图书馆CIP数据核字(2018)第162413号

出 版 者	中国政法大学出版社
地　　　址	北京市海淀区西土城路 25 号
邮寄地址	北京 100088 信箱 8034 分箱　邮编 100088
网　　　址	http://www.cuplpress.com（网络实名：中国政法大学出版社）
电　　　话	010-58908524（编辑部）58908334（邮购部）
承　　　印	北京中科印刷有限公司
开　　　本	880mm×1230mm　1/32
印　　　张	12.75
字　　　数	286 千字
版　　　次	2018 年 8 月第 1 版
印　　　次	2018 年 8 月第 1 次印刷
定　　　价	58.00 元